KB116388

\ 자막 없이 미드 보기 /

미드 영어패턴 500+

플러스

자막 없이 미드 보기
미드 영어패턴 500 플러스

지은이 이광수, 이수경
펴낸이 임상진
펴낸곳 (주)넥서스

초판 1쇄 발행 2012년 11월 10일
초판 16쇄 발행 2017년 5월 15일

2판 1쇄 발행 2017년 9월 15일
2판 11쇄 발행 2024년 11월 15일

출판신고 1992년 4월 3일 제311-2002-2호
주소 10880 경기도 파주시 지목로 5
전화 (02)330-5500 팩스 (02)330-5555

ISBN 979-11-6165-126-2 13740

가격은 뒤표지에 있습니다.
잘못 만들어진 책은 구입처에서 바꾸어 드립니다.

www.nexusbook.com

\ 자막 없이 미드 보기 /

미드 영어패턴 500+ 플러스

이광수 · 이수경 지음

넥서스

머리말

〈영어패턴 500 플러스〉가 독자 여러분들의 꾸준한 관심과
많은 사랑을 받고 있어 보람을 느낀다.

그래서 이번에는 미드를 활용한 패턴 책을 만들어 보고 싶었다.
요즘엔 너도나도 '살아 숨쉬는 영어교재'인 미드를 보며
영어 공부를 하니 말이다.

+ 〈영어패턴 500 플러스〉에서는 일상회화에서 많이 쓰이지만 입에서 쉽게 떨어지지 않는 기본적인 패턴들을 중심으로 선정했다면, 이번 〈미드 영어패턴 500 플러스〉에서는 레벨을 살짝 UP시켜 미드에서 빈번하게 듣게 되는 패턴들을 골랐다.

+ 인기 미드와 함께 공부하니 패턴이 머리에 쏙쏙

이 책에는 '나 미드 좀 봤어' 하는 미드팬들에게 사랑을 받고 있는 40편이 넘는 미드들이 등장한다. 종영되었지만 아직도 미드 마니아들의 사랑을 받고 있는 〈프렌즈〉, 〈프리즌 브레이크〉, 〈섹스 앤 더 시티〉, 〈위기의 주부들〉, 〈로스트〉, 〈하우스〉 등은 물론, 꾸준한 인기를 누리고 있는 〈CSI〉, 〈가십걸〉, 〈그레이 아나토미〉, 〈빅뱅 이론〉, 〈크리미널 마인드〉, 〈수퍼내추럴〉, 〈멘탈리스트〉, 〈NCIS〉, 〈모던 패밀리〉, 그리고 방영 기간이 짧은데도 벌써 수많은 팬들을 확보한 〈글리〉, 〈화이트 칼라〉, 〈셜록〉, 〈그림〉, 〈리벤지〉 등, 미드 마니아라면 이미 다 섭렵했거나 적어도 제목은 들어 봤을 만한 드라마들을 이 책에서 만나볼 수 있을 것이다.

친숙한 미드와 함께 패턴을 하나하나 익혀 나가니,
머리에도 쏙쏙 들어오고 기억에도 오래 남지 않을까?

+ 미드 주인공들이 툭하면 쓰는 리얼 & 생생한 패턴들

우리에게는 생소하지만, 미드에서는 시도 때도 없이 여기저기 튀어나와 우리를 난감하게 하는 것들이 꽤 있다.
going to, want to를 gonna, wanna로 줄이는 건 기본,
have got to를 gotta로 줄이지,
Do you want to…?라는 의문문을 You wanna…?, 심지어 Wanna…?라고 앞부분을 생략하고 말하기도 하고,
you're gonna wanna처럼 gonna와 wanna가 연속으로 나올 때도 있지…
게다가 무슨 말인지 알아듣기 만만치 않은 말까지!
You don't wanna do that.에서
wanna는 want to를 줄인 형태니까 '넌 그거 하는 걸 원하지 않아'란 말 같은데…
Huh? 이게 무슨 말이래?
알고 보니 '너 그거 하지 않는 게 좋을걸'이라는 뜻이라나?

\+ 중요한 것은 이렇게 미드에 툭하면 나와서 우리를 곤혹스럽게 만드는 말들은 네이티브들이 일상 대화에서 정말 많이 쓰는 표현이라는 것이다. 그러니 '네이티브스러운' 영어를 구사하고 싶다면 이 정도는 꼭 알아야 하는 것은 당연! 책에 실린 리얼&생생한 패턴들을 익혀 나가다 보면, 어느새 회화 실력이 한층 업그레이드된 자신을 발견할 수 있을 것이다.

〈미드 영어패턴 500 플러스〉가 〈영어패턴 500 플러스〉와 더불어 독자들의 회화에 자신감을 불어넣어 주는 친근한 벗이 되길 바란다. 마지막으로 이 책이 나올 때까지 애써 주신 넥서스 출판사를 비롯한 여러분께 감사드린다.

저자 이광수 & 이수경

이 책 사용 설명서

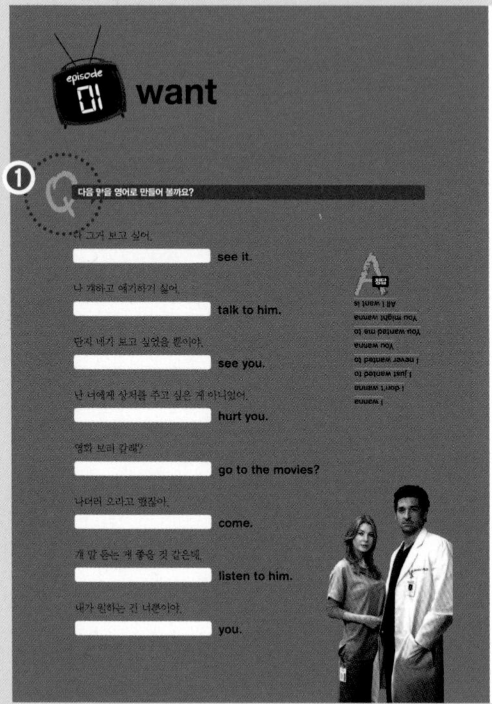

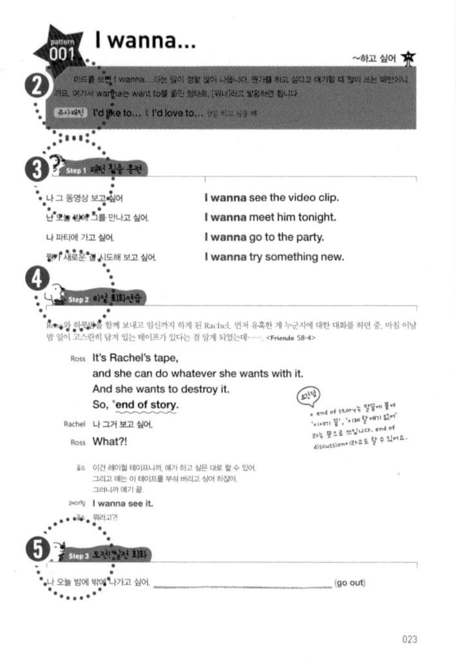

아는 패턴 확인하기

시작하기 전에 '아는 패턴'을 제대로 알고 있는지 빠르게 확인하여 해당 단원에서 다룰 패턴들을 영어로 말해 봅니다.

패턴 활용법 확인

패턴을 제대로 사용하기 위해 먼저 어떤 상황에서 어떤 뉘앙스로 쓰이는지 확인하고, 이 패턴과 쓰임이 비슷한 유사패턴들도 묶어서 알아 둡니다.

Step1 패턴 집중 훈련

문장을 통해 패턴의 쓰임을 익힙니다. 복습할 때는 오른편의 영어 문장을 가린 다음, 왼편의 한글 해석만 보고 영어로 말해 봅시다.

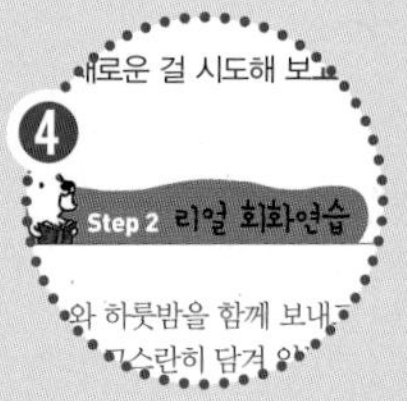

Step2 리얼 회화 연습

미드에서 실제 등장하는 다이얼로그를 통해 주어진 패턴이 미드에서는 어떤 상황에서 쓰이는지 확인하고 우리말로 되어 있는 부분을 영어로 말해 봅니다. '요건 덤'에는 알아 두면 좋은 팁들을 정리했으니 꼭 체크하고 넘어가세요.

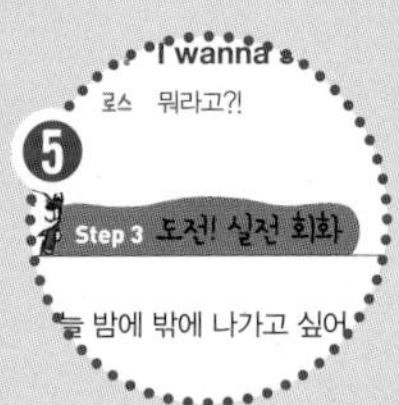

Step3 도전! 실전 회화

Step 1과 Step 2에서 공부한 패턴을 활용하여, 우리말 해석을 보고 영어로 말해 봅시다. 정답은 288쪽에 나와 있습니다.

복습문제 풀어 보기

256쪽~287쪽에 있는 복습문제편에서 지금까지 배운 내용을 다시 한 번 확인해 봅니다.

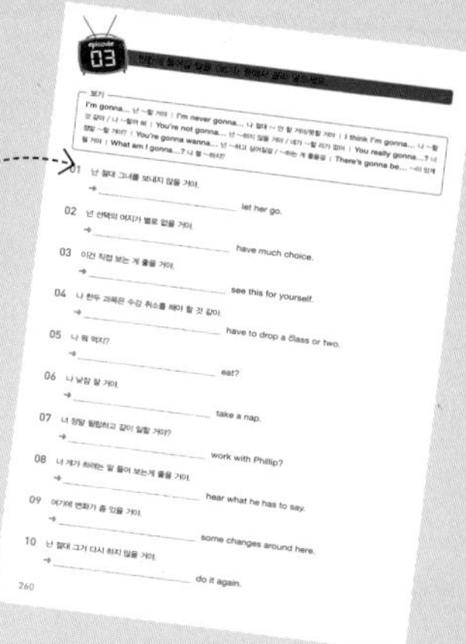

공부 순서

☑ 강의 듣기 → ☐ step 1 → ☐ step 2 → ☐ step 3 → ☐ 복습문제 → ☐ 복습용 동영상

무료 학습자료 100% 활용법

1. 스마트폰에서 바로 확인할 때

QR코드를 스마트폰으로 스캔하면 MP3 파일과 동영상 자료를 바로 확인할 수 있습니다.

원어민 선생님의 정확한 발음을 들어 보세요.

저자 선생님이 패턴의 뉘앙스와 쓰임새를 친절하게 설명해 줍니다.

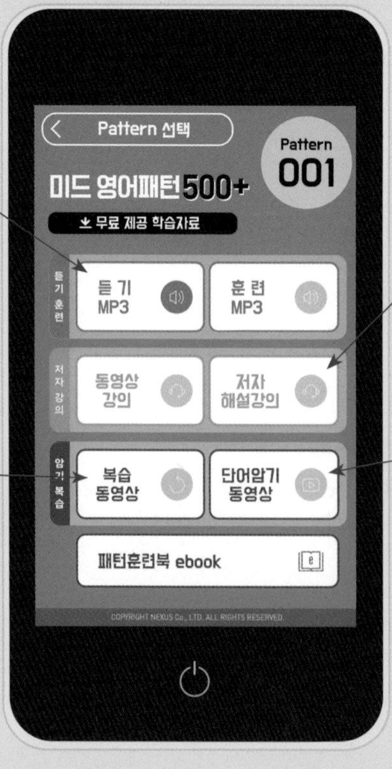

Pattern 선택

Pattern 001

미드 영어패턴 500+

무료 제공 학습자료

듣기훈련: 듣기 MP3 / 훈련 MP3

저자강의: 동영상 강의 / 저자 해설강의

암기복습: 복습 동영상 / 단어암기 동영상

패턴훈련북 ebook

일상생활에서 활용도 만점인 step 1 문장만은 꼭 외워 주세요~! 문장들을 통암기할 수 있도록 구성되어 있습니다.

본책의 주요 단어와 표현들을 동영상을 보면서 암기해 보세요.

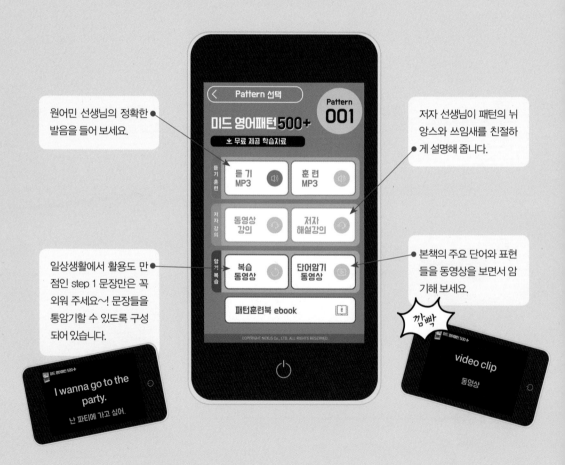

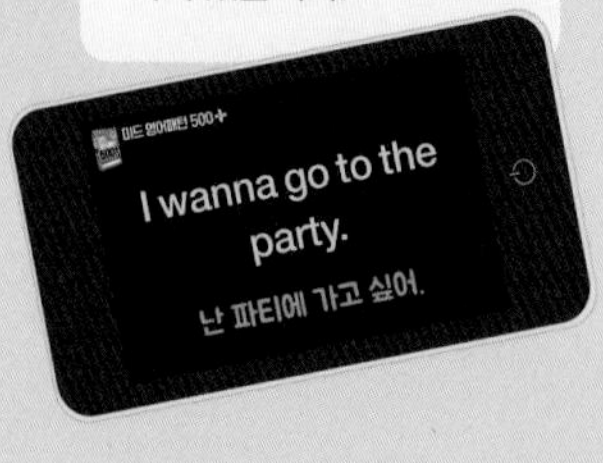

미드 영어패턴 500+

I wanna go to the party.

난 파티에 가고 싶어.

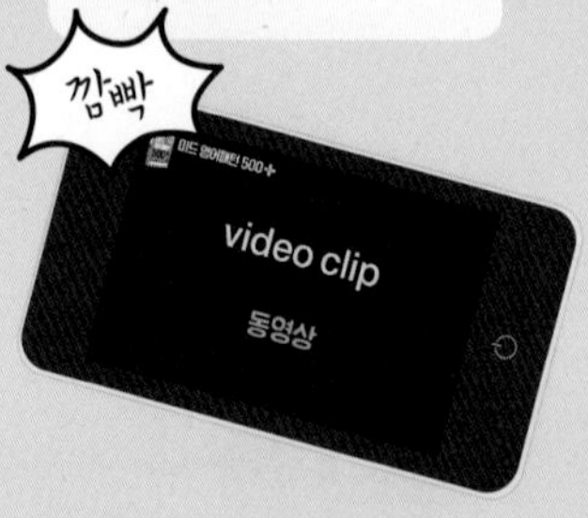

깜빡

미드 영어패턴 500+

video clip

동영상

2. 컴퓨터에서 다운받을 때

넥서스 홈페이지(www.nexusbook.com)에서 도서명으로 검색하시면
구매 인증을 통해 부가자료를 무료로 다운받을 수 있습니다.

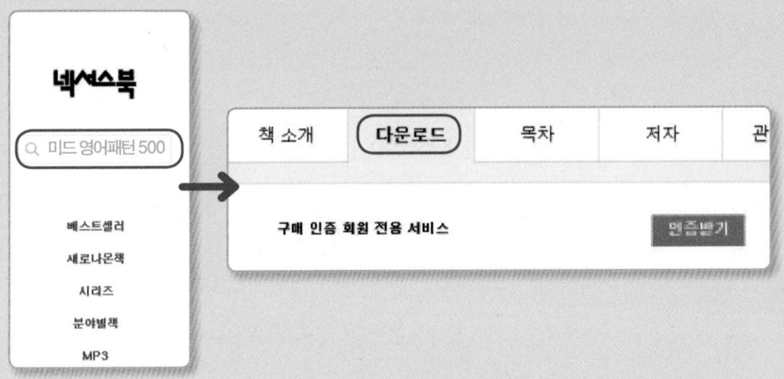

저자 직강 녹음 강의

www.nexusbook.com에서 저자 선생님이 직접 녹음한 생생한 강의를 다운로드 받아 함께 들어 보세요. 팟캐스트로도 들을 수 있습니다.

저자 직강 동영상 강의

듣는 것뿐 아니라 모바일로 보면서 공부할 수 있도록 동영상 강의도 함께 제공합니다. QR코드를 찍으면 바로 팟캐스트로 이동합니다.

모바일용 패턴 훈련북 (온라인 무료 제공)

각 패턴과 주요 표현을 간편하게 볼 수 있도록 패턴 훈련북을 제공합니다.

듣기 MP3

본책의 내용을 그대로 녹음한 MP3 파일입니다. 한국인 성우와 외국인 성우가 동시 녹음하였으며, 생생하게 액팅하여 보다 정확한 발음을 확인할 수 있습니다.

훈련 MP3

Step 1의 문장들이 녹음되어 있습니다. 네이티브의 음성을 듣고 따라서 말하는 연습을 할 수 있도록 구성되어 있습니다.

복습 동영상

활용도가 높은 Step 1의 문장들을 통암기할 수 있도록 구성되어 있습니다.

단어암기 동영상

본책에 나온 주요 단어와 표현들을 쉽게 외울 수 있도록 도와줍니다.

자가진단 학습 진도표

SEASON 1 미드 볼 때 꼭 알아야 할 **우선순위 동사 패턴**

Episode 01 **want**		페이지	공부한 날
001	I wanna... ~하고 싶어	023	월 일
002	I don't wanna... ~하고 싶지 않아/~하는 건 싫어	024	월 일
003	I just wanted to... 난 그냥 ~하고 싶었어/단지 ~하고 싶었을 뿐이야	025	월 일
004	I never wanted to... 난 ~하고 싶은 게 아니었어/난 ~하고 싶었던 적 없어	026	월 일
005	You wanna...? 너 ~하고 싶어?/~할래?	027	월 일
006	You wanted me to... 네가 나더러 ~하랬잖아/저한테 ~하라고 하셨는데요	028	월 일
007	You might wanna... ~하는 게 좋을 것 같은데	029	월 일
008	All I want is... 내가 원하는 건 ~뿐이야/난 ~을 원할 뿐이야	030	월 일
Episode 02 **get**		페이지	공부한 날
009	I got... 나한테 ~가 있어	032	월 일
010	I gotta... 나 ~해야 돼/나 ~해야겠다	033	월 일
011	You gotta... 너 ~해야 돼	034	월 일
012	You're getting... 너 (점점) ~해지고 있어	035	월 일
013	I'll go get... 내가 ~ 가지고 올게/나 ~하러 갈게	036	월 일
014	I don't get... ~이 이해 안 돼	037	월 일
015	I got you... 너 주려고 ~ 샀어	038	월 일
016	Do you ever get the feeling (that)...? ~이라는 느낌이 든 적 있어?	039	월 일
Episode 03 **gonna**		페이지	공부한 날
017	I'm gonna... 난 ~할 거야	041	월 일
018	I'm never gonna... 나 절대 ~ 안 할 거야/못할 거야	042	월 일
019	I think I'm gonna... 나 ~할 것 같아/나 ~할까 해	043	월 일
020	You're not gonna... 넌 ~하지 않을 거야/네가 ~할 리가 없어	044	월 일
021	You really gonna...? 너 정말 ~할 거야?	045	월 일
022	You're gonna wanna... 넌 ~하고 싶어질걸/~하는 게 좋을걸	046	월 일
023	There's gonna be... ~이 있게 될 거야	047	월 일
024	What am I gonna...? 나 뭘 ~하지?	048	월 일

PART 2 미드에 툭하면 나오는 기본 패턴

SEASON 3 미드에 정말 많이 나오는 의문사 패턴

PART 4 미드에 자주 등장하는 네이티브식 리얼 패턴

패턴훈련편

4개의 Season과 30개의 episode로 분류하였다. 총 200개의 필수패턴을 공부하도록 되어 있으며, 각 패턴 아래에 쓰임이 비슷한 '유사패턴' 약 300개를 묶어서 정리하였다.

이 책에 등장하는 미드 리스트 (총 45개)

미드 관련 카페의 반응, 포털 사이트의 미드 순위 등을 분석해 인기 있는 미드 45편을 모았습니다. 평소에 재미있게 시청했던 미드를 통해 영어를 공부한다면 더욱 영어공부가 재미있게 다가오지 않을까요? 45편의 전체적인 줄거리는 넥서스 홈페이지(www.nexusbook.com)와 네이버 카페 '올댓영어(cafe.naver.com/allthatg)'에서 제공됩니다.

☆ Friends
☆ 24
☆ CSI LV
☆ Prison Break
☆ Dexter
☆ Suits
☆ Revenge
☆ Glee
☆ Gossip Girl
☆ House
☆ Desperate Housewives
☆ Heroes
☆ The Mentalist
☆ Sherlock
☆ How I Met Your Mother
☆ Lie to Me
☆ Sex and the City
☆ New Girl
☆ The Big Bang Theory
☆ Criminal Minds
☆ Once Upon a Time
☆ NCIS
☆ Modern Family
☆ White Collar
☆ Grey' s Anatomy
☆ Ugly Betty
☆ Lost
☆ CSI NY
☆ Gilmore Girls
☆ Supernatural
☆ Law & Order SVU
☆ Grimm
☆ Bones
☆ One Tree Hill
☆ Chuck
☆ Castle
☆ Skins
☆ Mad Men
☆ Two and a Half Men
☆ Monk
☆ The Good Wife
☆ Fringe
☆ Breaking Bad
☆ The Office
☆ The Vampire Diaries

SEASON 1

미드 볼 때 꼭 알아야 할

우선순위 동사 패턴

want

Q 다음 말을 영어로 만들어 볼까요?

나 그거 보고 싶어.

__________ **see it.**

나 걔하고 얘기하기 싫어.

__________ **talk to him.**

단지 네가 보고 싶었을 뿐이야.

__________ **see you.**

난 너에게 상처를 주고 싶은 게 아니었어.

__________ **hurt you.**

영화 보러 갈래?

__________ **go to the movies?**

나더러 오라고 했잖아.

__________ **come.**

걔 말 듣는 게 좋을 것 같은데.

__________ **listen to him.**

내가 원하는 건 너뿐이야.

__________ **you.**

I wanna
I don't wanna
I just wanted to
I never wanted to
You wanna
You wanted me to
You might wanna
All I want is

pattern 001

I wanna...

~하고 싶어 

미드를 보면 I wanna...라는 말이 정말 많이 나옵니다. 뭔가를 하고 싶다고 얘기할 때 많이 쓰는 패턴이니까요. 여기서 wanna는 want to를 줄인 형태로, [워너]라고 발음하면 됩니다.

유사패턴 **I'd like to... ‖ I'd love to...** 정말 하고 싶을 때

Step 1 패턴 집중 훈련

나 그 동영상 보고 싶어	**I wanna** see the video clip.
난 오늘 밤에 그를 만나고 싶어.	**I wanna** meet him tonight.
나 파티에 가고 싶어.	**I wanna** go to the party.
뭔가 새로운 걸 시도해 보고 싶어.	**I wanna** try something new.

Step 2 리얼 회화연습

Ross와 하룻밤을 함께 보내고 임신까지 하게 된 Rachel. 먼저 유혹한 게 누군지에 대한 대화를 하던 중, 마침 이날 밤 일이 고스란히 담겨 있는 테이프가 있다는 걸 알게 되었는데……. <Friends S8-4>

Ross **It's Rachel's tape,**
and she can do whatever she wants with it.
And she wants to destroy it.
So, *end of story.

Rachel **나 그거 보고 싶어.**

Ross **What?!**

요건덤
* end of story는 말끝에 붙여 '이야기 끝', '이제 할 얘기 없어'라는 뜻으로 쓰입니다. end of discussion이라고도 할 수 있어요.

로스 이건 레이철 테이프니까, 얘가 하고 싶은 대로 할 수 있어.
그리고 얘는 이 테이프를 부숴 버리고 싶어 하잖아.
그러니까 얘기 끝.

레이철 **I wanna see it.**

로스 뭐라고?!

Step 3 도전! 실전 회화

나 오늘 밤에 밖에 나가고 싶어. ______________________ (go out)

pattern 002

I don't wanna...

~하고 싶지 않아 / ~하는 건 싫어 

I don't wanna는 I don't want to를 줄인 형태로, wanna 뒤에 동사원형을 쓰면 간단하게 문장이 만들어집니다. 하기 싫은 일에 대해 얘기할 때 쓰기 좋은 패턴입니다.

Step 1 패턴 집중 훈련

난 그 사람 밑에서 일**하기 싫어.**	**I don't wanna** work for him.
나 너하고 얘기**하기 싫어.**	**I don't wanna** talk to you.
나 걔하고 데이트**하기 싫어.**	**I don't wanna** go out with him.
나 거기 혼자 가**기 싫어.**	**I don't wanna** go there by myself.

Step 2 리얼 회화연습

자칫 제3차 세계대전으로 확대될 수 있는 사건을 막을 수 있는 유일한 방법은 증거가 조작되었다는 사실을 증명해내는 것. 연방기관인 CTU(Counter Terrorist Unit: 대테러방지단) 소속 요원인 Jack은 증거를 조작한 Hewitt을 찾아냅니다. 하지만 Hewitt는 Jack을 경계하는데……. <**24** S2-23>

Hewitt You, you promise I'll be safe?

Jack *I give you my word.
Alex, drop the gun! Drop the gun!
If you try to shoot me, I will have to shoot you back.
And I promise, I won't miss.
난 그러고 싶지 않아!

휴잇 다, 당신, 내가 안전할 거라고 약속하는 겁니까?

잭 내가 약속하지. 알렉스, 총을 내려놔! 총을 내려놓으라고!
만약 나를 쏘려고 한다면 나 역시 당신을 쏠 수밖에 없어.
그리고 내가 장담하는데, 난 정확히 맞춘다.
And I don't wanna do that!

요건덤

* I give you my word.는 '내가 약속해', '내가 맹세해'라는 뜻입니다. 여기서 word는 무게가 실린 약속을 뜻해요.

***miss** 놓치다, 빗맞히다

Step 3 도전! 실전 회화

난 아직 떠나기 싫어. ______________________

pattern 003

I just wanted to...

난 그냥 ~하고 싶었어 / 단지 ~하고 싶었을 뿐이야 

I just wanted to...는 '별거 아니고 그냥 ~하고 싶었어' 같은 말을 할 때 쓰는 패턴입니다. 또는 진심을 말할 때 '난 단지 ~하고 싶었을 뿐이야'라는 의미로도 쓰이고요. to 뒤에는 동사원형을 쓰면 됩니다.

유사패턴 I only wanted to... ‖ I simply wanted to...

Step 1 패턴 집중 훈련

그냥 고맙다는 말을 하고 싶었어. **I just wanted to** say thank you.

그냥 너한테 뭐 물어보고 싶었어. **I just wanted to** ask you something.

그냥 네가 보고 싶었어. **I just wanted to** see you.

난 단지 인정받는 사람이 되고 싶었을 뿐이야. **I just wanted to** be somebody.

*somebody 대단한 사람, 남들에게 인정받는 사람

Step 2 리얼 회화연습

사랑하는 부인을 잃은 Winston은 사건에 관한 모든 것을 알려 달라고 Grissom 반장과 Catherine에게 부탁합니다. 그러나 그들이 연락이 없다는 이유로 수사 현장에 따라다니기까지 하는군요. <CSI LV S1-4>

Grissom You've asked us to *keep you posted, and I promise we will keep you posted.

Winston 전 단지 당신들이 새로운 정보가 있는지 알고 싶었던 겁니다.

Catherine As soon as we know, you'll know.

요건덤
* keep ~ posted는 '~에게 최신 정보를 알리다', '~에게 진행 상황을 알려주다'라는 뜻입니다.

그리썸 저희에게 진행 상황을 알려 달라고 하셨고, 제가 약속드립니다. 진행 상황을 알려드릴 것을.

윈스턴 **I just wanted to see if you guys have anything new.**

캐서린 저희가 새로운 걸 알게 되면, 바로 알려 드리겠습니다.

Step 3 도전! 실전 회화

그냥 네 목소리가 듣고 싶었어. ______________________

pattern 004

I never wanted to...

난 ~하고 싶은 게 아니었어 / 난 ~하고 싶었던 적 없어

I never wanted to는 과거에 한 일에 대해 자신은 그럴 의도가 없었다고 말할 때 쓰는 패턴입니다.

유사패턴 I never meant to... ‖ I didn't want to...

Step 1 패턴 집중 훈련

난 너에게 상처 주고 싶은 게 아니었어.	**I never wanted to** hurt you.
난 너를 불쾌하게 하고 싶은 게 아니었어.	**I never wanted to** offend you.
난 널 실망시키고 싶은 게 아니었어.	**I never wanted to** let you down.
난 그를 떠나고 싶은 게 아니었어.	**I never wanted to** leave him.

*let ~ down ~를 실망시키다(= disappoint)

Step 2 리얼 회화연습

탈옥 준비를 빈틈없이 하나하나 실행해 가던 Michael. 의무실 창문을 통해 탈옥할 생각인 Michael은 의무실의 열쇠를 몰래 빼돌리지만, Sara에게 들키고 맙니다. 결국 Michael은 Sara에게 사실을 털어놓는군요.
<Prison Break S1-20>

Michael 당신을 이 일에 휘말리게 할 생각은 없었어요.

Sara *Well, you've done a pretty poor job of that.

Michael ... I came here to tell you something.
I'm getting my brother out of here. Tonight.
And I need your help.

요건덤
* well는 '음', '뭐'처럼 별 의미 없이 말을 시작할때도 쓰이지만, 화가 나서 '그렇지만', '하지만'이라고 반론을 제기할때도 많이 쓰여요.

마이클 **I never wanted to involve you in this.**

세라 그런데 그렇게 하지 못했잖아요.

마이클 ...... 당신에게 할 말이 있어서 왔어요.
난 우리 형을 여기서 탈옥시킬 겁니다. 오늘 밤에요.
당신 도움이 필요해요.

*do a poor job 일을 잘 못하다, 제대로 못하다

Step 3 도전! 실전 회화

난 너에게 거짓말하고 싶은 게 아니었어. ______________________________

pattern 005

You wanna...?

너 ~하고 싶어? / ~할래? 

You wanna...?는 Do you want to...?를 줄인 형태입니다. 앞의 do를 생략하고 want to를 wanna로 줄여서, 그냥 You wanna라고 하는 것이죠. 예를 들어, '영화 보러 갈래?'처럼 상대방에게 뭔가를 하자고 제안할 때 특히 많이 씁니다.

유사패턴 Do you wanna...? ‖ Wanna...? 주어를 생략하고 wanna...?라고만 해도 같은 뜻임.

Step 1 패턴 집중 훈련

오늘 영화 보러 갈래?	**You wanna** hit the movies today?
그것에 대해 얘기하고 싶어?	**You wanna** talk about it?
내기 할래?	**You wanna** bet?
너 다른 학교로 전학 가고 싶니?	**You wanna** transfer to another school?

*hit the movies 영화 보러 가다(= go to the movies)

Step 2 리얼 회화연습

마이애미 경찰청의 혈흔 분석가 Dexter가 악명 높은 연쇄 살인범이라는 사실을 유일하게 알고 있는 Doakes 경사. Dexter에게 감금당해 있는 그는 Dexter의 고뇌를 보며 동정심에 어떻게든 Dexter가 자수하게 유도하려고 대화를 시도합니다. <Dexter S2-11>

Doakes **That *shit about your father.**
얘기하고 싶은가? (내가 얘기 들어 줄까?)

Dexter **About what?**
That my life is one tragic mistake?

Doakes **We've all felt that at one time or another.**
I know I have.

요건덤
* shit은 원래 '똥'이라는 뜻인데, 회화에서는 가벼운 욕으로 여러 상황에서 쓰입니다. thing이나 stuff 대신 쓰이기도 하고, '문젯거리', '말도 안 되는 허튼소리'라는 뜻으로도 쓰입니다.

독스(경사) 너희 아버지에 대한 그거 말이야. **You wanna talk about it?**
덱스터 뭘 말입니까? 내 삶이 완전 비극적인 실수라는 것 말입니까?
독스 우리 모두 한 번쯤은 그런 걸 느낀다고. 나도 그랬고 말이야.

*at one time or another 한 번쯤은

Step 3 도전! 실전 회화

나랑 저녁 식사 할래? ______________________ (have dinner)

pattern 006

You wanted me to...

네가 나더러 ~하랬잖아 / 저한테 ~하라고 하셨는데요

'하라고 할 때는 언제고……'라는 뉘앙스로 상대방이 잊어버렸을 때 상기시켜 주거나, 말을 바꿨을 때 불평을 표현하는 의미로 씁니다.

유사패턴 You told me to...

Step 1 패턴 집중 훈련

나더러 오늘 밤에 문자 보내라고 했잖아. **You wanted me to** text you tonight.

나더러 너 대신 걔한테 얘기해 달라고 했잖아. **You wanted me to** talk to him for you.

저한테 오늘 하루 쉬라고 하셨는데요. **You wanted me to** take the day off.

저한테 이거 내일까지 끝내라고 하셨는데요. **You wanted me to** finish this by tomorrow.

Step 2 리얼 회화연습

뉴욕에서 제일 잘나가는 변호사 Harvey가 스캔들에 휘말린 에피소드입니다. 자신의 전용 기사가 부당하게 택시기사에게 소송을 당하자, Harvey는 큰돈이 되는 일 대신 자신의 전용 기사 변호를 맡기로 합니다. 하지만 가난한 택시기사를 상대로 하는 법정싸움이 스캔들이 되자 Harvey의 상사 Jessica는 걱정되어 Harvey에게 한마디하네요. <Suits S1-5>

Harvey 저한테 무료 상담 일을 하라고 하셨잖습니까.
This is it.

Jessica ... Does that seem like it enhances our image to you?

Harvey I refuse to answer that,
*on the grounds that I don't want to.

하비 You wanted me to do pro bono work.
이게 바로 그거라고요.

제시카 …… 당신이 맡은 일이 우리 로펌 이미지를 향상시킨다고 생각해?

하비 그 질문에 답변하지 않겠습니다. 답변하기 싫다는 이유로요.

요건덤
* on the ground(s) that…은 '~라는 근거로[이유로]'라는 뜻으로, 법적인 일에 대해 얘기할 때 주로 쓰이는 표현입니다.

*pro bono 무료의(여기서 pro bono work는 무료 법률 상담) enhance 향상시키다

Step 3 도전! 실전 회화

네가 나더러 설거지하라고 했잖아. ______________________ (do the dishes)

pattern 007

You might wanna...

~하는 게 좋을 것 같은데

You might wanna...는 상대방에게 충고를 할 때 많이 씁니다. 특히 주의하거나 경계하라는 의미로 많이 쓰죠.

유사패턴 You may wanna... ‖ I think you should...

Step 1 패턴 집중 훈련

다시 생각해 보는 게 좋을 것 같은데.	**You might wanna** think again.
이 과목 재수강하는 게 좋을 것 같은데.	**You might wanna** retake this course.
조심하는 게 좋을 것 같은데.	**You might wanna** watch out.
걔 충고를 듣는 게 좋을 것 같은데.	**You might wanna** listen to her advice.

Step 2 리얼 회화연습

대재벌 Grayson Global의 유일한 상속인인 Daniel을 이용해 신분 상승을 해 보려는 con-man(사기꾼)인 Tyler. 자신의 얼굴에 상처를 내는 자해를 하고는 Daniel에게 덮어씌우려고 하지만 Daniel의 여자 친구 Emily는 이미 Tyler의 본성을 알고 있죠. <Revenge S1-6>

Tyler **Your boyfriend's got a violent *streak.**
네가 누구를 상대하는 건지 조심하는 게 좋을걸.

Emily **I'm always careful and**
I always know who I'm *dealing with.

타일러 네 남자 친구(대니얼)한테는 폭력적인 면이 있다고.
You might wanna be careful who you're dealing with.

에밀리 난 항상 조심하고 있어, 그리고
난 내가 어떤 사람을 상대하는지 항상 잘 알고 있어.

요건덤
* streak은 사람 성격에서 안 좋은 '부분', '구석'을 뜻해요. 그래서 violent streak이라고 하면 '폭력적인 부분[면]'이란 뜻이죠.
* deal with는 '일을 처리하다'라는 뜻 말고도 '사람을 상대하다'라는 뜻으로도 쓰입니다.

Step 3 도전! 실전 회화

이거 사는 게 좋을 것 같은데. ______________________ (buy)

pattern 008

All I want is...

내가 원하는 건 ~뿐이야 / 난 ~을 원할 뿐이야 

'내가 원하는 건 너뿐이야.(All I want is you.)' 같은 말을 할 때 쓰는 패턴이죠. All I want는 원래 All that I want인데, 회화에서는 흔히 that을 생략하고 그냥 All I want라고만 합니다.

유사패턴 **I just want...**

Step 1 패턴 집중 훈련

내가 원하는 건 너뿐이야.	**All I want is** you.
난 나 혼자만의 시간을 원할 뿐이야.	**All I want is** some alone time.
내가 원하는 건 너의 정직함뿐이야.	**All I want is** your honesty.
내가 원하는 건 행복해지는 것뿐이야.	**All I want is** to be happy.

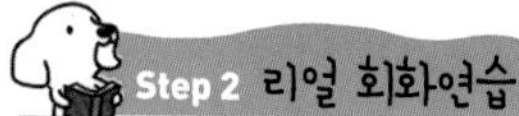

Step 2 리얼 회화연습

McKinley 고교의 응원단 코치인 Sue Sylvester는 협박이나 남을 모욕하고 무안하게 만들며 놀리기를 일삼는 bully(남을 괴롭히는 사람)입니다. 로컬 뉴스 프로그램에서 고정 코너를 맡고 있는 Sue는 못생기거나 뚱뚱한 사람들에 대한 모욕적인 말을 거침없이 내뱉는군요. <*Glee* S1-12>

Sue **Am I asking for too much,**
Ohio Board of Statewide Holiday Planning?
전 일 년에 하루는 못생긴 사람들과 뚱뚱한 사람들에 의해
시각적으로 공격당하지 않길 원할 뿐입니다.
***Seriously, Ohio,**
these retinas need *a day off.

수 제가 너무 많은 걸 요구하는 겁니까,
오하이오 주 공휴일 기획청 여러분?
All I want is just one day a year
where I'm not visually assaulted by uglies and fatties.
아 진짜, 오하이오 주민 여러분,
제 망막은 하루 휴일이 필요하단 말입니다.

요건덤
* Seriously로 말을 시작하면, 답답함에 '아 진짜!'라고 하는 의미입니다. 또는 '장난이 아니고 진심으로'라는 뜻으로도 쓰입니다.
* a day off는 '휴일'이라는 뜻으로, take a day off라고 하면 '하루 쉬다'라는 의미입니다.

***be visually assaulted** 시각적으로 공격당하다 **uglies** 못생긴 사람들 **fatties** 뚱뚱한 사람들 **retina** 망막

Step 3 도전! 실전 회화

난 진실을 원하는 것뿐이야. ______________________

get

다음 말을 영어로 만들어 볼까요?

나한테 정말 좋은 생각이 있어.

__________ a great idea.

나 가야겠다.

__________ go.

넌 더 열심히 노력해야 돼.

__________ harder.

너 점점 더 날씬해지는구나.

__________ thinner.

내가 맥주 좀 갖고 올게.

__________ some beer.

난 걔가 이해 안 돼.

__________ him.

너 주려고 뭐 하나 샀어.

__________ something.

삶이 불공평하다는 느낌 든 적 있어?

__________ life is unfair?

I got
I gotta
You gotta try
You're getting
I'll go get
I don't get
I got you
Do you ever get the feeling

pattern 009

I got...

나한테 ~가 있어 

뭔가를 갖고 있다고 얘기할 때 I've got...이라는 표현을 쓰는데 have를 생략하고 흔히 I got이라고도 말합니다. 회화에서는 I got... 패턴을 많이 쓰니 꼭 알아두세요.

유사패턴 I have... ‖ I've got...

Step 1 패턴 집중 훈련

나한테 정말 좋은 생각이 있어.	**I got** a great idea.
나한테 너에게 전해 줄 소식이 있어.	**I got** some news for you.
나 너한테 줄 게 있어.	**I got** something for you.
나 걔한테 불평거리가/불만이 있어.	**I got** beef with him.

*beef 불평(거리)

Step 2 리얼 회화연습

Emily는 자신의 아버지 David를 테러범으로 몰아 감옥에서 죽게 만든 Grayson 가에 차근차근 복수를 실행해 나가고 있습니다. 그런데 FBI 출신인 Grayson 가의 경호원 Frank가 이상한 낌새를 눈치채고 Emily를 감시하기 시작했군요. Emily가 반격에 나서는데……. <*Revenge* S1-6>

Nolan 어젯밤에 애슐리한테 흥미로운 소식을 하나 들었어.
The Graysons fired Frank.
Just as you predicted.

Emily Now with Frank *out of the way,
it'll give me a chance to deal with Tyler.

놀런 **I got some interesting news from Ashley last night.**
그레이슨 가에서 프랭크를 해고했대.
네가 예상했던 대로 말이지.

에밀리 이제 프랭크도 날 방해하지 않을테니, 타일러를 처리할 기회가 생겼네.

요건덤
* out of the way는 '방해가 안 되게 비켜'라는 의미입니다. Get out of the way.라고 하면 '방해하지 말고 저리 비켜.'라는 뜻이죠. 반대로 방해가 된다고 얘기할 때는 in the way라고 해요. '방해 되잖아.'는 You're in the way.입니다.

*fire 해고하다

Step 3 도전! 실전 회화

나한테 널 놀래킬 만한 게 있어. ______________________

I gotta...

나 ~해야 돼 / 나 ~해야겠다 

해야 할 일을 얘기할 때, 회화에서는 I have to 말고도 I gotta도 많이 씁니다. I gotta는 I have got to를 줄인 형태로 have는 흔히 생략합니다. 네이티브들은 got to를 빠르게 발음하기 때문에 got to를 줄여서 gotta라고 하죠. gotta 뒤에는 동사원형을 씁니다.

유사패턴 I have to... ‖ I must...

Step 1 패턴 집중 훈련

나 가야겠다. 나중에 봐!	**I gotta** go. See ya!
나 이거 먼저 끝마쳐야 돼.	**I gotta** finish this first.
난 더 인내심을 가져야 돼.	**I gotta** have more patience.
나 거기 시간 맞춰 가야 돼.	**I gotta** get there on time.

Step 2 리얼 회화연습

뮤지컬 배역 때문에 팬티 바람으로 무대에 서야 하는 Finn은 자신의 몸매를 의식하고 친구들과 함께 운동을 시작합니다. 운동은 물론 식단 조절까지 철저히 하는 Sam을 보며 Finn이 힘들지 않냐고 물어보는군요. <*Glee* S2-5>

Finn **Doesn't it get exhausting, worrying about what you eat and working out like a mad man?**

Sam **... But *the fact is, if I want to be cool and if I want to get Quinn for good,** 거기에 어울리는 모습을 갖춰야 한다고.

핀 그러면 피곤하지 않냐, 먹는 거에 대해 걱정하고 미친 듯이 운동하는 거?

샘 …… 하지만 사실은 말이야, 내가 쿨해지려면, 또 퀸을 완전히 내 여자로 만들려면, **I gotta *look the part.**

요건덤

* the fact is는 자신이 하고 싶은 말 앞에 쓰면 '사실을 말하자면', '현실적으로 말이야'라는 뜻입니다.
* 여기서 part는 '역할'이라는 뜻으로, look the part라고 하면 '그 역할에 어울리는 모습을 갖추다'라는 뜻이 됩니다.

*exhausting 피곤하게 하는 for good 영원히

Step 3 도전! 실전 회화

내일 쇼핑가야겠어. ______________________ (go shopping)

pattern 011

You gotta...

너 ~해야 돼 

You gotta...도 I gotta...와 마찬가지로 You have got to를 줄인 패턴입니다. You gotta...는 상대방이 해야 하는 일에 대해 말할 때 씁니다. 강조할 때는 Step 2의 미드 대사에 나오는 것처럼 You have got to를 모두 살려서 말하기도 합니다.

유사패턴 You have to... ‖ You must...

Step 1 패턴 집중 훈련

넌 더 열심히 노력해야 돼.	**You gotta** try harder.
너 그거 비밀로 해야 돼.	**You gotta** keep it a secret.
넌 말하기 전에 생각 좀 해야 돼.	**You gotta** think before you speak.
너 지금 농담하는 거지?	**You gotta** be kidding me.

Step 2 리얼 회화연습

Blair와 자신의 리무진에서 하룻밤을 보낸 Chuck은 Blair에게 푹 빠져 버립니다. 하지만 Blair는 이미 Nate와 사귀는 사이죠. 혼란스러운 Chuck은 계속 Blair 곁을 맴도는데요, 그러다가 자신의 감정을 Blair에게 들켜 버리는군요.
<*Gossip Girl* S1-8>

Blair **Do you... like me?**

Chuck **Define "like".**

Blair 너 장난하는 거지? **I do not believe this.**

블레어 너…… 나 좋아하는 거야?

척 '좋아한다'의 정의가 뭔데?

블레어 *__You have got to be kidding.__ 믿을 수가 없어.

요건덤

* You've gotta be kidding.은 '넌 농담하고 있는 것이어야 해.'이니, 의역하면 '너 농담하는 거지?'라는 뜻이 됩니다. 이때 kidding 대신 joking을 써서 You've gotta be joking.이라고도 하죠.

*define 정의하다

Step 3 도전! 실전 회화

너 나한테 정직해야 돼. ____________________

pattern 012

You're getting...

너 (점점) ~해지고 있어 

'너 요즘 건방져지는 것 같다', '너 요즘 날씬해진 것 같아'처럼 상대방의 상태 변화에 대해 말할 때 쓰면 좋은 패턴이 You're getting...입니다. 뒤에는 상태, 감정, 기분을 나타내는 형용사를 씁니다.

유사패턴 You're becoming...

Step 1 패턴 집중 훈련

너 점점 날 짜증 나게 한다.	**You're getting** annoying.
너 점점 건방져진다.	**You're getting** conceited.
너 점점 더 날씬해지는구나.	**You're getting** thinner.
너 나한테 또 화내고 있잖아.	**You're getting** mad at me again.

*conceited 건방진, 잘난 척하는

Step 2 리얼 회화연습

Dr. House는 자신의 환자가 심장 이식수술을 받을 수 있도록 환자의 자학 행위에 대해 숨깁니다. Dr. House의 친구인 Dr. Wilson은 거짓말임을 알면서도 Dr. House와의 우정을 생각해서 눈감아 줍니다. 그런데 그 사실을 안 Dr. House는 오히려 Dr. Wilson에게 줏대 없다며 한마디하는군요. <House S1-14>

Dr. House *Have some backbone.
If you think I'm wrong, do something.

Dr. Wilson Wait,
지금 선생님 편들어 준 것 갖고 나한테 화를 내는 겁니까?

Dr. House You value our friendship
more than your ethical responsibilities.

요건덤
* have (some) backbone은 '줏대[기개]가 있다'라는 뜻이에요. '줏대가 없다'는 말은 have no backbone이라고 합니다
* stick up for...는 '~를 옹호하다', '~를 편들어 주다'라는 뜻이에요.

하우스 줏대 좀 가지게. 내가 잘못됐다고 생각하면 뭔가를 하라고.

윌슨 잠깐만요,
you're getting mad at me for *sticking up for you?

하우스 자네는 자네의 윤리적인 책임보다 우리 우정을 중요하게 여기는 것이잖나.

*value 소중히 여기다, 중요하게 생각하다 ethical 윤리적인

Step 3 도전! 실전 회화

너 점점 예뻐지네. ______________________

pattern 013

I'll go get...

내가 ~ 가지고 올게 / 나 ~하러 갈게 

I'll go get... 패턴은 내가 가서 어떤 걸 가지고 오겠다고 얘기할 때 씁니다. 원래는 I'll go and get...인데, 짧은 걸 좋아하는 네이티브들이 and를 생략하고 그냥 I'll go get이라고 하는 것이죠.

유사패턴 I'm gonna go get...

Step 1 패턴 집중 훈련

내가 우리 마실 것 좀 갖고 올게.	**I'll go get** us something to drink.
내가 맥주 좀 갖고 올게.	**I'll go get** some beer.
난 좀 자러 갈게.	**I'll go get** some sleep.
내가 의자 갖고 올게.	**I'll go get** a chair.

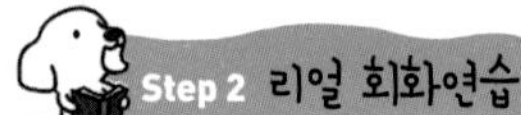

Step 2 리얼 회화연습

친구들 몰래 사귀어 온 Chandler와 Monica가 그 사실을 모두에게 들켜 버렸네요. 이 사실을 숨겨 왔다는 게 괘씸한 Rachel과 Phoebe는 이 둘을 골탕 먹이기로 합니다. 바로 Phoebe가 Chandler를 유혹하는 거죠. 이에 대해 알게 된 Chandler 역시 맞대응을 합니다. 과연 승자는……? <Friends S5-14>

Chandler Oh, do you not want to?

Phoebe No. No! *It's just, *y'know first, I wanna take off all my clothes and have you rub lotion on me.

Chandler Well, that would be nice.
내가 가서 로션 갖고 올게.

챈들러 아, 하기 싫은 거야?

피비 아니. 아니야! 그냥 있잖아, 저기, 우선 난 내 옷을 모두 벗고 네가 나한테 로션을 바르게 하고 싶어서 그래.

챈들러 [긴장하며] 어, 그거 좋겠군. **I'll go get the lotion.**

요건덤

* It's just...로 말을 시작하면 '그게 말이야.....'라며 머뭇거리는 표현이 됩니다.

* y'know는 you know를 줄여 쓴 형태인데, 네이티브들은 you know를 별 의미 없이 '있잖아', '저기' 같은 뜻으로 많이 쓰죠.

*take off 벗다 rub 문지르다, 바르다

Step 3 도전! 실전 회화

간장 좀 가지러 갈게. ______________________ (soy sauce)

pattern 014 I don't get...

~이 이해 안 돼 

get에는 여러 가지 뜻이 있죠. 그중 '이해하다'라는 뜻으로도 정말 많이 쓰입니다. 어떤 상황이나 상대방의 말, 또는 어떤 사람이 이해가 안 된다고 할 때 I don't get...을 쓰면 좋습니다. 뒤에는 명사류를 쓰면 되고요.

유사패턴 I don't understand...

Step 1 패턴 집중 훈련

난 걔가 이해 안 돼.	**I don't get** him.
난 네 말의 요지가 이해가 안 돼.	**I don't get** your point.
난 무슨 말을 하려는 건지 이해가 안 돼.	**I don't get** what you're trying to say.
난 걔가 왜 화가 났는지 이해 안 돼.	**I don't get** why he's upset.

Step 2 리얼 회화연습

매춘 혐의로 Maisy가 구속되었다는 소문이 퍼진 가운데, Edie는 Maisy의 '고객' 리스트가 공개된다는 소식을 전합니다. 자신의 남편이 그 리스트에 포함되어 있는 Bree는 Maisy에 대한 가십을 들으면서 바늘방석에 앉아 한 마디도 못하는군요. <Desperate Housewives S1-16>

Lynette 누가 메이시한테 돈을 줘가면서 섹스를 하고 싶어 할지 이해가 안 돼.

Gabrielle **Obviously, someone who's not getting it at home.**

Edie **So, the upshot is Maisy is going to turn over her *little black book with all of her clients' names.**

르넷 **I don't get who would pay Maisy for sex.**

가브리엘 뻔하지, 집에서 못하는 사람 아니겠어?

이디 어쨌든 그래서,
결과는 메이시가 자기 고객 명단이 다 적혀 있는 주소록을 (경찰한테) 넘길 거래.

요건덤
* (little) black book은 주소록으로 쓰이는 '작은 검은색 수첩'을 뜻해요. 보통 남자들이 관심 가는 여자들 연락처를 기록해 두는 수첩으로, 또는 협박(blackmail)할 사람들을 기록해 두는 리스트로 쓰입니다.

*upshot 결과, 결말

Step 3 도전! 실전 회화

난 이 부분이 이해가 안 돼. ________________

I got you...

너 주려고 ~ 샀어 

상대방에게 선물을 주거나 뭔가를 사다 주면서 쓰면 아주 좋은 패턴입니다. I got you something.(너 주려고 뭐 하나 샀어.)처럼요. I got you 뒤에는 산 물건을 써 주면 끝!

유사패턴 I got... for you ‖ I bought you...

Step 1 패턴 집중 훈련

널 위해 조그만 거 하나 샀어.	**I got you** a little something.
네가 제일 좋아하는 걸로 샀어.	**I got you** your favorite.
너를 위해 이별 선물을 샀어.	**I got you** a going-away present.
너 생일 선물로 목걸이 샀어.	**I got you** a necklace for your birthday.

Step 2 리얼 회화연습

부인 Victoria의 절친인 Lydia와 바람을 피운 Conrad는 미안한 마음에 Victoria에게 목걸이를 선물합니다. 그러나 Victoria의 마음은 싸늘하게 식어 있군요. 오히려 이 때문에 자신이 배신한 옛 애인 David가 준 귀걸이를 귀에 걸어 보며 옛날을 회상합니다. <Revenge S1-3>

David 내가 당신 주려고 뭐 하나 샀어.

Victoria I love them.

David You promise me,
when you wear them, that you think of me.

데이비드 I got you something.

빅토리아 마음에 쏙 들어요.

데이비드 약속해 줘,
당신이 그걸 낄 때마다 내 생각을 할 거라고 말이야.

Step 3 도전! 실전 회화

너 주려고 노트북 컴퓨터 한 대 샀어. ____________________ (laptop)

pattern 016

Do you ever get the feeling (that)...?

~이라는 느낌이 든 적 있어?

이상하거나 특이한 생각이 들 때, 자신만 이런 느낌이 드는 건가 싶어 상대방에게 '너도 이런 적 있니?'라고 물어보는 패턴입니다. 원래는 have p.p. 시제를 써서 Have you ever got/had the feeling...?이라고도 하지만, 그냥 간단하게 현재시제를 쓰는 것이죠. feeling 뒤의 that은 보통 생략하고, '주어+동사'를 쓰면 됩니다.

유사패턴 Do you ever have the feeling (that)...? ‖ Do you ever feel (that)...?

Step 1 패턴 집중 훈련

삶이 불공평하다는 느낌 든 적 있어?	**Do you ever get the feeling** life is unfair?
미행당하고 있다는 느낌 든 적 있어?	**Do you ever get the feeling** you're being followed?
이건 뭔가 아니라는 느낌 든 적 있어?	**Do you ever get the feeling** something's not right?
제대로 풀리는 일이 없다는 느낌 든 적 있어?	**Do you ever get the feeling** nothing's going right?

Step 2 리얼 회화연습

허공을 가로지르며 하늘을 나는 꿈을 꾼 Peter는 자신의 운명에 대해 생각하기 시작합니다. 자신이 뭔가 특별한 일을 할 운명이 아닌가 하는 생각을요. 처음 만난 택시기사에게도 이런 기분이 든 적 있는지 물어보네요. <Heroes S1-1>

Peter 당신은⋯⋯ 당신이 뭔가 엄청난 일을 할 운명이라는 느낌이 든 적 있나요?

Mohinder **I'm driving a cab, you may have noticed.**

Peter **No, I'm not talking about what you do. I'm talking about who you are.**

피터 Do you ever...get the feeling that you *were meant to do something extraordinary?

모힌더 전 택시기사일 뿐입니다. 당신도 눈치채셨겠지만요.
(택시기사한테 그런 질문을 하는 건 좀 웃기지 않냐고 비꼰 것임)

피터 아니요, 직업을 얘기하는 게 아니에요. 당신이 어떤 사람인지를 얘기하는 겁니다.

요건덤
* be meant to는 '~할 운명이다'라는 뜻으로 be destined to와 같은 의미입니다.

*extraordinary 엄청난, 대단한 cab 택시

Step 3 도전! 실전 회화

네가 소외당한다는 느낌 든 적 있어? ______________________ (be left out)

gonna

다음 말을 영어로 만들어 볼까요?

난 오늘 밤 외박할 거야.

_______________ **stay out tonight.**

난 절대 널 떠나지 않을 거야.

_______________ **leave you.**

나 토할 것 같아.

_______________ **puke.**

넌 이걸 후회하지 않을 거야.

_______________ **regret this.**

너 정말 걔 용서할 거야?

_______________ **forgive her?**

이건 보고 싶을걸.

_______________ **watch this.**

사람 엄청 많이 올 거야.

_______________ **a lot of people.**

나 뭐라고 말하지?

_______________ **say?**

I'm gonna
I'm never gonna
I think I'm gonna
You're not gonna
You really gonna
You're gonna wanna
There's gonna be
What am I gonna

pattern 017

I'm gonna...

난 ~할 거야 

미드를 보다 보면 많이 듣게 되는 말 중 하나가 I'm gonna...입니다. 뭘 할 계획인지 말할 때 쓰는 패턴이죠. I'm gonna는 원래 I'm going to인데, 회화에서는 흔히들 going to를 빨리 발음해서 gonna라고 합니다. I'm gonna 뒤에는 동사원형이 오죠.

유사패턴 **I plan to... ‖ I'm planning to...**

Step 1 패턴 집중 훈련

난 오늘 밤 외박할 거야.	**I'm gonna stay out tonight.**
난 언젠가 스타가 될 거야.	**I'm gonna be a star some day.**
나 내 남자 친구랑 헤어질 거야.	**I'm gonna break up with my boyfriend.**
난 오늘 밤샐 거야.	**I'm gonna stay up all night.**

Step 2 리얼 회화연습

Rachel과 잠시 거리를 두기로 한 동안 다른 여자와 하룻밤을 보낸 Ross는 이 실수 때문에 Rachel한테 계속 비난을 듣습니다. Ross는 계속 억울함을 토로하는데요, 듣다 못한 Chandler가 짜증을 부리네요. <Friends S4-1>

Ross **We *were on a break!**

Chandler **Oh my God! If you say that one more time,**
내가 너랑 헤어질 거야!

Ross **Fine! Fine!**
But this break-up was not all my fault!

로스 우리는 (그때) 헤어져 있던 중이었잖아!
챈들러 세상에! 너 그 말 한 번만 더 하면,
I'm gonna break up with you!
로스 알았어! 알았어!
그렇지만 우리가 헤어졌던 건 다 내 잘못 때문만은 아니라고!

요건덤
* be on a break는 '휴식기를 가지는 중이다'라는 뜻이에요. break는 보통 '쉬는 시간'이란 뜻이지만, 여기서는 '연인들이 잠시 떨어져서 생각할 시간을 갖는 것'을 가리킵니다.

***break up** (연인들이) 헤어지다(break-up은 명사형)

Step 3 도전! 실전 회화

나 직장 그만둘 거야. ______________________ (quit my job)

pattern 018

I'm never gonna...

나 절대 ~ 안 할 거야/못할 거야 

I'm never gonna...는 정말 하기 싫은 일에 대해 '난 절대 안 할 거야'라고 말할 때 씁니다. 혹은 자신이 없어서 '난 절대 못할 거야'라고 말할 때도 쓰죠. I'm never gonna 뒤에는 동사원형이 옵니다.

유사패턴 I'm not gonna... (at all) ‖ I don't plan to... (at all) ‖
I'm not planning to... (at all)

Step 1 패턴 집중 훈련

난 절대 너한테 말 안 할 거야.	**I'm never gonna** tell you.
난 절대 널 떠나지 않을 거야.	**I'm never gonna** leave you.
난 절대 성공하지 못할 거야.	**I'm never gonna** make it.
난 절대 걔가 날 좋아하게 만들지 못할 거야.	**I'm never gonna** win her over.

*make it 성공하다 win ~ over ~가 자신을 좋아하게 만들다, 자기편으로 만들다

Step 2 리얼 회화연습

피살된 변호사의 살인사건을 조사하고 있는 CBI 팀. 조사 중 갑자기 Jane이 바람 좀 쐰다고 나가더니 몰래 혼자서 변호사 아들 Lucas을 만나러 가는군요. Lucas에게 운전을 가르쳐 주며 친해진 Jane은 자연스럽게 Lucas가 아버지에 대한 얘기를 하도록 유도합니다. <The Mentalist S2-4>

Jane **You need to relax.**

Lucas **It's not gonna help.**
제가 운전을 할 줄 알게 될 리가 없다고요.

Jane **That's an easy fix.**
You need the right instructor.

제인 마음을 편하게 먹어야 해.

루카스 그래 봤자 소용없어요.
I'm never gonna *get the hang of this.

제인 그건 쉽게 해결할 수 있어. 너한테 맞는 강사만 있으면 돼.

요건덤
* get the hang of...는 '~을 할 줄 알게 되다', '~을 이해하다'라는 뜻이에요. I finally got the hang of this.라고 하면 '내가 드디어 이걸 할 줄 알게 됐어.' 또는 '내가 드디어 이걸 이해했어.'라는 뜻이죠.

*help 도움이 되다 fix 해결책

Step 3 도전! 실전 회화

난 절대 그를 용서 안 할 거야. ______________________

pattern 019

I think I'm gonna...

나 ~할 것 같아 / 나 ~할까 해

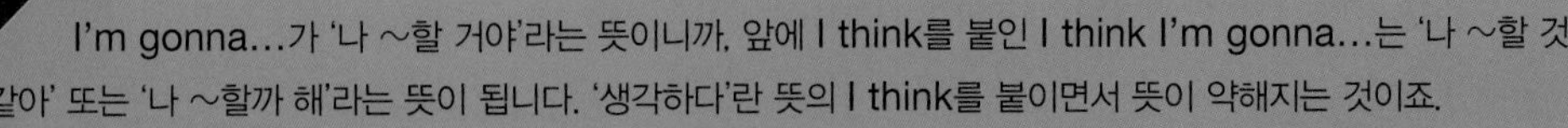

I'm gonna...가 '나 ~할 거야'라는 뜻이니까, 앞에 I think를 붙인 I think I'm gonna...는 '나 ~할 것 같아' 또는 '나 ~할까 해'라는 뜻이 됩니다. '생각하다'란 뜻의 I think를 붙이면서 뜻이 약해지는 것이죠.

유사패턴 I think I'll...

Step 1 패턴 집중 훈련

나 토할 것 같아. **I think I'm gonna** puke.

나 잡힐/걸릴 것 같아. **I think I'm gonna** get caught.

나 5분간 쉴까 해. **I think I'm gonna** take 5.

나 자수할까 해. **I think I'm gonna** turn myself in.

*puke 토하다(= throw up) take 5 잠깐 (5분 정도) 쉬다 turn oneself in 자수하다

Step 2 리얼 회화연습

자신의 탁월한 추리력을 뽐내며 자신을 짝사랑하는 영안실 직원 Molly에게 무안만 주던 Sherlock. 숙적인 Moriarty와의 마지막 결전을 앞두고 Molly에게 '넌 나한테 소중한 존재야'라고 얘기하며 도움을 요청하네요.
<Sherlock S2-3>

Sherlock You've always *counted and I've always trusted you. But you were right. I'm not okay.

Molly Tell me what's wrong.

Sherlock Molly... 나 죽게 될 것 같아.

셜록 넌 항상 나한테 중요했고 난 널 항상 신뢰했어. 그런데 네 말이 맞았어. 난 괜찮지 않아.

몰리 무슨 일인지 말해 주세요.

셜록 몰리……. **I think I'm gonna die.**

요건덤

* count는 '숫자를 세다'라는 뜻 외에 '중요하다'라는 뜻으로도 많이 쓰입니다. 같은 의미인 matter도 알아두세요. You've always counted. 대신 You've always mattered.라고 해도 같은 뜻이죠.

Step 3 도전! 실전 회화

나 직장에 지각할 것 같아. ______________________________ (be late for work)

pattern 020

You're not gonna...

넌 ~하지 않을 거야 / 네가 ~할 리가 없어

'넌 후회하지 않을 거야'처럼 상대방이 어떻게 될 것인지에 대해 내 생각을 얘기할 때 You're not gonna... 패턴을 쓰면 좋습니다. 또는 '네가 ~할 리가 없어', '넌 ~ 못해'처럼 상대방을 도발할 때도 씁니다.

유사패턴 You won't... ‖ You're never gonna... (강한 표현)

Step 1 패턴 집중 훈련

넌 이걸 후회하지 않을 거야. **You're not gonna** regret this.

넌 이거 믿지 않을 거야. (놀라운 소식 하나 알려줄게.) **You're not gonna** believe this.

네가 그한테 말할 리가 없어. **You're not gonna** tell him.

넌 걔를 이기지 못할 거야/이길 리가 없어. **You're not gonna** beat him.

Step 2 리얼 회화연습

Marshall이 취직하기 위해 열심히 노력하는군요. 면접에 가기 전 성공적인 인터뷰를 위해 거울 앞에 서서 스스로를 격려합니다. 하지만 면접을 계속 보면서 점점 자신감은 떨어져 가고, 이젠 봉급이고 뭐고 그냥 취직만 하면 된다고 얘기하는군요. <How I Met Your Mother S4-2>

Marshall [인터뷰 초기] You are confident, you are energetic, you are *focused!

Marshall [인터뷰 몇 번 한 후] You are flexible on salary, you're willing to compromise, 이번에는 울지 않을 거야.

요건덤
* focused는 '집중한'이라는 뜻 말고도 '뚜렷한 목표를 갖고 그에 매진하는'이라는 뜻으로도 정말 많이 쓰여요.

마셜 (거울을 보며 스스로에게) 넌 자신감 있고, 활기차고, 목표의식이 확실해!

마셜 (거울을 보며 스스로에게) 넌 봉급에 대해 융통성 있고, 타협할 의향이 얼마든지 있고, **you're not gonna cry this time.**

*flexible 유연한, 융통성 있는 be willing to... ~할 의향이 있다, 기꺼이 ~하다

Step 3 도전! 실전 회화

네가 이걸 잊어버릴 리가 없어. ______________________________

pattern 021

You really gonna...?

너 정말 ~할 거야? 

You really gonna...?는 Are you really gonna...?에서 Are를 생략한 형태입니다. 네이티브들은 회화에서 문두의 be, have, do 동사를 생략할 때가 종종 있습니다. You really gonna...? 패턴은 상대방이 말도 안 되거나 실현 가능성이 낮은 일을 하겠다고 할 때 '너 정말 그거 하려고?'라는 뜻으로 하는 말입니다.

유사패턴 Are you really gonna...? ‖ You seriously gonna...? ‖ You actually gonna...?

Step 1 패턴 집중 훈련

너 정말 걔 용서할 거야?	**You really gonna** forgive her**?**
너 정말 걔 말대로 할 거야?	**You really gonna** do what he says**?**
너 정말 번지점프 할 거야?	**You really gonna** go bungee jumping**?**
너 정말 조용히 넘어갈 거야?	**You really gonna** go quietly**?**

*go quietly 자신이 당한 부당한 일에 대해 불평이나 저항 없이 넘어가다

Step 2 리얼 회화연습

자신의 학교 교사를 살해한 혐의로 체포된 James Cole. 하지만 James가 무혐의라는 것을 알게 된 천재적인 심리학자 Dr. Lightman은 진범이 누구인지 아는 여학생 Jacquelyn을 취조합니다. 처음엔 계속 거짓말을 하다가, Lightman이 자신의 표정을 읽으며 거짓말인지 아닌지 다 알아채자 입을 다물어 버리는군요. <Lie to Me S1-1>

Jacquelyn **I don't have anything to say.**

Lightman **You know, James Cole is innocent.**
He's going to go to prison for the rest of his life.
너 정말로 그렇게 되게 내버려둘 거야?

재클린 전 할 말 없어요.

라이트먼 박사 저기 말이야, 제임스 콜은 무죄라고.
그 아이는 평생 감옥에 갇히게 생겼어.
You really gonna let that happen?

Step 3 도전! 실전 회화

너 정말 Julie한테 전화할 거야? ______________________ (call)

pattern 022

You're gonna wanna...

너 ~하고 싶어질걸 / ~하는 게 좋을걸 

You're gonna wanna...는 '너 그러고 싶어질 거야'라는 의미로 상대방에게 미리 제안하거나 경고할 때 쓰면 좋은 패턴입니다.

유사패턴 You might wanna... (약한 표현) ‖ You'll wanna...

Step 1 패턴 집중 훈련

너 그거 생각해 보는 게 좋을 거야.	**You're gonna wanna** think about that.
너 이거 보고 싶을걸.	**You're gonna wanna** watch this.
이건 앉아서 듣는 게 좋을 거야.	**You're gonna wanna** sit down for this.
양쪽 얘기를 다 들어 보는 게 좋을 거야.	**You're gonna wanna** listen to both sides of the story.

Step 2 리얼 회화연습

Grayson 가에 아버지의 죽음에 대한 복수를 하기 위해 정체를 숨기고 Grayson 가의 아들과 약혼까지 한 Emily의 정체가 드러날 수도 있는 증거가 발견된 긴박한 상황이군요. 이 사실을 안 Emily의 친구 Nolan이 급하게 Emily에게 전화를 하네요. <*Revenge* S1-16>

Emily This is Emily.
Leave a message.

Nolan Call me *ASAP.
(쇼킹한 얘기니까) **이 소식 들을 땐 앉아서 듣는 게 좋을 거야.**

에밀리 에밀리입니다.
메시지 남겨 주세요.

놀런 가능한 한 빨리 전화해.
You're gonna wanna sit down for this one.

요건덤
* ASAP은 '가능한 한 빨리'라는 뜻의 as soon as possible의 줄임말입니다. 그냥 글자 하나하나 읽기도 하고, [에이쌥]이라고 발음하기도 해요.

Step 3 도전! 실전 회화

이건 먹어 보고 싶을걸. ______________________ (try)

pattern 023

There's gonna be...

~이 있게 될 거야 

There is...는 '~가 있다'라는 뜻이죠? 이 말을 미래로 바꿔서 '~가 있을 예정이야', '~가 있게 될 거야'라고 표현하려면 There's gonna be...를 쓰면 됩니다.

유사패턴 There will be...

Step 1 패턴 집중 훈련

거기에 끝내주는 여자애들이 많이 있을 거야. **There's gonna be** lots of hot girls there.

앞으로 시련이 있을 거야. **There's gonna be** tough times ahead.

저녁 때 폭풍이 있을 예정이래. **There's gonna be** a storm in the evening.

8,000명이나 있을 거야. **There's gonna be** 8,000 people.

Step 2 리얼 회화연습

Carrie의 작가 데뷔 파티를 앞두고 화학박피 시술을 한 Samantha. 얼굴이 가라앉지 않아 잘 익은 토마토마냥 울긋불긋합니다. 자신이 홍보를 담당한 Carrie의 데뷔 파티지만 도저히 못 나갈 것 같아 Carrie에게 전화를 하지만, 긴장한 Carrie는 꼭 나와 달라고 부탁하는군요. <Sex and the City S5-5>

Samantha **I'm not sure I should go to the party.**

Carrie **You have to. You're my publicist.**
***Thanks to you,** 8,000명이나 올 거라고.
I'd like one familiar face.

서맨사 난 파티에 안 가는 게 나을 것 같아.

캐리 와야지. 네가 내 홍보 담당자잖아.
네 덕분에 **there's going to be 8,000 people.**
아는 얼굴 하나 정도는 있으면 좋겠어.

요건덤
* thanks to는 '~ 덕분에'라는 뜻으로 고마움을 표현할 때 많이 써요. 비꼴 때에도 자주 쓰이고요. Thanks to you, everybody knows!(네 덕분에 모르는 사람이 없잖아!) 처럼요.

Step 3 도전! 실전 회화

다음 주에 허리케인이 있을 예정이래. ______________________ (hurricane)

pattern 024

What am I gonna...?

나 뭘 ~하지? 

당황해서 어떻게 해야 할지 모를 때나 대책 없는 상황이 발생했을 때 쓰면 좋은 패턴입니다. What am I gonna 뒤에는 동사원형을 쓰죠.

유사패턴 What will I...? ‖ What do I...? ‖ What should I...?

Step 1 패턴 집중 훈련

나 뭘 하지? (나 어쩌지?)	**What am I gonna** do?
나 걔한테 뭐라고 말하지?	**What am I gonna** say to him?
나 데이트에 뭘 입고 가지?	**What am I gonna** wear to the date?
나 걔 생일 선물로 뭘 사 주지?	**What am I gonna** get him for his birthday?

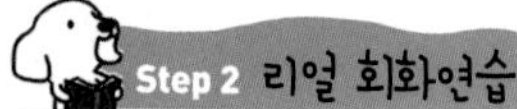

Step 2 리얼 회화연습

헤어진 지 몇 달이나 된 이전 여자 친구를 잊지 못하던 Nick이 드디어 오랜만에 데이트에 나가게 됩니다. 나가기 전에 자신의 방에서 음악을 크게 켜 놓고 발가벗은 채 거울 앞에서 춤을 추던 모습을 Jess(여 주인공)에게 들키고 마네요. 당황한 Nick은 재빨리 옷을 챙겨 입고 도망 나가는데……. <New Girl S1-4>

Nick Okay.
*Excuse me, Jess.

Jess That was so horrible.
나 어떡하지?
He's never gonna speak to me again.
I'm so embarrassed.

닉 그래.
좀 비켜 봐, 제스. (집을 나감)

제스 (친구들에게) 그거 완전 최악이었어.
What am I gonna do?
걔 나한테 다시는 말도 안 할 거야.
너무 쪽팔려.

요건덤

* Excuse me는 '실례합니다'라는 뜻 이외에도, 여기처럼 비켜 달라고 할 때 또는 모르는 사람에게 말을 걸 때도 쓰죠. 또 Excuse me, but I disagree. (실례지만, 전 반대하는데요.)처럼 상대방이 한 말에 대해 정중하게 반론을 제기할 때도 씁니다.

Step 3 도전! 실전 회화

나 점심 뭐 먹지? ______________________ (for lunch)

have

다음 말을 영어로 만들어 볼까요?

내 주머니에 잔돈 좀 있어.

__________ **change in my pocket.**

난 할 말이 아무것도 없어.

__________ **say.**

난 그것과 아무 관련 없어.

__________ **it.**

나에겐 선택의 여지가 없었어.

__________ **a choice.**

넌 내가 뭘 원하는지를 전혀 몰라.

__________ **what I want.**

너 지금 몇 시인지 알아?

__________ **what time it is?**

I have some

I have nothing to

I have nothing to do with

I didn't have

You have no idea

Do you have any idea

I have some...

나한테 ~이 약간 있어 

I have some...은 할 말이 있거나 뭔가를 갖고 있다고 얘기할 때 쓰는 패턴입니다. I have some 뒤에는 명사가 오고요.

유사패턴 **I've got some...**

Step 1 패턴 집중 훈련

내 주머니에 잔돈 좀 있어. **I have some** change in my pocket.

그 계획에 대해 걱정되는 부분이 좀 있어. **I have some** concerns about the plan.

IT 분야에 경험이 좀 있습니다. **I have some** experience in the IT field.

나한테 우리 프로젝트를 위한 아이디어가 몇 개 있어. **I have some** ideas for our project.

Step 2 리얼 회화연습

뮤지컬 <Wicked>의 솔로 파트를 Rachel이 맡게 되자, Kurt는 자신도 오디션을 보고 싶어 Will 선생님께 말합니다. 솔로로 부르는 것이 여자 역할이라 남자인 Kurt에겐 곤란하다며 Will 선생님은 거절하는데……. <*Glee* S1-9>

Kurt **저 하고 싶은 말이 있어요.**
I want to audition for the *Wicked* solo.

Will Kurt, there's a high F in it.

Kurt That's well within my range.

커트 **I have something I'd like to say.**
저도 〈위키드〉 공연 솔로 파트 오디션 보고 싶어요.

윌 커트야, 그 노래엔 높은 F(파) 음이 있어.

커트 그 정도면 제 음역대가 여유 있게 커버해요.

*range 범위, 음역대

Step 3 도전! 실전 회화

나한테 종이가 좀 있어. ______________________

pattern 026

I have nothing to...

난 ~할 게 아무것도 없어 

I have nothing to...는 '할 게 없어', '할 말이 없어' 같은 말을 할 때 쓸 수 있는 패턴입니다. I have nothing to 뒤에는 동사원형을 쓰면 돼요. 회화에서는 have 대신 have got을 써서 I've got nothing to... 라고도 합니다.

유사패턴 I've got nothing to... ‖ I don't have anything to... ‖ There's nothing for me to...

Step 1 패턴 집중 훈련

난 할 게 아무것도 없어.	**I have nothing to** do.
난 잃을 게 아무것도 없어.	**I have nothing to** lose.
난 너한테 할 말 없어.	**I have nothing to** say to you.
난 여기서 득 볼 게 아무것도 없어.	**I have nothing to** gain from this.

Step 2 리얼 회화연습

평생에 한 번 있을까 말까 한 로켓을 타고 우주에 가는 제안을 받은 Howard. 하지만 그의 안전이 걱정된 여자 친구 Bernadette는 반대하며 몰래 Howard의 엄마에게 이 일에 대해 말해 못 가게 만드는데요. 이에 Howard가 완전히 삐칩니다. <The Big Bang Theory S5-5>

Bernadette Can we talk?

Howard You can. 난 할 말 없어.

Bernadette All right. I just wanted to tell you I'm sorry I said something to your mother.

버나데트 우리 얘기 좀 할 수 있을까?

하워드 너나 해. **I have nothing to say.**

버나데트 알았어. 자기 엄마한테 말한 거 미안하다고 말하고 싶었어.

Step 3 도전! 실전 회화

난 숨길 게 아무것도 없어. ________________ (hide)

pattern 027

I have nothing to do with...

난 ~과 아무 관련 없어

어떤 일에 대해 의심을 받을 때 '난 아무 관련 없어'라고 말하고 싶다면 I have nothing to do with... 패턴을 쓰면 됩니다. 이 뒤에는 (대)명사를 써 주면 되고요.

유사패턴 I've got nothing to do with... ‖ I have no connection to... ‖ I'm not related to...

Step 1 패턴 집중 훈련

난 그것과 아무 관련 없어.	**I have nothing to do with** it.
난 그 사고와 아무 관련 없어.	**I have nothing to do with** the accident.
난 제임스하고 아무 관련 없어.	**I have nothing to do with** James.
난 그 사건과 아무 관련 없어.	**I have nothing to do with** the case.

Step 2 리얼 회화연습

오랜만의 휴가를 즐기고 있는 FBI의 BAU(Behavioral Analysis Unit: 행동분석팀)에 큰일이 일어났습니다. 바로 BAU 팀의 요원 Elle이 휴양지인 자메이카에서 살인 혐의를 받게 된 것이죠. <Criminal Minds S1-22>

Elle *For the hundredth time,
I didn't even know that there was a victim
until you *dragged me out of bed!

Detective Where's the victim's head?

Elle ...... 내가 이 사건하고 아무 관련 없다는 거 아시잖아요.

엘 100번째로 말하는데,
당신들이 날 깨워서 끌고 나올 때까지
피해자가 있는 줄도 몰랐다고요!

형사 피해자의 머리는 어디 있는 겁니까?

엘 ... You know that I have nothing to do with this.

요건덤

* For the -th time은 상대방이 계속 같은 말을 반복하게 만들 때 짜증내면서 '~번째로 (말하는데)'라고 말할 때 써요.

* drag ~ out of bed는 '~를 침대에서 끌고 나오다'니까, 자고 있던 걸 깨워서 밖으로 나오게 한다는 말이에요.

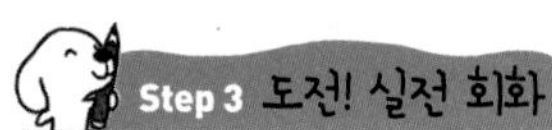

Step 3 도전! 실전 회화

난 그의 도난당한 차하고 아무 관련 없어. ______________ (stolen car)

pattern 028

I didn't have...

나에겐 ~이 없었어 

I didn't have...는 뭔가가 없었다고 얘기할 때 쓰는 패턴입니다. 과거에 한 일에 대해 뭔가가 없어서 그랬다고 해명을 할 때 쓰면 좋죠.

유사패턴 I had no...

Step 1 패턴 집중 훈련

나한텐 얘기할 사람이 하나도 없었어. **I didn't have** anyone to talk to.

나한테 돈이 한 푼도 없었어. **I didn't have** a dime on me.

나에겐 그에게 맞설 배짱이 없었어. **I didn't have** the guts to confront him.

걔한테 진실을 말하지 못하겠더라고. **I didn't have** the heart to tell her the truth.

*dime 10센트짜리 동전, 아주 적은 돈 guts 배짱, 용기 not have the heart to... ~하기가 미안해서 못하다

Step 2 리얼 회화연습

15년 전 자신이 저지른 실수를 덮기 위해 무고한 남자를 테러범으로 몬 Conrad와 그의 부인 Victoria, Conrad의 내연녀인 Lydia. Conrad가 비밀로 해 온 Lydia와의 관계를 부인이 알게 된 것으로도 모자라, Lydia에게 천만 달러의 거금을 준 것까지 들켜 버리는데……. <*Revenge* S1-5>

Conrad She has the power to expose us, Victoria.
나한테는 선택의 여지가 없었다고.

Victoria You could've *called her bluff.
After 15 years of complicity,
I don't think Lydia *has it in her.

콘래드 그녀한테는 우리가 한 일을 폭로할 파워가 있어, 빅토리아.
I didn't have a choice.

빅토리아 걔한테 할테면 해 보라고 할 수 있었잖아요.
15년이나 공범 노릇을 했는데,
걔한텐 그럴 만한 배짱도 없다고 봐요.

요건덤
* call one's bluff는 위협하는 상대에게 '할 테면 해 보라고 하다'라는 뜻이에요. bluff는 '허풍'이라는 뜻입니다.
* have it in...은 '~에게 뭔가를 할 능력[배짱]이 있다'라는 뜻이에요. '걔한테는 그럴 능력[배짱]이 없어.'는 He doesn't have it in him.이라고 합니다.

*expose 폭로하다 complicity 공모, 공범

Step 3 도전! 실전 회화

나에겐 시간이 전혀 없었어. ______________________

pattern 029

You have no idea...

넌 ~을 전혀 몰라 

You have no idea...는 상대방에게 '넌 ~를 전혀 몰라'라고 말할 때 쓰는 패턴인데, 그냥 You don't know...라고 하는 것보다 모른다는 것을 더 강조하는 의미입니다. You have no idea 뒤에는 what, how, where 같은 의문사, 또는 if나 whether 같은 접속사가 이끄는 명사절이 옵니다.

유사패턴 You don't know... at all ‖ You don't have a clue...

Step 1 패턴 집중 훈련

넌 내가 뭘 원하는지를 전혀 몰라.	**You have no idea** what I want.
넌 걔가 승낙할지 전혀 모르잖아.	**You have no idea** if she'll say yes.
넌 내가 널 얼마나 보고 싶어 하는지 **전혀 몰라.** (네가 너무 보고 싶어.)	**You have no idea** how much I miss you.
넌 내가 어떤 일을 겪었는지 전혀 몰라.	**You have no idea** what I've gone through.

*go through ~를(주로 어려운 일을) 겪다

Step 2 리얼 회화연습

동화 세계에서 백설공주 엄마였던 Evil Queen이자, 현대 세계에서는 Storybrooke 시의 시장인 Regina. 그리고 Evil Queen의 저주를 피하기 위해 현대 세계로 보내진 백설공주의 딸 Emma. 이 둘이 한 치의 양보도 없는 기 싸움을 하네요. <Once Upon a Time S1-2>

Regina **내가 무엇을 할 수 있는지**(어디까지 갈 수 있는지) **당신**(에마)**은 가늠도 할 수 없을 거예요…….**

Emma **You *come after me one more time, and I'm coming back for the rest of this tree. Because *sister, you have no idea what I'm capable of.**

리지나 **You have no idea what I'm capable of...**

에마 날 한 번 더 건드리면, 이 나무 남은 부분까지 쓰러뜨리러 돌아올 겁니다. 시장님도 내가 어디까지 갈 수 있는지 전혀 모르니까요.

요건덤

* come after는 '~를 뒤쫓다'라는 뜻이에요. 해를 입히거나 체포하기 위해, 또는 뭔가를 얻어내기 위해 뒤쫓을 때 쓰죠.

* 상대방을 sister라고 부르는 것은 흔히 흑인들이 많이 써요. 여기서 Emma는 평탄치 않은 삶을 살아왔기 때문에, 흑인들이 많이 쓰는 슬랭을 사용한 것입니다.

Step 3 도전! 실전 회화

넌 네 말이 얼마나 바보같이 들리는지 전혀 몰라. ______

pattern 030

Do you have any idea...?

너 ~ 알아? 

상대방에게 뭔가를 아는지 물어볼 때 보통 Do you know...?가 떠오르죠. 회화에서는 이것 말고도 Do you have any idea...?를 써서 물어보기도 한답니다. 이때 idea 뒤에는 You have no idea... 패턴과 마찬가지로 의문사나 if/whether 접속사가 이끄는 명사절을 쓰면 됩니다.

유사패턴 Do you know...? ‖ Do you have any clue...?

Step 1 패턴 집중 훈련

너 그가 언제 돌아올지 알아?	**Do you have any idea** when he'll be back?
너 걔가 왜 그 말 했는지 알아?	**Do you have any idea** why he said that?
너 걔가 뭘 계획하고 있는지 알아?	**Do you have any idea** what he's planning?
너 네가 지금 얼마나 바보같아 보이는지 알아?	**Do you have any idea** how stupid you look right now?

Step 2 리얼 회화연습

꼭두새벽부터 민폐를 잔뜩 끼치는 Sheldon이군요. Penny가 '지금 도대체 몇 시인지 아는 거야?'라고 묻자, 이 말을 곧이곧대로 듣고는 동문서답을 하는 Sheldon과 Penny의 대화를 볼까요? <The Big Bang Theory S1-10>

Sheldon [똑똑똑] Penny. [똑똑똑] Penny. [똑똑똑] Penny. Good morning.

Penny 너 도대체 지금 몇 시인지 아는 거야?

Sheldon Of course I do.
My watch is linked to the atomic clock in Boulder, Colorado.
It's accurate to one tenth of a second.

셸든 [똑똑똑] 페니. [똑똑똑] 페니. [똑똑똑] 페니. 좋은 아침.

페니 **Do you have any idea what time it is?**

셸든 당연히 알지. 내 시계는 콜로라도 주 볼더에 있는 원자시계랑 연결돼 있어.
1초의 10분의 1까지도 정확하다고.

Step 3 도전! 실전 회화

너 그녀가 뭘 좋아하는지 알아? ______________________

have to

Q 다음 말을 영어로 만들어 볼까요?

난 5시까지 거기에 가야 돼.

__________ **be there by 5.**

난 걔가 하라는 대로 할 생각 없어.

__________ **do what she says.**

내가 이따 다시 전화 걸어야겠다.

__________ **call you back later.**

너 진실을 받아들여야 할 거야.

__________ **face the truth.**

저 꼭 오늘 출근해야 돼요?

__________ **work today?**

너 직장 그만둬야 돼?

__________ **quit your job?**

넌 나를 믿기만 하면 돼.

__________ **trust me.**

I have to
I don't have to
I'm gonna have to
You're gonna have to
Do I really have to
Do you have to
All you have to do is

I have to...

난 ~해야 돼 

어떤 일을 해야 한다고 말할 때 I have to...를 써서 말하면 좋습니다. have to 뒤에는 동사원형을 쓰면 됩니다.

유사패턴 I must... ‖ I gotta...

Step 1 패턴 집중 훈련

난 오늘 안에 이거 끝내야 돼. **I have to** get this done today.

나 이제 다시 일해야 돼/일하러 가야 돼. **I have to** get back to work now.

난 5시까지 거기에 가야 돼. **I have to** be there by 5.

나 기말고사 때문에 벼락치기해야 돼. **I have to** cram for my final exam.

*cram 벼락치기하다

Step 2 리얼 회화연습

IQ 173에 박사학위 소유자인 남자 친구(Leonard)를 둔 Penny는 자신이 너무 바보같이 느껴져 Sheldon에게 물리학에 대해 조금 가르쳐 달라고 부탁합니다. 하지만 2,600년 전으로 거슬러 올라가며 물리학의 역사까지 가르치려 드는 Sheldon 때문에 Penny는 지루해서 자꾸 딴짓을 하게 되네요. <The Big Bang Theory S3-10>

Penny 나 화장실 가야 돼.

Sheldon Can't you *hold it?

Penny Not for 2,600 years...

Sheldon Project Gorilla, entry two. I am exhausted.

요건덤
* hold it (in)은 여기서처럼 '소변을 참다'라는 뜻으로 많이 쓰여요. '나 더 이상 소변 못 참겠어!'라고 하려면 I can't hold it (in) anymore!라고 하면 되겠죠?

페니 [손들며] **I have to go to the bathroom.**

셸든 참을 수 없어?

페니 2,600년 동안은 못 참아……. (셸든이 물리학의 2,600년 역사를 설명하기 시작해서 이 말을 한 것임)

셸든 [가라고 손짓함] 고릴라 훈련 프로젝트, 기록 2번. 나 완전 지쳤다.
(셸든은 자신이 페니를 가르치는 것을 고릴라에게 인간의 언어를 가르치는 것에 비유해 관찰 기록을 쓰는 것임)

*entry 일기장에 쓴 하나의 글

Step 3 도전! 실전 회화

난 지금 떠나야 돼. ______________________

pattern 032

I don't have to...

난 ~할 필요 없어 / ~할 생각 없어

I don't have to... 패턴은 뭔가를 할 필요가 없다고 얘기할 때 쓰죠. 그런데 이 패턴은 '나한테 그럴 의무는 없어'라는 뉘앙스로 '난 ~할 생각 없어'라는 뜻으로도 많이 씁니다.

유사패턴 **I don't need to...**

Step 1 패턴 집중 훈련

나 오늘 이거 제출할 필요 없어. **I don't have to** hand this in today.

난 걔 말 들을 생각 없어! **I don't have to** listen to him!

난 그녀가 하라는 대로 할 생각 없어. **I don't have to** do what she says.

난 이런 대우받을 생각 없어. **I don't have to** take this kind of crap.
(내가 이런 대우를 받으면서 참을 이유 없어.)

*crap 헛소리, 부당한 대우

Step 2 리얼 회화연습

Daniel의 하버드대 룸메이트였던 Tyler가 사기 친 것을 알게 된 Daniel의 아버지 Conrad는 Tyler를 해고하려고 합니다. 그러나 Conrad의 커다란 약점이 되는 증거를 확보한 Tyler는 이를 이용해 Conrad를 협박해서 자신을 해고하지 못하도록 하네요. <*Revenge* S1-10>

Conrad **I didn't have to fire him.**
We, uh, settled the matter.

Daniel **What the hell does that mean?**

Conrad **너한테 내가 왜 그랬는지 설명할 이유가 없단 의미이다, 대니얼.**
This is about business.

요건덤
* explain oneself는 '해명하다', '스스로의 입장을 설명하다'라는 뜻으로 쓰여요. '어디 한번 해명해 봐.'를 영어로 하면 Explain yourself.라고 할 수 있습니다.

콘래드 걔를 해고할 필요 없었단다. 우리가, 저기, 합의를 봤거든.

대니얼 그게 도대체 무슨 말씀이세요?

콘래드 **It means I don't have to *explain myself to you, Daniel.**
이건 비즈니스라고.

Step 3 도전! 실전 회화

나 오늘 밤에는 집에 일찍 갈 필요 없어. ______________________ (be home early)

pattern 033

I'm gonna have to...

난 ~해야 할 거야 / 나 ~해야겠어 

I have to...는 뭔가를 해야 한다는 뜻이죠. I'm gonna have to...는 이를 미래형으로 바꾼 패턴입니다. '~해야 할 거야'라는 뜻이죠.

유사패턴 I'll have to... ‖ I'm gonna need to... ‖ I'll need to...

Step 1 패턴 집중 훈련

내 감정을 그녀에게 말해야겠어. **I'm gonna have to** tell her how I feel.

다음을 기약해야겠네요. **I'm gonna have to** take a rain check.

내가 이따 다시 전화 걸어야겠다. (내가 이따 다시 전화할게.) **I'm gonna have to** call you back later.

그냥 걔 말을 믿을 수밖에 없겠어. **I'm** just **gonna have to** take his word for it.

*take a rain check 다음을 기약하다 take one's word for it ~의 말을 그대로 믿다

Step 2 리얼 회화연습

자신이 Big을 사랑한다는 것을 깨달은 Carrie는 얼떨결에 자신에게 선물을 주는 Big에게 I love you.라고 합니다. 그러나 Big은 You're welcome.이라는 말만 하고 어물쩍 넘어가 버리는군요. 속상한 Carrie는 Big에게 I love you.라는 말을 할 시간을 조금 주기로 하는데……. <*Sex and the City* S2-10>

Carrie **He either has to *say "I love you" back or** 그랑 헤어져야 할 것 같아.

Charlotte **Well, how long are you going to give him?**

캐리 그 역시 '사랑해'라는 말을 해 주거나, 아니면 **I guess I'm gonna have to break up with him.**

샬럿 그럼, 그한테 (그 말을 할 때까지) 시간을 얼마나 줄 건데?

요건덤

* say ~ back이라고 하면 '내가 상대방에게 해 준 말을 상대방이 나에게 해 주다'라는 뜻이에요. 내가 사랑한다고 고백했을 때 상대방도 '나도 사랑해.'라고 말하는 상황에 특히 많이 쓰입니다.

Step 3 도전! 실전 회화

엄마한테 물어봐야 돼. ______________________

pattern 034

You're gonna have to...

너 ~해야 할 거야 / 너 ~해야겠어 

상대방에게 해야 할 일을 얘기해 주거나, 뭘 해야 할지 충고나 제안을 할 때, You're gonna have to... 를 쓰면 됩니다.

유사패턴 You'll have to... ‖ You're gonna need to... ‖ You'll need to...

Step 1 패턴 집중 훈련

너 이것보단 더 잘해야겠어. (이것밖에 못 하겠어?)
You're gonna have to do better than this.

다음번에 다시 오셔야 할 것 같네요.
You're gonna have to come back another time.

너 진실을 받아들여야 할 거야.
You're gonna have to face the truth.

너 결국엔 하나를 선택해야 할 거야.
You're gonna have to make a choice eventually.

Step 2 리얼 회화연습

<24>의 영원한 히어로인 Jack 밑에서 일하다가 배신하고 Jack의 부인까지 살해한 Nina에게 테러범을 잡는 데 필요한 정보가 있는 상황. 자신에게 의지할 수밖에 없는 상황이라는 것을 아는 Nina는 의기양양하게 나오지만, Jack이 강력한 협박을 하는군요. <24 S2-6>

Nina 그냥 내가 시키는 대로 따라와야 할 거예요.

Jack You're gonna tell me everything I wanna know, or I swear to God, I will hurt you before I kill you and no one will stop me. Do you understand me?

니나 You're just gonna have to *follow my lead.

잭 넌 나에게 내가 알고 싶어 하는 것을 모두 이야기해야 할 거야. 아니면 내가 맹세하건대, 널 죽이기 전에 먼저 고통스럽게 할 거야. 그리고 아무도 나를 멈추게 할 수 없을 거야. 알았어?

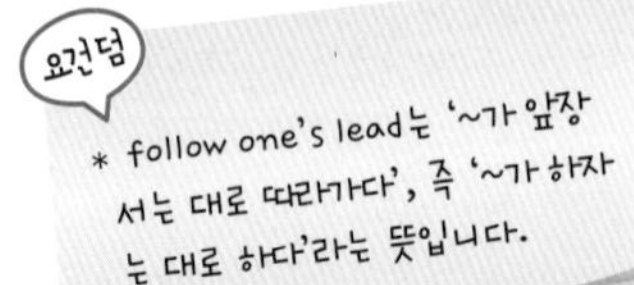

요건덤
* follow one's lead는 '~가 앞장서는 대로 따라가다', 즉 '~가 하자는 대로 하다'라는 뜻입니다.

너 나중에 Deborah와 이야기해야 할 거야. ____________________

pattern 035

Do I really have to...?

나 꼭 ~해야 돼? 

하기 싫은 일에 대해서 '나 정말 그거 해야 돼?'라고 말하고 싶을 때 쓰는 패턴입니다. really를 쓰면 하기 싫다는 감정이 한층 강조되죠? have to 뒤에는 동사원형을 쓰면 됩니다.

유사패턴 Do I really need to...? ‖ Must I really...?

Step 1 패턴 집중 훈련

나 그거 꼭 먹어야 돼?	**Do I really have to** eat that?
저 꼭 오늘 일해야/출근해야 돼요?	**Do I really have to** work today?
걔를 꼭 초대해야 돼?	**Do I really have to** invite him?
저 이거 꼭 다시 해야 되나요?	**Do I really have to** do it over?

Step 2 리얼 회화연습

뛰어난 관찰력과 직관력의 소유자인 Gibbs 팀장은 NCIS 팀의 다른 요원들은 발견하지 못한 폭탄의 존재를 눈치채고 모두를 데리고 재빨리 대피합니다. 그런데 폭탄이 폭발을 안 하니, Kate는 Gibbs의 시력을 의심하는데……. 물론 알고 보니 Gibbs가 정확히 본 거였지만요. <NCIS S1-15>

Kate Gibbs thought he saw a bomb.

Gibbs What do you mean "thought"?

Kate 제가 이 말 꼭 해야겠어요?

Gibbs Say what?

Kate You need glasses, Gibbs. *Are you happy?

케이트 깁스 팀장님이 폭탄을 봤다고 생각하시거든.

깁스 '생각한다'니 그게 무슨 말인가?

케이트 **Do I really have to say it?**

깁스 뭘 말인가?

케이트 팀장님 안경이 필요하다고요. 이제 됐어요? [폭탄이 폭발함]

요건덤

* Are you happy (now)?는 상대방이 계속 요구하던 걸 마지못해 들어주면서 '이제 만족하냐?', '이제 됐어?'라고 말할 때 많이 쓰이니 꼭 알아두세요.

Step 3 도전! 실전 회화

나 꼭 Alexandra랑 같이 가야 돼? ____________________

pattern 036

Do you have to...?

너 ~해야 돼? / 꼭 ~해야겠냐?

Do you have to...?는 그냥 상대방에게 무언가를 해야 하느냐고 물어볼 때도 쓰고, 또는 불필요하거나 안 했으면 하는 일에 대해 '너 꼭 그래야겠냐?'라는 뉘앙스로도 많이 써요.

유사패턴 Do you need to...? ‖ Must you...? 꼭 ~해야겠니?

Step 1 패턴 집중 훈련

너 직장 그만둬야 돼? **Do you have to** quit your job?

너 8시까지 거기 가야 되는 거야? **Do you have to** be there by 8?

말을 꼭 그렇게 해야겠냐? **Do you have to** say it like that?

너 꼭 그렇게 까다롭게 굴어야 되겠냐? **Do you have to** be so picky?

Step 2 리얼 회화연습

Phil은 장인인 Jay 앞에만 서면 어색해서 어쩔 줄 몰라 합니다. 부인도 없이 단둘이 모형 비행기를 날리러 갔는데, 과연 Phil은 이 시간을 잘 견뎌낼 수 있을까요? <Modern Family S1-3>

Jay 자네 거기 그렇게 서 있어야겠나?
You're making me uneasy.

Phil Um...

Jay *For God's sake, sit down.

제이 Do you have to just stand there?
자네가 날 불편하게 만들고 있잖아. (내가 불편하잖아.)

필 저기…….

제이 도대체가 말이야, 좀 앉게나.

요건덤
* for God's sake는 '제발', '맙소사', '도대체 말이야'라는 뜻의 감탄사입니다. for Christ's sake, for Pete's sake, for goodness' sake 라고도 해요.

*uneasy 불편한, 마음이 불안한

Step 3 도전! 실전 회화

너 지금 가야 돼? ______________________

pattern 037

All you have to do is...

네가 해야 하는 건 ~뿐이야 / 넌 ~만 하면 돼

상대방이 어떤 일을 어려워하거나 꺼릴 때 별거 아니라는 뉘앙스로 '넌 ~만 하면 돼'라고 할 때 쓰는 패턴입니다. 아니면 '딴 거 다 필요 없고 이거나 해'라는 뉘앙스로도 쓰고요. is 뒤에는 동사원형을 쓰면 됩니다.

유사패턴 All you need to do is... ‖ You just need to... ‖ You only need to...

Step 1 패턴 집중 훈련

넌 나를 믿기만 하면 돼. **All you have to do is** trust me.

넌 내 질문에 답변만 하면 돼. **All you have to do is** answer my question.

넌 거기 가기만/있기만 하면 돼. **All you have to do is** be there.

넌 웃으면서 동의하는 척만 하면 돼. **All you have to do is** smile and pretend that you agree.

Step 2 리얼 회화연습

천재적인 사기꾼 Neal은 그를 두 번이나 잡은 FBI 요원 Peter와 거래를 해 감옥에 가는 대신 Peter 감독 하에 컨설턴트로 일하게 되었습니다. 그의 사기에 대한 천부적 재능을 십분 발휘하며 Peter와 협조하여 지능 범죄들을 해결하는데요, 위조 전문인 Neal이 이번엔 사인 위조 방법을 설명해 주네요. <White Collar S1-9>

Neal Turn the signature *upside-down, and it becomes nothing more than a drawing. 줄을 베끼기만 하면 되는 거죠. ... And you have a perfect signature.

Peter It's a neat trick. Don't ever copy mine again.

요건덤
* upside down은 위를 아래로 내렸다는 말이니 '거꾸로'라는 뜻입니다. '안팎을 뒤집어'는 inside out이라고 해요. 옷의 앞뒤를 바꿔 입은 것처럼 '앞뒤를 바꾸어'는 backwards입니다.

닐 사인을 거꾸로 돌리면, 그냥 그림이 됩니다. **All you have to do is copy the lines.** ...... 그러면 완벽한 사인이 완성됩니다.

피터 괜찮은 속임수군. 다시는 내 사인 위조하지 마.

*copy 복사[복제]하다, 모방하다, (남의 숙제나 답안을) 베끼다, 커닝하다

Step 3 도전! 실전 회화

넌 나랑 같이 오기만 하면 돼. ______________________

think

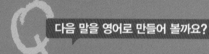

Q 다음 말을 영어로 만들어 볼까요?

너 과민반응을 보이는 것 같아.

__________ **you're overreacting.**

계속 너에 대해 생각하고 있었어.

__________ **you.**

난 더 이상 그를 사랑하지 않는 것 같아.

__________ **I love him anymore.**

이제 더 이상 못 참을 것 같아.

__________ **take it anymore.**

넌 그게 뭘 의미한다고 생각해?

__________ **it means?**

넌 쟤가 거짓말하는 것 같아?

__________ **he's lying?**

I think

I've been thinking about

I don't think

I don't think I can

What do you think

You think

pattern 038

I think (that)...

~할/인 것 같아 

'걔 말이 맞는 것 같아.'처럼 '~인 것 같아'라고 영어로 말할 때 뭐라고 할지 애매하죠? 바로 이때 우리가 잘 알고 있는 I think...를 쓰면 간단히 해결됩니다. 이때 that은 보통 생략하고, 뒤에는 '주어+동사'를 쓰면 됩니다.

유사패턴 I believe (that)...

Step 1 패턴 집중 훈련

나 이제 가 봐야 할 것 같아. **I think I should get going now.**

나 인터뷰 완전 망친 것 같아. **I think I bombed the interview.**

너 과민반응을 보이는 것 같아. **I think you're overreacting.**

걔 자만심이 심한 것 같아. **I think he's got a big ego.**

*bomb (시험이나 인터뷰 등을) 완전히 망치다 have (got) a big ego 자만심이 심하다, 거만하다

Step 2 리얼 회화연습

상사인 Dr. Burke가 자신이 너무 자신만만하냐고 물으면서 30초는 무슨 말을 해도 용서할테니 솔직하게 얘기하라고 하죠. 그러자 Dr. Bailey는 평소 쌓였던 것을 속사포처럼 쏟아내기 시작합니다. 1초도 낭비하지 않고요.
<Grey's Anatomy S1-2>

Dr. Bailey 전 선생님이 건방지고, 오만하고, 남에게 이래라저래라 하고, 무작정 밀어붙이는 성격이라고 생각해요. **You never think about anybody but your *damn self.**

Dr. Burke **But I...**

Dr. Bailey **But what? I still have 22 more seconds.**

요건덤

* damn은 '제기랄', '빌어먹을'이란 뜻의 가벼운 욕입니다. 여기서처럼 명사 앞에 형용사로 많이 써요. Where's the damn phone?(빌어먹을 전화기 어디 있는 거야?) 처럼요.

베일리 I think you're cocky, arrogant, bossy and pushy. 선생님은 잘나신 자신 말고는 다른 사람을 전혀 배려하지 않아요.

버크 그렇지만 난…….

베일리 그렇지만 뭐요? 아직 22초 남았잖아요.

*cocky 건방진, 거만한 arrogant 오만한 bossy 남한테 이래라저래라 하는 pushy 무조건 밀어붙이는, 강요하는

Step 3 도전! 실전 회화

나 그거 할 수 있을 것 같아. ______________________

pattern 039

I've been thinking about...

난 ~에 대해 계속 생각하고 있었어/생각해 보는 중이야 

요즘 들어 계속 생각하고 있는 일에 대해 얘기할 때 쓰는 패턴입니다. 특히 걱정거리가 있을 때, 그 생각이 계속 머릿속을 떠나지 않을 때 쓰면 좋죠.

유사패턴 **I've been considering...** 난 ~를 계속 고려하는 중이었어

Step 1 패턴 집중 훈련

계속 너에 대해 생각하고 있었어.	**I've been thinking about** you.
다른 학교로 전학 가는 거에 대해 생각해 보는 중이야.	**I've been thinking about** transferring to another school.
네가 아까 한 말에 대해 계속 생각하고 있었어.	**I've been thinking about** what you said earlier.
전공 바꾸는 것에 대해 생각 중이야.	**I've been thinking about** changing my major.

Step 2 리얼 회화연습

학교에서 제일 잘나가는 it-girl인 응원단장 Quinn이 어쩌다 남자 친구의 친구의 아이를 임신하게 되었습니다. 아이를 키우는 게 도저히 감당이 안 되는 Quinn은 마침 아이를 원하는 glee 클럽 담당교사인 Will의 부인인 Terri에게 아이를 넘길까 고민하는데……. <*Glee* S1-6>

Quinn 사모님 제안에 대해 생각해 보는 중이에요.

Terri **Yeah?**

Quinn **I like my life. I like being a cheerleader.
And I can't believe I'm actually saying this,
but I really like being in glee club.**

퀸 **I've been thinking about your offer.**

테리 그러니?

퀸 전 제 삶이 마음에 들어요. 응원단원인 것도 좋고요.
그리고 저도 말하면서 믿겨지지 않지만, 글리 클럽에 있는 것도 정말 좋아요.

Step 3 도전! 실전 회화

난 그것에 대해 꽤 오래 생각해 왔어. ______________________ (for a while)

I don't think (that)...

~인 것 같지 않아 

I think와는 반대로 아닌 것 같다고 얘기할 때는 I don't think...를 써서 말하면 됩니다. 이때도 that은 보통 생략하고 뒤에 바로 '주어+동사'를 써 주면 됩니다.

Step 1 패턴 집중 훈련

난 더 이상 그를 사랑하지 않는 것 같아.	**I don't think** I love him anymore.
그건 문제가 안 될 것 같아.	**I don't think** that will be an issue.
너한테 설명할 의무가 없는 것 같은데.	**I don't think** I owe you an explanation.
나한테는 이 일이 안 맞는 것 같아.	**I don't think** I'm cut out for this job.

*owe 빚지다, (남의 은혜를 입어서) ~해야 하다 be cut out for... ~에 적합하다

Step 2 리얼 회화연습

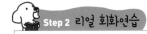

첫 등장부터 쇼킹했던 Irene Adler. Sherlock이 유일하게 능력을 인정한 여자로, "The Woman"으로도 불리는 Adler는 자신을 찾아온 Sherlock과 John을 실오라기 하나 걸치지 않은 채로 맞이합니다. <**Sherlock** S2-1>

John **Could you put something on please, anything at all... a napkin?**

Adler **Why? Are you feeling exposed?**

Sherlock 존은 눈을 어디에 둬야 할지 모르는 거 같군요.

Adler **No, I think he knows exactly where.**

존 뭔가 좀 입을 수 없습니까? 아무거나 말입니다…… 냅킨이라도?

애들러 왜요? 당신이 발가벗고 있다는 느낌이 드시나요?

셜록 **I don't think John knows where to look.**

애들러 아니요. 정확히 어디에 둬야 할지 아시는 것 같은데요.

*exposed 노출된, 벗은

Step 3 도전! 실전 회화

난 그게 사실이 아닌 것 같아. ____________________

pattern 041 I don't think (that) I can...

나 ~ 못할 것 같아

자신이 없어 뭔가를 못할 것 같다고 얘기할 때, 더 이상 못하겠다고 답답함을 호소할 때, 또는 상대방의 부탁이나 호의를 완곡하게 거절할 때 쓸 수 있는 패턴입니다. I can 뒤에는 동사원형이 오죠.

유사패턴 I don't believe (that) I can... ∥ I'm afraid (that) I can't...

네 파티에 못 갈 것 같아.	**I don't think I can** come to your party.
이제 더 이상 못 참을 것 같아.	**I don't think I can** take it anymore.
저 오늘 출근 못할 것 같아요.	**I don't think I can** make it to work today.
난 이 헤어스타일을 소화하지 못할 것 같아. (안 어울릴 것 같아.)	**I don't think I can** pull this hairstyle off.

*pull ~ off 성공적으로 ~를 하다, 옷이나 스타일을 소화하다(어울리다)

Step 2 리얼 회화연습

드디어 짝사랑하던 Penny와 첫 데이트에 나서게 된 Leonard. 너무 긴장되어 데이트를 취소하는 것까지 생각 중인 Leonard는 Sheldon에게 조언을 구하는데, '그럼 가지 마.'라고 너무나도 무성의한 답변을 하는 Sheldon이네요. <The Big Bang Theory S1-17>

Leonard **나 오늘 밤 그녀(페니)와 데이트 못할 것 같아.**

Sheldon **Then don't.**

Leonard **Other people would say "why not?"**

Sheldon **Other people might be interested.**

레너드 **I don't think I can *go out with her tonight.**

셸든 그럼 하지 마.

레너드 다른 사람들 같으면 "왜?"라고 물을걸.

셸든 다른 사람들은 관심을 가질지도 모르지.

요건덤

* go out with...는 '~와 데이트하다'라는 뜻이죠. 그냥 '데이트 나가다'는 go (out) on a date라고 합니다. '나 오늘 밤 데이트 하러 나가.'는 I'm going (out) on a date tonight.라고 하고 '나 지금 데이트 중이야'는 I'm on a date.라고 합니다.

시간에 맞춰 못 갈 것 같아. ______________________ (make it)

pattern 042

What do you think (that)...?

넌 ~이 뭐라고 생각해? 

상대방의 의견을 물어볼 때 쓰면 아주 좋은 패턴이죠. What do you think 뒤의 that은 흔히 생략하고 '주어+동사'를 쓰면 됩니다.

유사패턴 What do you suppose (that)...?

Step 1 패턴 집중 훈련

넌 걔가 뭘 했다고 생각해?	**What do you think he did?**
넌 그녀가 뭐라고 말할 거라고 생각해?	**What do you think she'll say?**
넌 내가 뭘 해야 한다고 생각해?	**What do you think I should do?**
넌 해결책이 뭐라고 생각해?	**What do you think the solution is?**

Step 2 리얼 회화연습

마이애미 경찰청 형사인 Deb은 정신과 의사의 도움으로 자신이 양오빠인 Dexter에게 연애 감정을 갖고 있다는 것을 깨닫게 됩니다. 그리고 Dexter에게 가서 "I love you."라는 고백을 하는데……. 놀랍게도 언제나 감정표현에 무디고 서툰 Dexter가 Deb에게 "I love you."라고 하는군요. <Dexter S6-12>

Deb **I don't think he understood that I'm actually *in love with him, but he still said the actual words for the first time.**

Dr. Ross **그래서 그게 뭘 의미한다고 생각해요?**

뎁 제 생각에 오빠는 내가 오빠한테 반해 있다는 걸로 알아들은 건 아닌 것 같은데요. 그래도 오빠가 처음으로 그 말(I love you.라는 말)을 실제로 한 거라고요.

닥터 로스 **So what do you think it means?**

요건덤

* I love you.는 연인 사이뿐만 아니라, 가족이나 친구 사이에도 쓰죠. 그래서 연애 감정이라는 의미를 확실히 하기 위해 I'm in love with you.(난 너와 사랑에 빠졌어.)라는 말을 쓸 수 있어요. 여기서 Deb은 양오빠인 Dexter가 자신에게 느끼는 사랑의 감정과, 자신이 오빠에게 느끼는 감정이 다르다는 것을 나타내기 위해서 in love라는 표현을 쓴 것입니다.

Step 3 도전! 실전 회화

넌 문제가 뭐라고 생각해? ______________________

pattern 043

You think (that)...?

넌 ~인 것 같아? / 넌 ~이라고 생각한단 말이야?

네이티브들은 문장 맨 앞의 do, have, be 동사를 생략할 때가 종종 있다고 앞에서 말씀드렸죠? 여기서도 Do you think의 do가 생략되었습니다. 이 패턴은 상대방의 생각을 물어볼 때도 쓰고, 상대방의 말이나 행동이 믿겨지지 않는다는 반응을 보일 때도 써요.

Step 1 패턴 집중 훈련

넌 쟤가 거짓말하는 것 같아?	**You think** he's lying?
넌 그녀가 바람을 피우고 있는 것 같아?	**You think** she's having an affair?
넌 그럼 내가 이렇게 되길 원한 것 같아? (누군 이렇게 되길 바란 줄 알아?)	**You think** I wanted this to happen?
넌 네가 다른 사람들보다 낫다고 생각해?	**You think** you're better than everyone else?

Step 2 리얼 회화연습

Sherlock과 그의 숙적 Moriarty가 건물 옥상에서 펼치는 마지막 결전. Moriarty는 Sherlock을 희대의 사기꾼으로 몰아넣고 굴욕적인 자살을 강요합니다. 자살을 하지 않으면 Sherlock이 아끼는 사람들을 모두 죽이도록 이미 저격수들에게 명령을 내려놨다고 협박을 하면서 말이죠. <Sherlock S2-3>

Moriarty 넌 내가 그 명령을 멈추게 만들 수 있다고 생각해?
넌 내가 그렇게 하게 만들 수 있을 거라 생각하는 거야?

Sherlock **Yes. So do you.**

Moriarty **Sherlock, your big brother and *all the King's horses couldn't make me do a thing I didn't want to.**

* all the King's horses는 전래동요(nursery rhyme) <Humpty Dumpty>에 나오는 표현이에요. 여기서는 영국 정부의 영향력 있는 인물인 셜록의 형은 물론, 왕이 자신의 군대를 모두 보내도 소용없다는 의미로 쓰인 거죠.

모리아티 You think you can make me stop the order?
You think you can make me do that?

셜록 그래. 너도 그렇게 생각하잖아.

모리아티 셜록, 네 형이나 왕의 말도(말을 탄 병사들이) 내가 하기 싫은 걸 하게 만들 수는 없어.

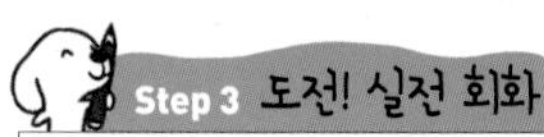

Step 3 도전! 실전 회화

넌 쟤가 진실을 말하고 있는 것 같아? ______________________

know

Q 다음 말을 영어로 만들어 볼까요?

난 네가 사랑에 빠져 있는 것 다 알아.

__________ **you're in love.**

내가 널 믿어야 할지 모르겠어.

__________ **I should believe you.**

집에 언제 도착할지 모르겠어.

__________ **I'll be home.**

바쁜 거 아는데, 잠깐 얘기할 수 있을까?

__________ **you're busy,**
__________ **can I talk to you for a second?**

내가 아는 건 그는 포기하는 사람이 아니라는 거야.

__________ **he's not a quitter.**

내가 이해 안 되는 게 뭔지 알아?

__________ **I don't get?**

넌 사랑이 뭔지도 모르잖아.

__________ **what love is.**

언제 상황이 나아질지 아무도 모르잖아.

__________ **things will turn up.**

A 정답

I know
I don't know if
I don't know when
I know / but
All I know is
You know what
You don't even know
You never know when

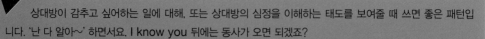

pattern 044

I know you...

난 네가 ~이라는 걸 알고 있어 / 난 ~을 다 알아

상대방이 감추고 싶어하는 일에 대해, 또는 상대방의 심정을 이해하는 태도를 보여줄 때 쓰면 좋은 패턴입니다. '난 다 알아~' 하면서요. I know you 뒤에는 동사가 오면 되겠죠?

유사패턴 I'm aware (that) you...

Step 1 패턴 집중 훈련

난 네가 사랑에 빠져 있는 거 다 알아.	**I know you**'re in love.
네가 내 일기 몰래 훔쳐본 거 다 알아.	**I know you** took a peek at my diary.
네가 이별 때문에 힘들어 하는 거 다 알아.	**I know you**'re going through a hard breakup.
네가 미드라면 사족 못 쓰는 거 다 알아.	**I know you**'re a sucker for American TV series.

*take a peek 살짝 훔쳐보다 be a sucker for... ~라면 사족을 못 쓰다

Step 2 리얼 회화연습

자신이 좋아하는 여자 Lily와 연극에서 키스를 하게 된 Justin. 하지만 Justin은 자신이 믿었던 친구 Austin이 연극이 끝난 후 Lily와 키스하는 모습을 보게 됩니다. Austin은 삐친 Justin을 달래려 하는데……. <Ugly Betty S4-16>

Austin **Justin,** 네가 우리 본 거 다 알아!
Come on, she didn't pick me over you or anything.
You *got to kiss her,
and I wanted my shot.

Justin **You guys seemed pretty *into it.**

오스틴 저스틴, **I know you saw us!**
야 야, 걔(릴리)가 너 대신 날 택하거나 그런 거 아니라고.
너한테 걔랑 키스할 기회가 있었으니까 나도 내 기회를 원했던 것뿐이야.

저스틴 너희 둘 다 꽤나 즐기는 것처럼 보이던데.

요건덤
* get to 뒤에 동사원형을 쓰면 '~할 기회를 갖다', '기회가 생기다'라는 뜻이에요.
* into...는 '~를 좋아하는', '~에 관심 가지는'이라는 뜻이에요.

*shot 기회

Step 3 도전! 실전 회화

네가 날 좋아하는 거 알아. ______________________

pattern 045

I don't know if...

~인지 모르겠어 

어떤 일에 대해 잘 몰라서 확신이 없을 때 I don't know if...라고 하면 좋아요. 여기서 if는 '~라면'이 아니라 '~인지 아닌지'라는 뜻입니다. if 뒤에는 '주어+동사'가 옵니다.

유사패턴 I don't know whether... ‖ I'm not sure if... ‖ I'm not certain if...

Step 1 패턴 집중 훈련

내가 널 믿어야 할지 모르겠어.	**I don't know if** I should believe you.
그녀도 나를 좋아하는지 아닌지 모르겠어.	**I don't know if** she likes me back.
내가 그걸 감당할 수 있을지 모르겠어.	**I don't know if** I can handle it.
걔가 널 좋아하는지 아닌지 모르겠어.	**I don't know if** he has feelings for you.

Step 2 리얼 회화연습

Emily의 친구인 Ashley가 하필이면 사기꾼인 Tyler와 사귀기 시작했습니다. 게다가 더블데이트 하자는 제안까지 해 오는군요. Tyler의 본성을 알고 그를 경계하는 Emily는 이 제안이 탐탁지 않은데……. <Revenge S1-6>

Ashley 너 오늘 밤에 계획이 있는지 모르겠지만,
but Tyler thought it might be fun if we all went on a double date....

Emily ... But, you know, *things are very new with Daniel, and we're still kinda *getting to know each other.

애슐리 I don't know if you have plans tonight,
타일러가 우리 모두 더블데이트 하면 재밌겠다고 하더라.

에밀리 …… 근데, 저기 말이야. 대니얼하고 이제 막 사귀기 시작한 거고, 아직 서로를 알아가는 단계라서 말이야.

요건덤
* things are new with…는 사귄 지 얼마 안 된 연인에 대해 얘기할 때 쓰면 좋은 표현입니다. 아직 서로에 대해 잘 몰라서 모든 게 새롭다는 뜻이죠.
* 여기서 get to know는 서로 잘 모르는 사람들이 '서로를 알아가다'라는 뜻입니다.

*kinda 좀, 약간(kind of를 줄인 형태)

Step 3 도전! 실전 회화

내가 오늘 이걸 끝낼 수 있을지 모르겠어. ______________________

pattern 046

I don't know + 의문사...

무엇을/언제/어떻게/어디에서/왜 ~을 모르겠어 

I don't know 뒤에 what, when, how, where, why 같은 의문사를 쓰면 뭘 모르는지, 어떤 일이 언제/어떻게/어디에서/왜 일어나는지에 대해 모르는 건지 말할 수 있어요. 의문사 뒤에는 '주어+동사'가 오면 되죠.

유사패턴 I have no idea + 의문사... ‖ I have no clue + 의문사...

Step 1 패턴 집중 훈련

집에 언제 도착할지 모르겠어.	**I don't know when** I'll be home.
걔가 왜 나한테 화났는지 모르겠어.	**I don't know why** he's mad at me.
난 내가 뭘 하고 싶은지 모르겠어.	**I don't know what** I want to do with my life.
사태가 어떻게 해서 걷잡을 수 없게 됐는지 모르겠어.	**I don't know how** things got out of control.

*get out of control 통제할 수 없게 되다

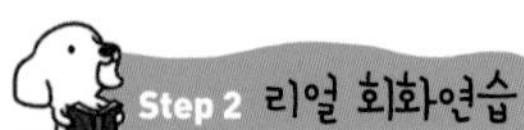

Step 2 리얼 회화연습

지명 수배중인 여 주인공 Kate가 호주 시드니의 한 농장에 숨어 지내다가 자신의 정체를 알게 된 농장 주인의 신고로 잡히고 말죠. 돈이 하도 급해서 현상금을 노리고 신고한 농장 주인의 사정을 아는 Kate는 자신을 잡은 보안관에게 그 사람이 돈을 받도록 해 달라는 부탁을 하는데……. <Lost S1-3>

Marshal **Hey, Kate. What was it? ... The favor.**

Kate **당신이 무슨 말 하는지 전혀 모르겠어요.**

Marshal **The last thing I heard before the crash—you wanted a favor.**

보안관 [케이트에게 총을 겨누며] 이봐, 케이트. 뭐였어? …… 부탁 말이야.

케이트 **I don't know what you're talking about.**

보안관 비행기가 추락하기 전에 내가 마지막으로 들었던 말 말이야. 부탁할 게 있다고 했잖아.

Step 3 도전! 실전 회화

내가 무슨 말을 해야 할지 모르겠어. ______________________

pattern 047

I know ~, but...

~이라는 거 알지만/아는데······ 

'~라는 건 알지만······' 하면서 부탁을 하거나 양해를 구할 때, 또는 상대방을 구슬리거나 달랠 때 I know 뒤에 but으로 말을 이어가면 됩니다. I know와 but 뒤에는 각각 '주어+동사'를 쓰면 되고요.

유사패턴 I'm aware ~, but...

Step 1 패턴 집중 훈련

바쁜 거 아는데, 잠깐 얘기할 수 있을까? **I know** you're busy, **but** can I talk to you for a second?

네가 걔 안 좋아하는 거 알지만, 잘해 줘. **I know** you don't like him, **but** be nice.

하기 싫은 건 아는데, 해야 돼. **I know** you don't want to, **but** you have to.

걔한테 화난 거 아는데, 계속 그러고 있을 순 없잖아. **I know** you're mad at him, **but** you can't stay angry forever.

Step 2 리얼 회화연습

Blair는 Brown 대에 가겠다는 친구 Serena를 무시하며, 진정한 아이비리그는 하버드, 예일, 프린스턴뿐이라고 말합니다. 이에 발끈한 Serena가 Blair에게 한마디하죠. <*Gossip Girl* S2-6>

Serena 네가 (이걸) 믿기 어렵다는 건 아는데, 모두 다 예일대를 가고 싶어하는 건 아니야
because not everyone wants to be Blair Waldorf.

Blair Not everyone can be.

세리나 I know you may find this hard to believe, but not everyone wants to go to Yale
모두 다 블레어 월도프가 되고 싶은 건 아니니까.

블레어 모두가 (나처럼) 될 수 있는 게 아니잖아.

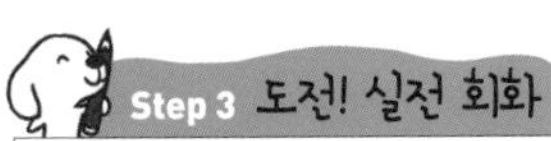

Step 3 도전! 실전 회화

바쁜 거 아는데, 나 좀 도와줄 수 있니? ______________________

pattern 048

All I know is...

내가 아는 건 ~뿐이야 

귀찮은 일에 휘말리기 싫어서 적당히 넘어가고 싶을 때, 상대방에게 격려의 말을 해 줄 때, 포인트만 콕 집어서 한마디할 때 All I know is... 하면서 말할 수 있어요. is 뒤엔 that이 생략되었고, '주어+동사'를 씁니다.

유사패턴 The only thing I know is...

Step 1 패턴 집중 훈련

내가 아는 건 걔가 널 만나기 싫어한다는 것뿐이야. **All I know is** he doesn't wanna see you.

내가 아는 건 그가 아직도 널 사랑한다는 거야. **All I know is** he's still in love with you.

내가 아는 건 그는 포기하는 사람이 아니라는 거야. **All I know is** he's not a quitter.

내가 아는 건 넌 툭하면 나와의 약속을 어긴다는 거야. **All I know is** you flake out on me all the time.

*quitter 중도에 포기를 잘 하는 사람 flake out on... ~와의 약속을 어기다

Step 2 리얼 회화연습

오랜 친구인 Trevor에게 배신당한 Mike는 Trevor와 절교를 선언합니다. 그러자 이 일이 걱정된 Trevor의 여자 친구 Jennifer가 Mike에게 전화를 하네요. <Suits S1-1>

Mike Trevor's getting you to do his *dirty work for him, huh?

Jennifer 내가 아는 건 너희들이 서로 말도 안 하고 있다는 것뿐이야. I miss you. I want things to go back to the way they were.

마이크 트레버가 너한테 자기 잡일까지 하게 만드는가 보구나, 응?

제니퍼 **All I know is you aren't talking to each other.** 네가 그리워. 예전으로 돌아가면 좋겠는데 말이야.

요건덤

* dirty work는 '몸이 더러워지는 일' 말고도, '궂은 일'이나 '불법적인 일', '부도덕한 일'이라는 뜻으로도 쓰여요. do someone's dirty work는 그런 일을 다른 사람 대신 해 준다는 뜻이에요.

Step 3 도전! 실전 회화

내가 아는 건 네게 휴식이 필요하다는 거야. ______________________ (a rest)

pattern 049

You know what...?

~이 뭔지 알아? 

문두의 do를 생략하는 패턴이 또 나왔네요. You know what...?도 원래는 Do you know what...? 인데, 회화에서는 do를 생략하고 말하는 때가 많습니다.

Step 1 패턴 집중 훈련

내 말이 뭔지 알겠어?	**You know what** I'm saying?
내가 이해 안 되는 게 뭔지 알아?	**You know what** I don't get?
여기서 웃긴 게 뭔지 알아?	**You know what**'s funny about this?
내가 너의 어떤 점을 좋아하는지 알아?	**You know what** I like about you?

Step 2 리얼 회화연습

유부녀들을 유혹하고 그 남편들에게 사기 쳐서 돈을 뜯어내며 살던 Sawyer. 이번에도 여느 때와 다름없이 거래를 성사시켰는데, 그 순간 부부의 어린아이를 보고는 마음이 흔들립니다. 자신의 어린 시절이 떠올랐기 때문이죠. 결국 거래를 취소해 버리는데……. <Lost S1-8>

Sawyer *Deal's off. Forget it.

David Hold on, what is this, a joke?

Sawyer I'm calling it off, walking away.

David You're not walking out of here.

내가 이것 때문에 뭘 해야 했는지 알아?

(내가 이것 때문에 얼마나 고생했는지 알아?)

소여 거래 취소야. 됐어.

데이비드 잠깐, 이게 뭐야, 장난하는 건가?

소여 내가 이걸 취소하는 거라고, 그냥 가겠다고.

데이비드 넌 여기서 못 나가.

You know what I had to do for this?

요건덤

* (The) deal is off.라고 하면 거래가 취소되었다는 의미입니다. 거래를 취소하는 동시에 '거래 취소야.'라고 할 때나, '거래가 취소됐어.'라고 소식을 전할 때도 그냥 (The) deal is off.라고 하면 됩니다. 원래는 deal 앞에 the를 써야 하지만, 회화에서는 문두의 관사는 생략하곤 합니다.

*call ~ off ~를 취소하다

Step 3 도전! 실전 회화

네가 뭐 사고 싶은지 아니(결정했어)? ______________________ (get)

pattern 050

You don't even know...

넌 ~도 모르잖아 

You don't even know...는 '그것도 모르면서 뭘……' 하는 뉘앙스로 쓰이는 패턴입니다. 상대방이 일을 저질러서 추궁할 때나, 섣불리 판단하긴 이르다고 충고할 때 쓰면 특히 좋겠죠? 아니면 '어떻게 그런 것도 모를 수 있어?'의 뉘앙스로 서운함을 표현할 때도 쓸 수 있어요.

Step 1 패턴 집중 훈련

넌 브라이언을 잘 알지도 못하잖아.	**You don't even know** Brian that well.
넌 사랑이 뭔지도 모르잖아.	**You don't even know** what love is.
자기는 오늘이 우리 1년 기념일인지도 모르는구나.	**You don't even know** that today is our one-year anniversary.
넌 사정을 다 알지도 못하잖아.	**You don't even know** the whole story.

*anniversary 기념일(결혼기념일, 연인간의 기념일) the whole story 자초지종, 일의 전말

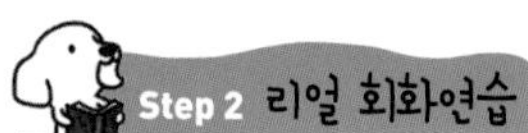

안 그래도 학교에서 인기 많은 Santana는 더 많은 관심을 받기 위해 여름 방학 동안 가슴 성형 수술을 합니다. 이 사실이 곧 응원단 코치 Sue의 귀에 들어가고, Sue는 Santana를 자신의 교무실에 불러 훈계를 합니다. <*Glee* S2-1>

Sue What would possess a person your age to get a *boob job?
넌 (네가 나이를 먹으면) 네 몸이 어떻게 바뀔지도 모르잖아. ...

Santana I wanted people to notice me more.
*Like, I don't get what the big deal is.

수 도대체 뭐에 홀려서 네 나이밖에 안 된 애가 가슴 성형을 하냐?
You don't even know what your body's gonna look like. ……

산타나 사람들이 날 더 알아주길 바랐던 거예요.
뭐, 이게 뭐가 그렇게 대수인지 모르겠네요.

> 요건덤
> * boob job은 '가슴 성형'을 뜻합니다. boob가 슬랭으로 '가슴'이라는 뜻이거든요.
> * Like는 별 의미 없이 '저기', '있잖아' 같은 뜻으로 네이티브들이 대화 시 많이 씁니다. 특히 10대들이 많이 쓰죠.

*possess 소유하다, 홀리다 notice 알아채다, 알아주다 big deal 대단한 것, 중대 사건, 큰 거래

Step 3 도전! 실전 회화

넌 컴퓨터에 대해 아무것도 모르잖아. ______________________

pattern 051

You never know when...

언제 ~일지는 모르는 거잖아

예측할 수 없는 미래에 대해 얘기하면서 누군가를 위로해 줄 때, 또는 미리 대비를 해 두라고 말할 때 씁니다. 여기서 you는 상대방을 가리킬 때도 있고, 일반적인 사람들을 뜻하면서 아무도 모른다는 뜻이 되기도 해요.

유사패턴 You don't know when... ‖ You can't predict when... ‖ It's impossible to predict when...

Step 1 패턴 집중 훈련

언제 상황이 나아질지 모르잖아.	**You never know when** things will get better.
언제 내 도움이 필요할지 모르잖아.	**You never know when** you might need my help.
언제 짐이 폭발할지는 아무도 몰라.	**You never know when** Jim is going to explode.
언제 그게 쓸모 있어질지 모르잖아.	**You never know when** it'll come in handy.

*come in handy 쓸모 있다, 도움이 되다

Step 2 리얼 회화연습

이혼 문제로 인해 별거 중인 Carlos와 Gabrielle. Carlos는 자신이 위자료를 많이 주는 대신 집으로 돌아와 살겠다고 합니다. 이를 반기지 않는 Gabrielle은 Carlos가 집에 못 들어오도록 자물쇠를 바꿔 버립니다.

<Desperate Housewives S3-4>

Carlos My key won't work.

Gabrielle That's probably because I had the locks changed.

Carlos Gaby!

Gabrielle Can't be too safe. 방심하고 있을 때 누가 언제 나 몰래 내 집으로 이사 들어올지 모르는 거잖아요.

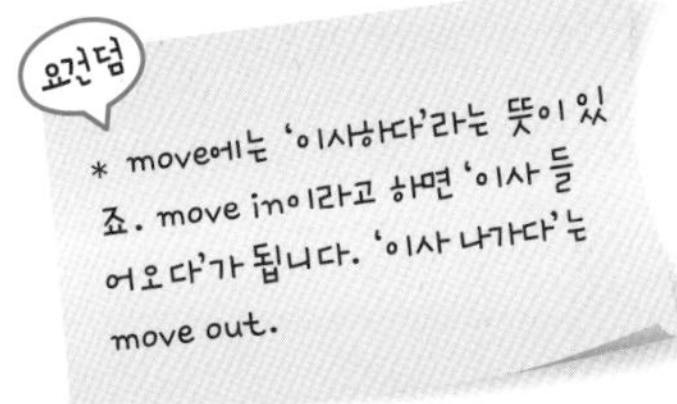

요건덤
* move에는 '이사하다'라는 뜻이 있죠. move in이라고 하면 '이사 들어오다'가 됩니다. '이사 나가다'는 move out.

칼로스 내 열쇠가 안 되잖아.

가브리엘 그건 아마도 내가 자물쇠를 바꿔서 그런 걸 거예요.

칼로스 개비! (가브리엘의 애칭)

가브리엘 아무리 조심해도 지나치지 않잖아요. You never know when someone might *move in on you when you're not looking.

Step 3 도전! 실전 회화

언제 그게 필요해질지는 아무도 모르잖아. ______________________

say

Q 다음 말을 영어로 만들어 볼까요?

정말이지, 나 쇼크 받았다고.

__________ **I'm shocked.**

내가 한마디하건대 우리는 그를 도와야겠어.

__________ **we should help him.**

모르는 게 약이라고들 하지.

__________ **ignorance is bliss.**

네 말이 맞다고 치자.

__________ **you're right.**

걔랑 나 사이는 끝이라고만 말해 둘게.

__________ **he and I are through.**

그건 도둑질해도 괜찮다고 말하는 거나 마찬가지잖아.

__________ **it's okay to steal.**

그녀가 막 이러더라고. "으웩! 이거 뭐야?"

__________ **"Eww! What is this?"**

I have to say
I say
They say
Let's say
Let's just say
It's like saying
She was like,

pattern 052 I have to say,...

정말이지, ~ 

I have to say,로 말을 시작하면, '정말이지 말이야'라고 하면서 자신의 생각을 강조하는 의미가 됩니다. 감정을 표현할 때나 반응을 보일 때 특히 많이 쓰여요. I have to say 뒤에는 '주어+동사'를 쓰면 됩니다.

유사패턴 I must say, ‖ I gotta say, ‖ I must admit, ‖ I have to admit, ‖ I gotta admit,

Step 1 패턴 집중 훈련

정말이지, 나 쇼크 받았다고. **I have to say, I'm shocked.**

정말이지, 넌 날 실망시켰어. **I have to say, you let me down.**

정말이지, 너 오늘 아주 멋져 보이네! **I have to say, you look fabulous today!**

정말이지, 이거 참 기발한 아이디어야! **I have to say, this is a brilliant idea!**

Step 2 리얼 회화연습

serial rapist(연쇄 성폭행범)가 그의 피해자들에 의해 살인을 당했습니다. 흉악한 범죄를 적어도 10번 이상 저지른 범인에 대한 정의가 실현된 것인지, 아니면 또 하나의 살인인지에 대한 토론이 CSI 팀원들 간에 오가는군요.
<CSI NY S7-15>

Danny 정말이지, 이 여자들이 누구든 간에, 그녀들의 의지력은 존경스럽군요.

Jo **You think they did the right thing?**

Danny **Eh... I mean, no.**
But I can't say I wouldn't do the same thing in their position.

대니 I have to say, whoever these women are, I admire their determination.

조 그들이 올바른 일을 했다고 생각해?

대니 어……, 제 말은, 그건 아니에요.
하지만 내가 그들의 입장이었다면 같은 일을 하지 않을 거라고는 말 못하겠어요.
(그들의 입장이었다면 살인을 저질렀을지도 모른다는 의미)

*admire 존경하다 determination 의지력, 결단력

Step 3 도전! 실전 회화

정말이지, 난 이걸 전혀 기대하지 않았어! ______________________ (expect)

pattern 053

I say...

내가 한마디하건대 ~ / 내 생각에는 ~ 

여럿이 모여 있는 자리에서 어떤 제안을 하거나 의견을 피력할 때 I say로 말을 시작하면 강력하게 밀어붙이는 느낌이 듭니다. 그러니 발음할 때도 I 를 강조하면서 발음하면 좋겠죠? I say 뒤에는 '주어+동사'를 씁니다.

유사패턴 I think... ‖ In my opinion... ‖ I suggest... (약한 의미)

Step 1 패턴 집중 훈련

내가 한마디하건대 우리는 그를 도와야겠어. **I say we should help him.**

내 생각에는 지금 당장 가서 걔한테 말해야겠어. **I say we go talk to him right now.**

내가 보기엔 네가 먼저 사과해야 되겠어. **I say you should apologize first.**

내가 보기엔 우리 이거 비밀로 해야겠어. **I say we keep this between us.**

Step 2 리얼 회화연습

Kurt는 자신이 게이란 사실을 공개했지만, 이에 대한 탐탁지 않은 시선도 적지 않죠. 특히 학교 미식축구 팀에 있는 Karofsky라는 학생이 Kurt를 괴롭힙니다. 이를 보다 못한 glee 클럽에 있는 Kurt의 친구들이 이에 대해 대책을 세우네요. <*Glee* S2-8>

Rachel **We're all lucky enough to have boyfriends on the football team.**
내가 한마디하자면, 우리 모두 힘을 합쳐서
우리 남자 친구들한테 커로프스키한테 대적하라고 요구해야겠어.

Quinn **Okay, *first of all, I'm not dating Sam.**

레이철 우리 모두 남자 친구들이 미식축구 팀에 있어서 행운이야.
I say we *band together
and demand that they confront Karofsky.

퀸 자, 첫째, 난 샘하고 사귀는 게 아니야.

요건덤
* first of all은 뭔가를 나열할 때 '첫째로'라는 뜻을 나타냅니다. first of all 대신 간단하게 first off라고도 하니 함께 알아두세요.
* band together는 무엇을 달성하기 위해 '함께 뭉치다'라는 뜻이에요.

*confront 맞서다, 대적하다

Step 3 도전! 실전 회화

내가 보기엔 우리 이것에 대해 뭘 좀 해야겠어. ______________________

pattern 054

They say...

~이라고들 하지 / 원래 ~한 거잖아 

they는 '그들'이라는 뜻 말고도 일반적인 사람들을 가리킬 때도 많이 씁니다. They say…는 격언이나 속담같이 유명한 말을 인용하거나 어디서 주워들은 말을 써먹기에 좋은 패턴이에요. 이럴 땐 They say 뒤에 그냥 유명한 말을 써 주면 됩니다.

유사패턴 People say… ‖ It's said…

Step 1 패턴 집중 훈련

캘리포니아에는 계절이 없다고들 하지. **They say** there are no seasons in California.

사랑은 모든 걸 정복한다고들 하지. **They say** love conquers all.

반복해서 연습하면 완벽해진다고들 하지. **They say** practice makes perfect.

모르는 게 약이라고들 하지. **They say** ignorance is bliss.

*ignorance 무식, 무지 bliss 축복

Step 2 리얼 회화연습

물에 빠져 죽게 될 위험에 처한 Sucre. 게다가 경찰들이 코앞에 다가와 있습니다. 하지만 Michael은 포기하지 않고 끝까지 Sucre의 손을 놓지 않습니다. Michael과 Sucre의 우정이 돋보이는 장면이죠. <Prison Break S2-8>

Sucre 사람들이 말하길 누군가와 인연이 닿는 건 다 이유가 있어서라지.
Maybe my reason was to help you get out of Fox River, you know? To help you save your brother.

Michael **No.**

수크레 They say people *come into your life for a reason.
아마 내 이유는(내가 너와 인연을 맺은 건)
네가 폭스 리버에서 탈옥하는 걸 도와주기 위해서였는지도 몰라.
네가 네 형을 구하는 것을 도와주려고 말이지.

마이클 아니야.

* come into one's life는 '~의 삶에 들어오다', '~와 인연이 닿다(인연을 맺다)'라는 뜻이에요. '너와 인연이 닿아 난 행복해.'는 영어로 I'm happy that you came into my life.입니다.

Step 3 도전! 실전 회화

원래 공짜 점심이란 건 없다고들 하지. ______________________ (a free lunch)

pattern 055

Let's say...

~이라고 치자 / ~이라고 가정해 보자 

Let's say...는 대화 시에 '~라고 치자', '~라고 가정해 보자'라고 말할 때 쓰는 패턴입니다. Let's say 뒤에는 '주어+동사'를 쓰면 됩니다.

유사패턴 **Let's suppose...** ‖ (Let's 생략하고 그냥) **Say...**

Step 1 패턴 집중 훈련

네 말이 맞다고 치자. **Let's say you're right.**

그녀도 너를 좋아한다고 치자. **Let's say she likes you, too.**

제이슨이 사실을 말하고 있다고 치자. **Let's say Jason is telling the truth.**

그게 오해였다고 치자. **Let's say it was a misunderstanding.**

Step 2 리얼 회화연습

Raj의 부모님이 Raj에게 선을 보라고 하지만, Raj는 맨 정신에 여자와 대화하는 것이 불가능한 체질이죠. 하지만 Penny가 술을 주자 Raj의 여자에 대한 수줍음이 사라집니다. Penny가 일하는 바에서 선을 보기로 하지만, Leonard가 이 계획에 브레이크를 거네요. <The Big Bang Theory S1-8>

Leonard [페니에게] **Wait a minute, what's the plan here?**
걔(라지)가 그 여자를 만나서, 마음에 들어서 결혼한다고 치자.
What's he going to do, stay drunk for the rest of his life?

Howard **Worked for my parents.**

레너드 [페니에게] 잠깐, 계획이 뭐야?
Let's say he meets her and he likes her and they get married.
그런 다음 어쩔 건데. 평생 술 취한 상태로 살기라도 할 거야?

하워드 우리 부모님한테는 효과 있던데.
(자기 부모는 서로 사이가 나빠서 맨 정신으로는 결혼 생활이 유지되지 않았다는 의미)

Step 3 도전! 실전 회화

Brian 말이 맞다고 치자. ______________________

pattern 056

Let's just say...

~이라고만 말해 두지 

말을 아끼면서 결론만 간단하게 말할 때, 아니면 복잡한 상황을 간단하게 요약해서 말할 때 Let's just say...라고 합니다. 앞에 나온 Let's say...와는 전혀 다른 뜻이니 헷갈리지 않도록 주의하세요. Let's just say 뒤에는 '주어+동사'를 쓰면 됩니다.

유사패턴 **I'll just say...**

Step 1 패턴 집중 훈련

걔랑 나 사이는 끝이라고만 말해 둘게.	**Let's just say he and I are through.**
데이트가 좋게 끝나진 않았다고만 말해 두지.	**Let's just say the date didn't end well.**
걔가 이젠 널 귀찮게 할 일은 없을 거라고만 말해 두지.	**Let's just say he won't bother you anymore.**
난 다시는 제니하고 같이 일 안 할 거라고만 말해 둘게.	**Let's just say I won't be working with Jenny again.**

Step 2 리얼 회화연습

현재 맡고 있는 사건 수사에서 손을 떼게 된 FBI 요원 Peter. 그는 어쩔 수 없이 Neal에게 대신 조사를 시키지만, 전직 사기꾼인 Neal을 과연 믿어도 될지 불안해 합니다. Neal을 믿는 Peter의 부인 Elizabeth가 남편에게 Neal을 믿어 주라고 한마디하네요. <White Collar S1-3>

Elizabeth **Why is it so hard for you to believe that he'll do the right thing?**

Peter 그게 그 친구의 첫 번째 본능이 아니라고만 말하지.

Elizabeth **And trust isn't yours.**

Peter ***Occupational hazard.**

엘리자베스 당신은 왜 그(닐)가 올바른 일을 할 거라는 걸 믿으려 하지 않는 거예요?

피터 **Let's just say that's not his first instinct.**
(닐에게는 사기를 치는 본능이 더 강하다는 의미)

엘리자베스 그리고 당신 경우에는 그게 신뢰고요. (피터는 남을 의심하는 본능이 더 강하다는 의미)

피터 직업병이지.

요건덤
* occupational hazard는 '직업상의 재해', 그러니까 직업의 특성상 생기게 되는 버릇이나 피해를 가리켜요. 즉, '직업병'이란 뜻입니다.

Step 3 도전! 실전 회화

그가 그다지 좋아하지는 않았다고만 말해 둘게. ______________________

pattern 057

It's/That's like saying...

그건 ~이라고 말하는 거나 마찬가지야 

상대방이 터무니없거나 말도 안 되는 소리를 할 때, 비교하며 '그건 이렇게 말하는 거나 마찬가지잖아'라고 한마디할 때 It's/That's like saying...이라고 하면 됩니다. saying 뒤에는 '주어+동사'를 쓰면 되고요.

유사패턴 It's/That's almost the same (thing) as saying...

Step 1 패턴 집중 훈련

그건 베컴이 축구를 못한다고 하는 거나 같잖아. **It's like saying** Beckham sucks at soccer.

그건 네가 아인슈타인이라고 말하는 거나 같잖아. **That's like saying** you're Einstein.

그건 도둑질해도 괜찮다고 말하는 거나 마찬가지잖아. **It's like saying** it's okay to steal.

그건 넌 아무 관련 없다고 말하는 거나 마찬가지잖아. **That's like saying** you had nothing to do with it.

Step 2 리얼 회화연습

사건 수사 중 만난 아이들이 Jane과 CBI 요원 Rigsby가 경찰에서 왔다는 것을 알고는, 경찰은 싫다며 무례한 말을 합니다. Jane은 특유의 능청스러운 말투로, 아이들을 혼내는 대신 그 말이 얼마나 바보 같은지 타이르네요.
<The Mentalist S3-21>

Teenager *Screw the cops. ...

Jane Every modern society has some kind of police force.
그 말은(경찰한테 엿 먹으라는 네 말은)
'대중교통 시스템 엿 먹어라!'라고 말하는 거나 마찬가지란다.

십대 소년 경찰들은 엿 먹으라 그래요. ……

제인 모든 현대 사회에는 어떤 형태이든 간에 경찰이 있게 마련이야.
It's like saying screw the public transport system.
(경찰은 대중교통 시스템처럼 사회의 필요 요소이니, 그런 말을 하는 건 바보 같다는 얘기)

요건덤
* Screw는 '엿 먹으라 그래'라는 뜻의 가벼운 욕입니다. f*ck으로 바꿔 말해도 같은 의미입니다. F*ck the cops.처럼요.

*police force 경찰대, 경찰국 public transportation system 대중교통 시스템

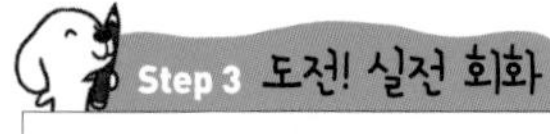

Step 3 도전! 실전 회화

그건 네가 천재라고 말하는 거나 마찬가지잖아. ______________________ (a genius)

pattern 058

주어+was/were like, "..."

"~"이라고 말했지/생각했지 

회화에서 많이 쓰는 패턴입니다. 자신에게 일어난 일에 대해 설명할 때, 그때 했던 말이나 생각, 표정 등을 I was like...라고 말하며 재연하는 것이죠. 남의 말을 전하거나 흉내 낼 때는 주어를 그에 맞춰 바꾸면 되고요.

유사패턴 주어+said, "...." ‖ 주어+thought, "...."

Step 1 패턴 집중 훈련

난 "이거 완전 후졌어."라고 말했지.	**I was like, "This totally sucks."**
그랬더니 걔가 "닥쳐!"라고 하는 거 있지.	**And then he was like, "Shut up!"**
걔가 막 이러더라고. "으웩! 이거 뭐야?"	**She was like, "Eww! What is this?"**
그래서 내가 막 "정말이라니까!"라고 했어.	**So I was like, "I'm telling you!"**

*suck 엉망이다, 형편없다 I'm telling you 정말이라니까

Step 2 리얼 회화연습

면접을 보게 되어 매우 긴장한 Chandler에게 Phoebe는 "넌 첫인상이 별로니까 기대하지 않는 게 좋을 거야."라고 합니다. 이 말을 들은 Chandler가 깜짝 놀라서 되묻죠. "What?!" 그러자 Phoebe가 Chandler를 처음 만났을 때 받은 인상을 묘사합니다. <Friends S8-21>

Phoebe **When I first met you,** 너 막 "블라블라블라" 해대서, (말이 많아서)
난 "아 좀, 조용히 해!"라고 생각했어.

Chandler **What is it that I do?**

Phoebe **... You're *trying too hard.**
Always making jokes, y'know?
You just—you *come off a little needy.

요건덤
* try too hard는 '너무 애쓰다/노력하다'라는 뜻인데요, 남들한테 칭찬 듣거나 인정받으려고 오버한다는 의미예요.
* come off는 '~한 인상을 주다'라는 뜻이에요.

피비 내가 너 처음 만났을 땐,
you were like, "Blah, blah, blah", I was like, "Shhh!"

챈들러 내가 하는 뭐가 그렇게 거슬리는데?

피비 ...... 네가 너무 애쓰는 것 같아. 항상 실없는 농담하고 말이야, 응?
그냥...... 너무 남한테 인정받으려는 느낌이야.

*needy 궁핍한, 애정에 굶주린, 남에게 인정받고 싶어하는

Step 3 도전! 실전 회화

그랬더니 그녀가 "꺼져!"라고 하는 거 있지. ______________________ (get lost)

tell/talk

Q 다음 말을 영어로 만들어 볼까요?

내가 그 얘기 그만하라고 했잖아.

＿＿＿＿＿＿＿＿ **drop the subject.**

아무 말도 하지 말라고 그랬잖아!

＿＿＿＿＿＿＿＿ **say anything!**

좋은 소식이 있다고 말해 줘.

＿＿＿＿＿＿＿＿ **you've got good news.**

너 지금 그게 전부 내 잘못이라고 말하는 거야?

＿＿＿＿＿＿＿＿ **it's all my fault?**

네가 거짓말하고 있다는 걸 알 수 있어.

＿＿＿＿＿＿＿＿ **you're lying.**

넌 툭하면 변하겠다고 하잖아.

You always ＿＿＿＿＿＿＿＿ **you're going to change.**

A 정답

I told you to
I told you not to
Please tell me
You're telling me
I can tell
talk about how

pattern 059

I told you to...

내가 너한테 ~하라고 했잖아 

상대방에게 하라고 시킨 일을 안 했거나 상대방이 내 충고를 무시해서 안 좋은 결과가 있을 때, '내가 그렇게 하라고 했잖아!'라고 한마디하게 되죠? 이걸 영어로는 I told you to+동사원형으로 표현하면 좋습니다.

유사패턴 I said that you should... (제안) ‖ I ordered you to... (명령)

Step 1 패턴 집중 훈련

내가 에밀리 가까이 가지 말라고 했잖아. **I told you to** stay away from Emily.

내가 그 얘기 그만하라고 했잖아. **I told you to** drop the subject.

내가 그쯤 해 두라고 했잖아. **I told you to** let it go.

네 일이나 신경 쓰라고 했잖아. **I told you to** mind your own business.

*drop (하던 말이나 일을) 그만두다 subject (논의 중인) 화제, 토픽 let ~ go ~를 보내주다, 잊다, 그만두다

Step 2 리얼 회화연습

Lorelai의 천연덕스러운 성격이 잘 나타나는 대목이군요. 핸드폰 요금이 너무 많이 나와서 핸드폰으로 걸지 말라는 딸에게 '그렇지만 나와의 대화는 돈으로 값을 매길 수 없는 소중한 거잖니.' 하며 슬쩍 넘어가는 Lorelai입니다. <Gilmore Girls S5-16>

Rory Hey, you called my cell.

Lorelai I know.

Rory 집 전화로 전화하라고 했잖아요.
My cell phone bill's astronomical.

Lorelai But a conversation with me: priceless.

로리(딸) 엄마, 내 핸드폰으로 전화했네요.

로렐라이 나도 알아.

로리 **I told you to call my landline.**
핸드폰 요금이 엄청나다고요.

로렐라이 하지만 나와의 대화는 값을 매길 수 없는 거잖니.

*landline (휴대용 전화가 아닌) 일반 전화 astronomical 천문학적인 priceless 값을 매길 수 없는, 대단히 귀중한

Step 3 도전! 실전 회화

내가 나한테 문자 보내라고 했잖아. ______________________ (text)

I told you not to...

너한테 ~하지 말라고 했잖아 

이번에는 반대로 하지 말라고 얘기했는데 상대방이 말을 안 들었을 때 쓰는 패턴입니다.

유사패턴 I said that you shouldn't... (제안) ‖ I ordered you not to... (명령)

Step 1 패턴 집중 훈련

아무 말도 하지 말라고 그랬잖아!	**I told you not to** say anything!
그러지 좀 말라고 그랬잖아.	**I told you not to** be like that.
너 걔 건드리지 말라고 그랬잖아.	**I told you not to** mess with him.
그렇게 치사하게 굴지 말라고 그랬잖아.	**I told you not to** be so cheap.

*mess with... ~를 건드리다, 함부로 대하다 cheap 치사한, 인색한

Step 2 리얼 회화연습

Dean이 어렸을 때 있던 일을 회상하는 장면입니다. 아버지에게 동생 Sam을 보살피라는 말을 들었지만, 지루해서 잠깐 나갔다 온 사이에 Sam이 Shtriga라는 마녀 때문에 죽을 뻔해서 아버지한테 크게 혼난 일이죠.
<Supernatural S1-18>

Dean **I—I just went out.**
John **What?**
Dean **J—just for a second. I'm sorry.**
John **이 방을 나가지 말라고 했잖아.**
동생을 계속 지켜보라고 했잖아!

딘 저, 전 그냥 나갔던 거예요.
존(딘의 아빠) 뭐라고?
딘 자, 잠깐만 나갔다 온 거예요. 죄송해요.
존 **I told you not to leave this room.**
I told you not to *let him out of your sight!

요건덤
* let ~ out of one's sight는 '~로부터 시선을 떼다'라는 뜻이에요. Don't let him out of your sight.라고 하면 '그한테서 시선을 떼지 마.'라는 말이 되는 거죠.

Step 3 도전! 실전 회화

그 말 하지 말라고 그랬잖아. ____________________

pattern 061

Please tell me...

~이라고 말해 줘 

애타게 기다리는 소식이나 결과, 현실이길 간절히 바라는 일이 있죠? Please tell me...는 이때 '제발 합격했다고 말해 줘.' 같은 말을 할 때 쓸 수 있는 패턴입니다. 아니면 상대방에게 부탁하면서 '제발 해 줄 거라고 말해 줘.'라고 할 때도 쓰죠. Please tell me 뒤에는 '주어+동사'를 쓰면 됩니다.

유사패턴 **Please...** (부탁할 때)

Step 1 패턴 집중 훈련

올 거라고 말해 줘. **Please tell me you'll come.**

좋은 소식이 있다고 말해 줘. **Please tell me you've got good news.**

나를 도로 받아주겠다고 말해 줘. **Please tell me you'll take me back.**

우리가 헤어지는 게 아니라고 말해 줘. **Please tell me we're not breaking up.**

*take ~ back 헤어졌던 사람을 다시 받아주다

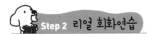

Step 2 리얼 회화연습

여자 친구 Bernadette와 함께 심포지엄에서 연설을 하게 된 Howard는 그곳에서 여자 친구가 키도 자기보다 훨씬 크고 잘생긴 남자와 다정하게 대화를 나누는 모습을 보고 위기감과 질투심을 느낍니다. Howard는 그 남자가 누구냐고 여자 친구에게 묻는데……. <The Big Bang Theory S4-13>

Howard **Hey, Bernie** (Bernadette의 애칭)**? ...**
제발 그 남자가 동성애자인 네 사촌이라고 말해 줘.

Bernadette **No. He was one of my professors in college.**

Howard **Oh! That's a relief.**

Bernadette **Then we *went out for a year.**

하워드 저기, 버니야? ……
Please tell me he's your gay cousin.

버나데트 아니야. 그분은 대학 시절 내 교수님 중 한 분이셨어.

하워드 아! 마음이 놓이네.

버나데트 그러고 나서 우리가 1년 동안 사귀었지.

요건덤
* go out은 '사귀다'라는 뜻으로 도 많이 씁니다. 같은 뜻으로 date를 쓸 수 있죠. We dated for a year.처럼요.

*relief 안도, 안심, 다행

Step 3 도전! 실전 회화

농담하는 거라고 말해 줘. ______________________ (kid)

pattern 062

You're telling me (that)...?

너 지금 ~이라는 거야?

상대방의 말에 기가 막히거나 안 믿겨져서 되물을 때 You're telling me...? 패턴을 써서 물어보면 좋습니다. 보통 뒤의 that은 생략하고 '주어+동사'를 쓰면 됩니다.

유사패턴 Are you telling me (that)...? ‖ Are you saying (that)...?

Step 1 패턴 집중 훈련

나더러 거짓말하라는 거야? **You're telling me** I should lie?

저 외출금지라고 말씀하시는 거예요, 엄마? **You're telling me** I'm grounded, Mom?

나 이제 다시 안 보겠다는 거야? **You're telling me** you're not gonna see me again?

저 대신 그를 승진시키신다는 말씀입니까? **You're telling me** he's being promoted over me?

*be grounded (부모님한테) 외출금지 당하다

Step 2 리얼 회화연습

억울한 누명을 쓰고 사형집행을 기다리고 있는 형 Lincoln을 탈옥시키기 위해 감옥의 설계도와 탈출 계획을 모두 몸에 문신한 Michael. 그 엄청난 문신을 새겨 준 Syd는 자신의 '작품'을 다시는 못 볼 거란 생각에 아쉬워합니다.
<Prison Break S1-1>

Syd Can I just, you know, look at it for a minute?

Michael You're an artist, Syd.

Syd 지금 손님이 여기서 나가시면 전 이 문신을 다시는 못 볼 거라는 건가요?

Michael There's a good chance of that, yes.

시드 [마이클 등에 문신을 모두 새긴 후] 저기, 있잖아요, 잠깐 이것 좀 봐도 될까요?

마이클 당신은 예술가입니다, 시드 씨.

시드 **You're telling me that you're just gonna walk out of here and I'm never gonna see it again?**

마이클 그럴 가능성이 높죠, 네.

Step 3 도전! 실전 회화

너 지금 걔가 직장 그만뒀다고 말하는 거야? ______________________ (quit)

pattern 063

I can tell...

난 ~을 알 수 있어 

tell은 '말하다'라는 뜻만 있는 게 아닙니다. tell은 이 패턴에서처럼 '알아채다', '눈치채다'라는 뜻으로도 많이 쓰이죠. tell 뒤에는 that이 생략된 것이고, '주어+동사'를 쓰면 됩니다.

유사패턴 I know... ‖ I notice(d)...

Step 1 패턴 집중 훈련

네가 거짓말하고 있다는 걸 알 수 있어. **I can tell you're lying.**

그녀가 뭔가 숨기고 있다는 걸 알 수 있어. **I can tell she's hiding something.**

네가 그녀한테 미쳐 있다는 걸 알 수 있어. **I can tell you're crazy about her.**

네게 뭔가 고민거리가 있다는 걸 알 수 있어. **I can tell something's troubling you.**

Step 2 리얼 회화연습

성폭행을 당한 마약 중독자 Claire의 지갑에서 부패된 사람의 손가락이 발견됩니다. 조사하다 보니 Claire는 13년 전 10대 시절에 엄마가 자신의 동생을 구타해서 죽인 것을 목격한 경험이 있다는 것이 밝혀지죠. 이런 Claire를 위해 Tutuola 형사는 Claire의 동생 사진을 구해다 주고 마약 끊는 것을 도와줍니다. <Law & Order SVU S3-21>

Claire **I would hug you, but**

형사님은 사람들이 만지는 거 안 좋아한다는 걸 알 수 있어요. (그러니까 안 할게요.)

Tutuola **This is a good place to go to start getting *clean.**
A friend of mine runs it
and I told him to expect you.

요건덤
* clean은 '깨끗한'이라는 뜻 말고도, 여기서처럼 '마약을 끊은'이라는 뜻으로도 쓰여요.

클레어 [사진을 받고 감동받아서] 형사님을 안아 드리고 싶은데,
I can tell you don't like to be touched.

투투올라(형사) [명함을 주며] 마약 끊는 거 시작하려면 여기가 좋을 거야.
내 친구가 여길 운영하고 있어서 그 친구한테 네가 찾아갈 거라고 얘기해 뒀어.

Step 3 도전! 실전 회화

네가 Hannah를 안 좋아한다는 걸 알 수 있어. ______________________________

pattern 064

주어+talk about how...

~이라고 하더라 

talk about how...는 '~라고 말하다'라는 뜻으로 대화 시에 네이티브들이 많이 씁니다. 이때 how에는 '어떻게'라는 뜻이 없고, talk about how가 say that과 같은 뜻이라고 볼 수 있죠. how 뒤에는 '주어+동사'가 오면 됩니다.

유사패턴 주어+say (that)...

Step 1 패턴 집중 훈련

그녀는 툭하면 제이가 자길 불행하게 한다고 하더라.
She always talks about how Jay makes her unhappy.

넌 툭하면 변하겠다고 하잖아.
You always talk about how you're going to change.

걘 자기 삶이 불공평하다 그러더라고.
He talked about how his life is so unfair.

그녀는 루저들하고는 사귀기 싫다고 하더라고.
She talked about how she doesn't wanna date losers.

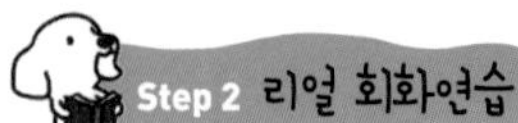

Step 2 리얼 회화연습

자신의 의지와는 무관하게 아버지가 정해놓은 길을 가야 해서 숨이 막히는 듯한 Nate는 친구 Chuck에게 답답함을 토로합니다. 아버지가 시키는 대로만 하기는 싫다고 말이죠. 그러자 Chuck이 핵심을 찌르는 질문을 하는군요.
<*Gossip Girl* S1-2>

Chuck **That dream of yours, you know, what is it, really?**
'Cause 난 네가 다트머스 대학에 가기 싫다, 아버지 뒤를 잇기 싫다, 그런 말 하는 걸 듣는데,
but what exactly do you want?

척 [네이트에게] 네 꿈이란 게 말이야, 그게 뭐냐, 정말?
I hear you talk about how you don't want to go to Dartmouth and how you don't want to *follow in your father's footsteps,
그럼 네가 정확히 뭘 원한다는 거냐?

요건덤
* follow in one's footsteps는 특히 가족 중에 '~의 뒤를 따르다/잇다'라는 뜻입니다.

Step 3 도전! 실전 회화

넌 툭하면 네가 불공평한 대우를 받는다고 하더라. ________________ (unfairly)

need

Q 다음 말을 영어로 만들어 볼까요?

나 샤워 좀 해야 되겠어.

________ **take a shower.**

우리 더 빨리 일해야겠다.

________ **work faster.**

난 너한테 사과할 필요 없어.

________ **apologize to you.**

미안하다는 말 하지 않아도 돼.

________ **say sorry.**

좀 조용히 해 줘.

________ **keep it down a little.**

난 너만 있으면 돼.

________ **you.**

A 정답

I need to
We'll need to
I don't need to
You don't need to
I need you to
All I need is

pattern 065

I (just) need to...

난 (단지) ~해야 돼 / ~(만) 하면 돼 

뭘 좀 해야겠다고 얘기하고 싶을 때 I need to... 뒤에 동사를 붙여서 표현하면 됩니다. '난 ~만 하면 돼'라고 말하고 싶으면 I와 need 사이에 just를 넣어 I just need to...라고 하면 되고요.

유사패턴 I (just) have to... ‖ I (only) need to...

Step 1 패턴 집중 훈련

나 샤워 좀 해야 되겠어. **I need to** take a shower.

나 오줌 좀 누워야겠어. **I need to** pee.

너한테 몇 가지만 물어보면 돼. **I just need to** ask you some questions.

나 현금출납기에서 돈만 좀 빼면 돼. **I just need to** take out some cash from the ATM.

*ATM 자동현금출납기(= automated teller machine)

Step 2 리얼 회화연습

항상 자신의 예리한 관찰력, 직관, 추리력을 뽐내며 잘난 척하는 Sherlock이 갑자기 조언이 필요하다니? 믿어지지 않는 John이 못 들은 척하며 다시 말해 보라고 하는군요. <Sherlock S1-2>

John Where *are we headed?

Sherlock 내가 조언을 좀 들어야 해서 말이야.

John What? *Sorry?

Sherlock You heard me perfectly. I'm not saying it again.

요건덤

* be headed...는 '~로 가다', '~를 향해가다'라는 뜻이에요.
* (I'm) Sorry? 하고 물어보면 '뭐라고요?', '잘못 들었는데 다시 말씀해 주시겠어요?'라는 뜻으로, Pardon (me)?과 같습니다.

존 우리 어디 가는 거야?

셜록 **I need to ask some advice.**

존 뭐라고? 다시 말해 주겠어?

셜록 내 말 완벽하게 알아들었으면서 무슨. 다시 말 안 할 거야.

Step 3 도전! 실전 회화

나 잠깐 좀 쉬어야 되겠어. ______________________ (take a break)

pattern 066 We'll need to...

우리 ~해야 할 거야 

수사물 미드에서 특히 많이 등장하는 패턴이죠. 형사들이 '서류를 모두 확인해야겠습니다.' 같은 말을 할 때 말이죠. 이런 상황 말고도 '우리 더 열심히 해야 할 거야.' 같은 말을 할 때도 쓸 수 있습니다.

유사패턴 We'll have to... ‖ We're gonna need to...

Step 1 패턴 집중 훈련

우리 더 빨리 일해야겠다. **We'll need to** work faster.

더 면밀히 봐야겠군요. **We'll need to** look more closely.

그녀에게 새 책상을 구해 줘야겠군요. **We'll need to** get her a new desk.

그녀의 통화 기록 좀 체크해야 할 겁니다. **We'll need to** check her phone records.

Step 2 리얼 회화연습

버스에서 일어난 flashmob(플래시몹: 미리 정한 장소에 모여 짧은 시간 동안 약속한 행동을 한 후, 바로 흩어지는 불특정 다수의 군중 행위)에서 피살된 Serena. Nick 형사와 그의 파트너 Hank는 그녀가 근무하던 로펌에 찾아가 그녀에 대한 조사를 시작합니다. <*Grimm* S1-3>

Nick 세리나 씨가 맡았던 케이스워크를 모두 검토해 봐야 되겠습니다, just to be certain.

Berman Sure. Full access. Whatever you need.

닉 **We'll need to *look through all of Serena's casework,** 확실하게 하기 위해서요.

버먼 그러세요. 모든 접근권을 드리죠. 필요하신 거 모두 다 말입니다.

요건덤
* look through는 뭔가를 '검토하다', '훑어보다'라는 뜻이에요. 여기서처럼 서류를 검토한다고 할 때도 쓸 수 있고요, 또 시험 전에 노트를 훑어본다고 할 때도 쓸 수 있어요.

*access 접근(권) (어떤 정보를 볼 수 있는 권리)

Step 3 도전! 실전 회화

우리 다른 방법을 찾아야겠어. ______________________________

pattern 067

I don't need to...

난 ~하지 않아도 돼 / 내가 ~할 필요[이유]는 없어 

I don't need to...는 단순히 뭔가를 할 필요가 없다고 얘기할 때에도 쓰고, '나한테는 네 요구를 들어줘야 할 이유가 없어.'라고 쿨하게 거절할 때도 쓸 수 있는 패턴입니다.

유사패턴 I don't have to... ‖ There's no need for me to...

Step 1 패턴 집중 훈련

그럼 난 오늘 밤엔 저녁 준비할 필요 없네. **I don't need to** cook dinner tonight, then.

난 너한테 사과할 필요 없어. **I don't need to** apologize to you.

내가 한 일에 대해 너에게 해명할 필요 없어. **I don't need to** explain myself to you.

내겐 그 질문에 답변할 이유 없어. **I don't need to** answer that.

Step 2 리얼 회화연습

노숙자 환자에 대한 Dr. Foreman의 냉담한 태도의 원인이 궁금한 Dr. House는 Dr. Foreman에 대해 이런 저런 추측을 합니다. 그러자 Dr. House의 친구인 Dr. Wilson이 뭘 그렇게 쓸데없는 걸 궁금해 하냐고 하는데, Dr. House의 답변이 참 재미있네요. <**House** S1-10>

Dr. House Maybe he's just a *snob.

Dr. Wilson You really don't need to know everything about everybody.

Dr. House 난 〈The O.C.〉 드라마를 볼 필요 없지, but it makes me happy.

하우스 걔(Dr. Foreman)가 단지 속물인 것뿐인지도 모르지.

윌슨 모든 사람들에 대해 모든 걸 알 필요 없잖아요.

하우스 **I don't need to watch *The O.C.*** 하지만 그게 날 즐겁게 해주거든. (물론 알 필요는 없지만, 드라마를 보는 것처럼 남 참견하는 게 자기를 즐겁게 해 준다는 뜻임)

요건덤

* snob는 '속물', '고상한 척하거나 잘난척하는 사람'을 가리킬 때 쓰는 단어예요. '넌 참 속물이구나.'는 You're such a snob.라고 합니다. 형용사로는 snobby 또는 snobbish라고 합니다.

Step 3 도전! 실전 회화

내가 네 잔소리를 들을 이유는 없어. ________________ (nagging)

pattern 068

You don't need to...

넌 ~하지 않아도 돼 

You don't need to... 패턴은 '그러지 않아도 돼.', '그럴 필요 없어.'와 같이 말할 때 쓰는 패턴입니다. 또는 '너무 낙담할 필요 없어.'처럼 위로할 때도 쓸 수 있죠.

유사패턴 You don't have to... ‖ There's no need for you to...

Step 1 패턴 집중 훈련

한 말 또 하지 않아도 돼. **You don't need to** repeat yourself.

미안하다는 말 하지 않아도 돼. **You don't need to** say sorry.

나를 위해서 그렇게까지 하지 않아도 돼. **You don't need to** do all that for me.

넌 스스로를 너무 자책하지 않아도 돼. **You don't need to** be so hard on yourself.

*be hard on... ~에게 심하게 대하다, ~를 나무라다

Step 2 리얼 회화연습

룸메이트 Joey가 밤중에 코를 너무 심하게 골아 잠을 못 자는 Chandler는 커피를 자꾸 마시게 됩니다. Central Perk 커피숍의 매니저인 Gunther에게 리필(refill)을 해 달라고 하는데, Gunther가 커피를 따라 주는 동안 Chandler는 또 어색한 침묵을 못 참고 실없는 대화를 시도하는데……. <Friends S4-20>

Chandler **Gunther, can I get another cup of coffee, please?**
*__So uh, what do you do when you're not working here?__

Gunther **이런 침묵을 채울 필요 없습니다.** (채우려고 괜히 나한테 말걸 필요 없습니다.)

Chandler **Oh, okay.**

챈들러 건서, 커피 한 잔 더 줄래요?
[건서가 커피를 따라줌] 그래서 저기, 당신 여기서 일 안 할 땐 뭘 합니까?

건서 You don't need to fill these silences.

챈들러 아, 네.

요건덤
* 여기서 Gunther가 커피를 따라 주는 동안 Chandler가 침묵이 어색해서 괜히 말을 걸죠. 이런 식으로 날씨나 일상에 대해 나누는 의미 없는 가벼운 대화를 small talk라고 해요.

Step 3 도전! 실전 회화

서두르지 않아도 돼. ______________________

pattern 069

I need you to...

~ 좀 해 줘 

상대방에게 뭔가를 해 달라고 부탁하거나 명령할 때 I need you to 뒤에 동사원형을 붙여 말하면 됩니다.

유사패턴 I want you to... ‖ I would like you to... (공손한 표현)

Step 1 패턴 집중 훈련

좀 조용히 해 줘.	**I need you to** keep it down a little.
내 말 잘 들어 줘.	**I need you to** listen carefully to what I say.
네가 내 근무 시간 대신 일 좀 해 줘야겠어.	**I need you to** cover my shift.
이거 복사 10장 해 줘.	**I need you to** make 10 copies of this.

*keep it down 조용히 하다 shift 교대 근무 (시간)

Step 2 리얼 회화연습

Michael은 감옥에 들어가자마자 몇 달 동안 짠 계획을 하나씩 실행에 옮깁니다. 그중 하나가 마피아 보스인 Abruzzi를 섭외하는 것. 탈옥해서 Mexico로 도주하려면 그가 필요하니까요. 하지만 역시 Abruzzi가 만만치는 않군요. <Prison Break S1-1>

Michael **Abruzzi?** 저를 P.I.로 고용해 주시기 바랍니다.

Abruzzi ***Beat it.**

Michael **Maybe you *oughta hear what I gotta say.**

Abruzzi **You got nothing I need.**

Michael **Wouldn't be too sure about that.**

마이클 아브루찌 씨? **I need you to hire me a P.I.**

아브루찌 꺼져.

마이클 제가 할 말을 좀 들어주셔야 할 것 같은데.

아브루찌 너한테 건질 거 하나도 없어.

마이클 그건 모르는 거죠.

요건덤

* Beat it.은 '꺼져.'라는 뜻이에요. 같은 의미로 Get lost. 또는 Get out of my face.라고도 많이 합니다.

* oughta는 ought to를 줄인 회화체 표현입니다.

*P.I. prison industries의 줄임말. 교도소에서 시급을 받으며 페인팅, 청소, 수리 등 잡일을 하는 수감자를 뜻함

Step 3 도전! 실전 회화

여기에 사인해 주십시오. ____________________

pattern 070

All I need is...

내가 필요한 건 ~이야 / 난 ~만 있으면 돼 

All I need is...는 '난 ~만 있으면 돼' 하고 자신이 필요한 것을 강조해서 말할 때 씁니다. 직역하면 '내가 필요한 모든 것은 ~이다'인데, 회화에서는 '난 ~만 있으면 돼'라는 의미로 쓰는 것이죠. is 뒤에는 (대)명사나 'to+동사원형'을 쓰면 됩니다.

유사패턴 I just need... ‖ I only need... ‖ The only thing I need is...

Step 1 패턴 집중 훈련

내 곁에 너만 있으면 돼.	**All I need is** you beside me.
내가 필요한 건 너의 5분이야. (5분만 내 줘.)	**All I need is** 5 minutes of your time.
내가 필요한 건 너를 마지막으로 한 번 더 보는 거야.	**All I need is** to see you one last time.
위로의 말 몇 마디만 있으면 돼.	**All I need is** a few words of comfort.

Step 2 리얼 회화연습

Sheldon이 처음으로 Penny를 허그해 준 기억에 남는 장면이죠. Penny는 Leonard Nimoy가 사용하고 뒷면에 사인까지 해 준 냅킨을 Sheldon에게 크리스마스 선물로 줍니다. 냅킨에 Nimoy의 침이 묻어 있다는 걸 알게 된 Sheldon은 그의 DNA를 손에 넣었다는 사실에 엄청 흥분하죠. <The Big Bang Theory S2-3>

Sheldon 이제 싱싱한 난자만 있으면 돼
and I can grow my own *Leonard Nimoy!

Penny Okay,
all I'm giving you is the napkin, Sheldon.

셸든 **All I need is a healthy ovum**
그럼 나만의 레너드 니모이를 키울 수 있다고!

페니 저기, 난 너한테 냅킨만 줄 거다~, 셸든.
(자신의 난자까지 줄 생각 없다는 뜻임)

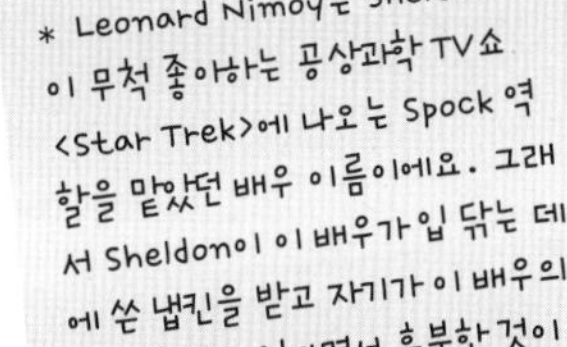

요건덤
* Leonard Nimoy는 Sheldon이 무척 좋아하는 공상과학 TV쇼 <Star Trek>에 나오는 Spock 역할을 맡았던 배우 이름이에요. 그래서 Sheldon이 이 배우가 입 닦는 데에 쓴 냅킨을 받고 자기가 이 배우의 DNA를 갖고 있다면서 흥분한 것이죠.

Step 3 도전! 실전 회화

10달러만 있으면 돼. ______________________

feel / see / sound

다음 말을 영어로 만들어 볼까요?

시원한 맥주 한잔 하고 싶어.

_______________ **a cold beer.**

난 소외된 것 같은 기분이야.

_______________ **I'm left out.**

새라한테 한 말 때문에 죄책감이 느껴져.

_______________ **what I said to Sarah.**

언제든지 이 번호로 연락 주십시오.

_______________ **contact me at this number.**

여기에 아무 포인트도 안 보이는데.

_______________ **point to this.**

네가 무슨 말 하는 건지 알겠어.

_______________ **you mean.**

들어 보니 재밌을 것 같네.

_______________ **fun.**

I feel like
I feel like
I feel bad about
Feel free to
I don't see any
I see what
Sounds like

pattern 071

I feel like+명사/동명사

~을 하고 싶어 / ~할 기분이 나 

I feel like 뒤에 명사나 '동명사(동사원형+ing)'를 쓰면 '뭔가가 내킨다[땡긴다]', '뭔가를 하고 싶은 기분이 다'라는 뜻을 나타냅니다.

유사패턴 I want+명사(또는 to+동사원형) ‖ I feel up to+동명사

Step 1 패턴 집중 훈련

시원한 맥주 한잔 하고 싶어.	**I feel like** a cold beer.
지금 피자가 좀 먹고 싶어.	**I feel like** some pizza now.
오늘은 일 쉬고 싶어.	**I feel like** taking the day off.
오늘은 그냥 집에서 뒹굴고 싶어.	**I feel like** just chilling at home today.

*chill 느긋하게 시간을 보내다

Step 2 리얼 회화연습

용의자 Ray Sparks의 심문을 위해 그의 집을 찾아간 법의학 인류학자 Dr. Brennan(별명: Bones)과 FBI 요원 Booth. Booth를 보고 도주하는 Ray를 Brennan이 반대 방향에서 나타나서 잡아 버리네요. <Bones S1-14>

Ray Hey, I *didn't do nothing wrong!

Brennan 얘 좀 차 주고 싶어.

Booth That's normal after a pursuit. We try not to do that.

요건덤

* 미드를 보다 보면 didn't do nothing 같은 이중부정을 쓸 때가 많아요. 원래는 did nothing이나 didn't do anything이라고 해야 하는데, 회화에서 종종 이렇게 쓰기도 해요.

레이 이봐요, 난 잘못한 게 하나도 없다고요!

브레넌 I feel like kicking him.

부스 [수갑을 꺼내며] 원래 추격하고 나면 그게 정상이야. 근데 보통 우린 안 그러려고 하지. (그런 충동을 억누르려고 하지.)

*pursuit 추구, 추적, 추격

Step 3 도전! 실전 회화

샤워하고 싶어. ______________________________ (take a shower)

pattern 072

I feel like+주어+동사

~하다는 생각이 들어 / ~ 같은 기분이야 

I feel like 뒤에 '주어+동사'가 오는 패턴은 자신의 느낌이나 감정을 얘기할 때 씁니다. '뭔가 잘못된 것 같은 기분이야.'처럼요.

유사패턴 I feel as if... ‖ I feel as though... ‖ I think...

Step 1 패턴 집중 훈련

뭔가 잘못된 것 같은 기분이야. **I feel like something's not right.**

나 바가지 썼다는 생각이 들어. **I feel like I got ripped off.**

난 소외된 것 같은 기분이야. **I feel like I'm left out.**

미쳐 버리는 것 같은 기분이야. **I feel like I'm going out of my mind.**

*get ripped off 바가지 쓰다 be left out 소외되다 go out of one's mind 미쳐 버리다(= go crazy)

Step 2 리얼 회화연습

법정에서 자신에게 불리한 증언을 한 적이 있는 보험 조사원 Sara Ellis와 함께 일하게 된 것이 영 불만인 Neal. 하지만 FBI는 그녀의 도움이 반드시 필요한 상황입니다. Peter 요원이 Neal을 타이르는 모습이 마치 말썽꾸러기 아들을 타이르는 모습을 연상시키네요. <White Collar S2-5>

Peter **Right now, we're on the same team, so *play nice.**

Neal **She...**

Peter **No.**

Neal **I...**

Peter **Don't.**

Neal **But... Fine.**

Peter **Good. Start a conversation.**

Neal **Sara,** 우리 첫 시작을 잘못한 것 같네요. **Let's start over.**

피터 지금 우리는 같은 팀이니까 (새라한테) 예의를 갖춰 행동해.

닐 그녀가…….

피터 아니야.

닐 전…….

피터 하지 마.

닐 하지만…… 알았어요.

피터 그래야지. 말 걸어.

닐 새라. **I feel like we *got off on the wrong foot.** 다시 시작하자고요.

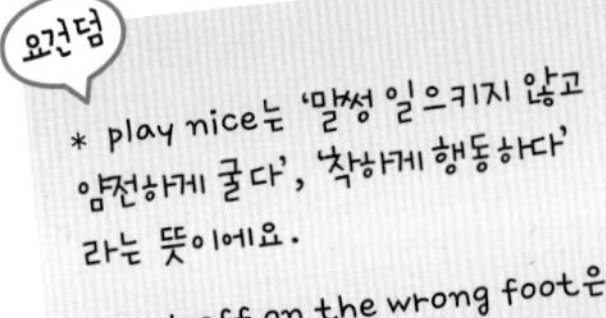

요건덤
* play nice는 '말썽 일으키지 않고 얌전하게 굴다', '착하게 행동하다'라는 뜻이에요.
* get off on the wrong foot은 '첫 시작을 잘못하다'라는 뜻이에요.

Step 3 도전! 실전 회화

누군가가 나를 감시하고 있는 것 같은 기분이야. ______________________ (watch)

pattern 073

I feel bad about/(that)...

~ 때문에 속상해 / ~ 때문에 기분이 안 좋아 

I feel bad는 '기분이 언짢다', '속상하다'라는 뜻으로, 네이티브들이 정말 많이 씁니다. 죄책감을 느끼거나 미안하거나 후회될 때, 바로 이 패턴을 써서 그 속상한 감정을 표현하면 됩니다.

유사패턴 I feel terrible about/that... ‖ I feel guilty about/that... ‖ I'm sorry about/that...

Step 1 패턴 집중 훈련

네가 면접을 잘 못 봤다니 나도 속상해. **I feel bad that** you did bad on your job interview.

그를 떠난 것 때문에 후회돼. **I feel bad about** leaving him.

앤드리아한테 한 말 때문에 죄책감이 느껴져. **I feel bad about** what I said to Andrea.

네가 일을 다 하니까 미안함을 느껴. **I feel bad** you're doing all the work.

Step 2 리얼 회화연습

부인 Haley의 둘째 아이 임신 소식에 너무 기쁜 Nathan. NBA 시즌이 곧 개막해 Charlotte으로 돌아가야 하는 그는 부인이 걱정되어 부인에게 아들을 데리고 자신을 따라오라고 제안해 보는데……. <One Tree Hill S8-1>

Nathan You can homeschool him.
*Look, 이 일의 타이밍 때문에 나도 속상해.
And everything with the pregnancy and...

Haley My depression?

네이선 얘는 홈스쿨링 시키면 되잖아.
들어 봐, **I feel bad about the timing of this.**
게다가 모든 걸 생각하면, 당신 임신에다가…

헤일리 내 우울증도 말이지?

요건덤
* Look, 하면서 말을 떼면 '이봐', '들어 봐', '있잖아', '봐 봐'라는 뜻이에요. 비슷하게 Listen, / Hey, / You know, / Well,을 쓸 수 있습니다.

*homeschool 자녀를 학교에 보내는 대신 집에서 교육시키다

Step 3 도전! 실전 회화

운전면허 시험에 또 떨어져서 속상해. ________________ (driving test)

pattern 074

Feel free to...

얼마든지 ~해 / 언제든지 ~하세요

Feel free to...는 부탁할 일이 있으면 부담 갖지 말고 언제든지 찾아오라고 얘기할 때 쓰면 좋은 패턴입니다.

유사패턴 Don't hesitate to... ‖ You can... anytime ‖ You're always welcome to...

Step 1 패턴 집중 훈련

얼마든지 둘러보세요.	**Feel free to** look around.
얼마든지 네 피드백을 줘.	**Feel free to** give me your feedback.
언제든지 편하실 때 연락 주십시오.	**Feel free to** contact me at your convenience.
냉장고에 있는 거 아무거나 꺼내 먹어.	**Feel free to** grab anything from my fridge.

*at one's convenience 편한 시간에, 편리할 때

Step 2 리얼 회화연습

얼떨결에 국가기밀을 모두 알게 된 Chuck은 CIA 요원 Sarah, NSA 요원 Casey와 함께 스파이 일을 하고 있습니다. 그런데 아무것도 모르는 Chuck의 친구 Morgan이 또 다른 비밀요원인 Carina에게 첫눈에 반해 소개시켜 달라고 부탁하는군요. <Chuck S1-4>

Chuck Can I just talk to you for a second?

Sarah Sure.

Chuck I need to ask you a favor,
and 얼마든지 거절해도 돼,
and *by that I mean say no.
Uh, could you *fix Morgan up with Carina?

척 잠깐 얘기해도 될까?

새라 응.

척 내가 부탁이 하나 있는데, **feel free to say no,**
그리고 그 말뜻은 거절해 달라는 뜻이야.
저기…… 모건하고 카리나를 서로 소개시켜 줄 수 있을까?

요건덤

* 무슨 말을 하고 나서 그 뒤에 by that I mean을 붙이면 '그 말은 ~라는 뜻이야'라고 자신의 의도를 확실하게 설명하는 말이 돼요.
* fix A up with B는 'A와 B의 만남을 주선하다', 즉 '서로 소개시켜 주다'라는 뜻입니다.

Step 3 도전! 실전 회화

얼마든지 내 핸드폰으로 전화해. ______________________ (cell phone)

pattern 075

I don't see any...

아무 ~도 안 보이는데 

I don't see any...는 '아무도 안 보이는걸.'처럼 자신의 눈으로 본 것에 대해 얘기할 때 많이 쓰죠. 하지만 '아무런 의미가 없어 보이는데.'처럼 자신의 의견을 얘기할 때도 많이 씁니다.

유사패턴 I see no...

Step 1 패턴 집중 훈련

여기에 아무도 안 보이는데.	**I don't see any**one around here.
잘못된 거 아무것도 안 보이는데.	**I don't see any**thing wrong with it.
여기에 아무 포인트도 안 보이는데.	**I don't see any** point to this.
그들 사이에 아무런 공통점도 안 보이는데.	**I don't see any** similarity between them.

Step 2 리얼 회화연습

FBI 요원 Booth가 자기 동생이 결혼을 생각하고 있는 여자에 대해 뒷조사를 해 그녀가 예전에 고급 콜걸이었다는 사실을 알게 됩니다. 아무리 지금은 콜걸이 아니라 해도 동생이 상처받을까 봐 걱정이 된다는 Booth의 얘기를 들은 Brennan은 동료 Angela와 사건 처리 중 이에 대한 대화를 나누네요. <Bones S5-13>

Angela **And now she teaches grade school?**

Brennan **Mm-hmm.**

사인이 될 만한 다른 부상은 안 보이네.

Apparently the rule is,

***once a sex worker always a sex worker.**

요건덤

* once a ~, always a ...는 '한번 ~는 영원한 ...이다'라는 뜻의 표현이에요. Once a marine, always a marine.(한번 해병은 영원한 해병이다.)처럼요.

앤젤라 그래서 이제는 초등학교 교사라는 거야?

브레넌 응.

I don't see any other injuries that could be cause of death.

듣자 하니 한번 성매매업 종사자는 평생 성매매업 종사자라나 봐.

(이제는 콜걸이 아닌데도 과거에 콜걸이었다는 사실에 연연하는 Booth를 비꼬는 것)

*grade school 초등학교 apparently (문장 맨 앞에서) 듣자 하니, 보아하니

Step 3 도전! 실전 회화

그것에 대해 특별한 게 아무것도 안 보이는데. ______________________

pattern 076

I see + 의문사...

~인지 알겠어

see에는 '보다'라는 뜻 말고도 '알다'라는 뜻도 있어요. 이 패턴에서 see가 바로 '알다'라는 뜻으로 쓰인 것이죠. '네가 의도하는 게 뭔지 알겠어.' 같은 말을 할 때 I see를 써서 표현해 주면 정말 좋아요. 'I see+의문사' 뒤에는 '주어+동사'가 옵니다.

유사패턴 I get+의문사... ‖ I understand+의문사...

Step 1 패턴 집중 훈련

네가 무슨 말 하는 건지 알겠어. **I see what you mean.**

걔가 왜 그렇게 들떠 있는 건지 이제 알겠어. **I see now why she is so giddy.**

네가 걔를 어떻게 속인 건지 알겠어. **I see how you tricked him.**

너희들이 무슨 생각하는지 알겠어. **I see what you guys are thinking.**

*giddy 들뜬

Step 2 리얼 회화연습

인기 추리소설 작가 Castle이 Beckett 여형사를 모델로 한 책을 새로 펴냈습니다. Castle이 자기 책 어땠냐고 물어보니, Beckett 형사는 무관심한 태도를 보이며 Castle의 신경을 거슬리게 합니다. 하지만 Castle은 Beckett 형사가 자기를 갖고 놀고 있다는 것을 눈치채죠. <Castle S2-14>

Castle **Oh!** 당신이 뭘 하려는지 알겠군요.

Beckett **I'm not doing anything.**

Castle **Oh, yes, you are. Yes, you are.**
You're trying to *push my buttons, but it's not gonna work.

캐슬 아! **I see what you're doing.**

베킷 난 아무것도 안 하고 있어요.

캐슬 아무것도 안 하고 있긴 뭘 아무것도 안 하고 있다는 거예요?
당신은 날 도발하려고 하고 있는데, 안 먹힐 겁니다.

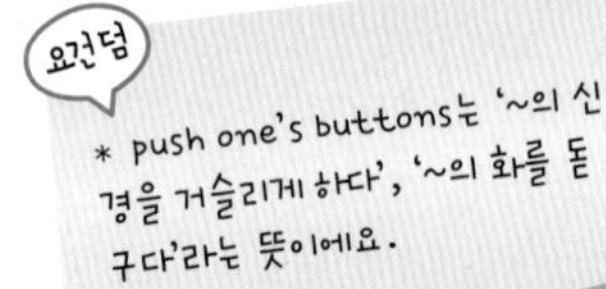

요건덤
* push one's buttons는 '~의 신경을 거슬리게 하다', '~의 화를 돋구다'라는 뜻이에요.

Step 3 도전! 실전 회화

네가 왜 화가 난 건지 알겠어. ______________________

pattern 077

Sounds like...

들어 보니 ~인 것 같네 

Sounds like...는 어떤 상황에 대해 듣고 나서 '들어 보니 ~인 것 같네'라고 말할 때 씁니다. It sounds like...에서 맨 앞의 It이 생략된 거죠. Sounds like 뒤에는 명사류나 '주어+동사'가 옵니다.

유사패턴 Looks like... ‖ Seems like...

Step 1 패턴 집중 훈련

들어 보니 재밌을 것 같네. **Sounds like fun.**

천생연분인 것 같네. **Sounds like a match made in heaven.**

들어 보니 그거 단지 소문인 것 같네. **Sounds like it's just a rumor.**

들어 보니 네가 다 통제하고 있는 것 같네. (네가 다 잘 처리하고 있는 것 같네.) **Sounds like you've got it all under control.**

*a match made in heaven 천생연분

Step 2 리얼 회화연습

Monica가 어떤 남자와 데이트를 한다고 하자 Joey와 Phoebe, Chandler가 너하고 데이트를 할 정도라면 그 남자한테 분명 무슨 문제가 있는 거라면서 놀려댑니다. 그러자 Monica가 이건 데이트가 아니라고 우기네요.
<Friends S1-1>

Monica **Okay, everybody relax.**
This is not even a date.
It's just two people going out to dinner and not having sex.

Chandler 나한테는 데이트처럼 들리는데.

모니카 자자, 모두들 진정해.
이건 데이트도 아니라고.
단지 두 남녀가 저녁 식사 하러 나가고 섹스를 안 하는 것뿐이야.

챈들러 **Sounds like a date to me.**

Step 3 도전! 실전 회화

들어 보니 넌 모르는 게 없는 것 같네. ______________________

미드에 툭하면 나오는

기본 패턴

pattern 500+

I'm

Q 다음 말을 영어로 만들어 볼까요?

난 패션에 관심 있어.

__________ fashion.

난 아이들을 잘 다뤄.

__________ children.

나 완전 헷갈려.

__________ confused.

난 스스로에 대해 얘기하는 거 별로야.

__________ talking about myself.

나 한창 데이트 중이야.

__________ a date.

나 지금 말할 기분이 아니야.

__________ talk now.

난 너한테 나잇값을 하라는 거야.

__________ act your age.

I'm into
I'm good with
I'm totally
I'm not big on
I'm in the middle of
I'm not in the mood to
I'm asking you to

pattern 078

I'm into...

나 ~ 좋아해 / 나 ~에 관심 있어 

뭔가를 좋아하거나 관심 있다고 할 때 우리는 흔히 like나 interested 같은 단어를 떠올리는데요, 네이티브들은 into를 써서 표현하기도 합니다. I'm into you.(난 너한테 빠져 있어. / 난 네가 맘에 들어.) 이렇게요. 반대로 관심 없다고 할 때는 I'm not into...라고 하면 되겠죠.

유사패턴 I like... ‖ I'm interested in...

Step 1 패턴 집중 훈련

난 긴 생머리를 가진 여자들이 좋더라. **I'm into girls with long, straight hair.**

나 요즘 미드에 빠져 있어. **I'm into American TV series nowadays.**

난 패션에 관심 없어. **I'm not into fashion.**

나 소개팅은 별로야. **I'm not really into blind dates.**

Step 2 리얼 회화연습

Roundview 고교에 새로 전학 온 Franky는 중성적인 매력을 갖고 있는 아웃사이더입니다. 그녀의 새로운 친구 Mini는 그녀의 성 정체성(sexual identity)이 궁금한 나머지 레즈비언인지 양성애자인지를 물어보는군요.
<Skins S5-7>

Franky **No. It's okay. I don't mind.**
And the answer is...
No. *I'm not anything.

Mini **So you're bisexual?**

Franky **No.** 난…… 사람을 좋아하는 거야.

요건덤
* I'm not anything.은 원래 '난 아무것도 아니야.'라는 뜻이죠. 그런데 여기서는 동성애자냐는 질문에 대한 답변이므로, 이 답변을 들은 미니가 '동성애자도 아니고 이성애자도 아니야.'라는 뜻으로 받아들이고 양성애자냐고 묻은 거예요.

프랭키 [레즈비언이냐는 질문을 받고] 아니야. 괜찮아. 상관 안 해.
그리고 답변은…….
아니야. 난 아무것도 아니야.

미니 그럼 양성애자란 말이야?

프랭키 아니야. **I'm into... people.** (자신의 성적 취향을 안 밝히고 애매하게 넘기는 답변임)

Step 3 도전! 실전 회화

난 Amanda한테 관심 있어. ________________

pattern 079

I'm good with...

난 ~ 잘 다뤄 

I'm good with...는 보통 뭔가를 잘 다룬다고 얘기할 때 쓰는 패턴입니다. 뒤에는 주로 명사가 오죠. 사물이나 사람, 숫자를 잘 다룬다고 할 때를 비롯하여 다양한 상황에서 쓸 수 있어요.

유사패턴 I'm great with... (더 강한 의미)

Step 1 패턴 집중 훈련

나 아이들을 잘 다뤄. **I'm good with children.**

난 손재주가 있어. **I'm good with my hands.**

난 숫자에 밝아. **I'm good with numbers.**

난 말주변이 없어. **I'm not good with words.**

Step 2 리얼 회화연습

자신의 분야에서는 엄청난 능력을 발휘하지만 사회성(social skills)은 턱없이 부족한 Dr. Brennan(일명 Bones). 함께 일하는 FBI 요원 Booth에게 한마디 듣고 의기소침해진 그녀는 친구 Angela에게 불안감을 토로합니다.
<Bones S1-1>

Brennan **What if Booth is right?**
만약 내가 뼈만 잘 다루고 사람 다루는 데는 젬병인 것이 사실이면 어떡해?

Angela **People like you.**

Brennan **I don't care if men like me.**

Angela **Okay, interesting jump from people to men.**

브레넌 부스 말이 맞으면 어쩌지?
What if I'm only good with bones and *lousy with people?

앤젤라 사람들은 널 좋아해.

브레넌 난 남자들이 날 좋아하든 말든 상관 안 해.

앤젤라 음, 갑자기 '사람들'에서 '남자들'로 확 넘어가네.

요건덤
* lousy는 뭔가가 아주 안 좋거나 형편없다고 얘기할 때 쓰는 단어예요. The weather's lousy today.(오늘 날씨 정말 안 좋네.)처럼요.

Step 3 도전! 실전 회화

나 컴퓨터 잘 다뤄. ______________________

I'm totally...

나 완전 ~해/이야 

네이티브들의 대화에서 totally를 참 많이 들을 수 있습니다. 우리말로도 '나 완전 짜증 나!' 같은 말 많이 하잖아요? 이런 말을 영어로 할 때는 totally를 써 주면 되는 거죠. I'm totally annoyed! 이렇게요.

유사패턴 I'm absolutely... ‖ I'm completely... ‖ I'm really...

Step 1 패턴 집중 훈련

나 완전 헷갈려.	**I'm totally** lost.
나 지금 완전 심각해/진지해.	**I'm totally** serious right now.
네 제안 완전 괜찮아.	**I'm totally** cool with your suggestion.
나 완전 취했어.	**I'm totally** wasted.

*lost 길 잃은, 헷갈리는 be cool with... ~가 괜찮다(상대방의 제안에 동의하거나 수락할 때) wasted 만취한

Step 2 리얼 회화연습

Joey가 사귀고 있는 여자와 몰래 키스한 Chandler. 결국 Joey가 그 사실을 알게 되는데요, 너무나 화난 Joey는 Chandler가 선을 넘은 정도가 아니라 선을 하도 넘어서 선이 안 보일 정도라며 펄쩍 뜁니다. <Friends S4-7>

Chandler **You're right, I have no excuses!**
난 완전 선을 넘었던 거야.

Joey **Over the line?**
You, you're, you're so far past the line that you, you can't even see the line!
The line is a dot to you!

챈들러 네 말이 맞아. 변명의 여지도 없어.
I was totally *over the line.

조이 선을 넘었다고?
너, 넌, 넌 선을 하도 넘어서 선이 보이지도 않을 정도야!
선은 너한테 점이야!

요건덤
* over the line은 '선을 넘은', '도를 넘은'이라는 뜻으로 뭔가가 지나쳤다고 얘기할 때 쓰면 좋은 표현이에요. You went over the line. (넌 도를 넘었어.)처럼요.

Step 3 도전! 실전 회화

나 완전 빈털터리야. ______________________ (broke)

pattern 081

I'm not big on...

난 ~ 별로야 

I'm not big on... 패턴은 뭔가가 별로라고 얘기할 때, 자신을 불편하게 만들거나 별로 좋아하지 않는 것에 대해 얘기할 때 씁니다.

유사패턴 I don't really like... ‖ I don't like... much ‖ I'm not a fan of...

Step 1 패턴 집중 훈련

나 시끄럽고 사람 많은 곳은 별로야. **I'm not big on** loud, crowded places.

나 꼬맹이들 별로 안 좋아해. **I'm not big on** little kids.

난 내 자신에 대해 얘기하는 거 별로야. **I'm not big on** talking about myself.

나 문자 주고받는 거 별로 안 좋아해. **I'm not big on** texting.

Step 2 리얼 회화연습

1960년대 미국 뉴욕의 광고업계를 배경으로 한 미드 <Mad Men>은 당시 시대상의 탁월한 묘사로 작품성을 인정받은 작품이죠. 뉴욕의 잘나가는 Sterling Cooper 광고사의 creative director인 Don Draper와 art director인 Salvatore 간의 대화입니다. <Mad Men S1-1>

Salvatore **Speaking of sexy girls, are you going to Pete's bachelor party?**

Don 난 그런 게 별로라서 말이야.

Salvatore ***Tell me about it. It's so embarrassing.**

살바토르 섹시한 여자들에 관한 말이 나온 김에 말입니다. 피트의 총각 파티에 가실 건가요?

돈 **I'm not really big on those things.**

살바토르 그러게 말입니다. 정말 쪽팔리지 않습니까.

요건덤
* Tell me about it은 상대방의 말에 동의하면서 '그러게 말이야'라고 맞장구쳐 줄 때 많이 쓰는 표현입니다.

*speaking of... ~에 대한 말이 나온 김에 bachelor party 총각 파티

Step 3 도전! 실전 회화

난 TV 보는 거 별로 안 좋아해. ____________________

pattern 082

I'm in the middle of...

난 한창 ~ 중이야 

한창 뭔가를 하느라고 바쁘다고 얘기할 때 I'm in the middle of... 패턴을 쓰면 좋습니다.

유사패턴 동사의 경우 **I'm -ing (now)** ‖ **I'm in the midst of...**

Step 1 패턴 집중 훈련

나 한창 데이트 중이야.	**I'm in the middle of a date.**
나 한창 전화 통화 중이야.	**I'm in the middle of a phone call.**
나 한창 영화 보는 중이야.	**I'm in the middle of watching a movie.**
나 한창 일자리 구하는 중이야.	**I'm in the middle of a job search.**

Step 2 리얼 회화연습

바람둥이 Tony 요원은 이 여자 저 여자 집적대다 한 여자 요원한테 매몰차게 거절당합니다. 이미지 만회를 위해 Tony는 McGee 요원의 컴퓨터에 몰래 로그인해서 McGee인 척하며 그 여자 요원에게 계속 작업을 거는데, 이때 Ziva 요원에게 딱 걸립니다. <NCIS S3-16>

Tony 난 지금 한창 아주 중요한 협상 중이야.

Ziva **On McGee's computer?**

Tony ***I know where you're going with this,** and the answer is yes.**

Ziva **And what's the question?**

Tony **Have I no shame?**

토니 **I'm in the middle of a very serious negotiation.**

지바 맥기의 컴퓨터로?

토니 무슨 말 하려는 건지 다 알아. 그리고 내 답변은 예스야.

지바 질문이 뭔데? (내가 뭘 물어보려고 한 건데?)

토니 나한테는 수치심이라는 것도 없냐고 물어보려는 거잖아.

요건덤

* I know where you're going with this는 직역하면 '네가 이걸 갖고 어디로 가려는지 알아'이죠. 하지만 상황에 따라 이 대화에서처럼 '네가 이 대화를 어느 방향으로 끌고 가려는지 알아', 즉 '네가 무슨 말 하려는 건지 알아'라는 뜻으로 정말 많이 쓰여요.

Step 3 도전! 실전 회화

나 한창 일하고 있는 중이야. ____________________

pattern 083

I'm not in the mood for/to...

난 ~ 할 기분이 아니야 / ~이 안 내켜 

기분이 안 내키는 일에 대해 얘기할 때 쓰는 패턴으로, 뒤에 'for+(대)명사'를 쓰거나 'to+동사원형'을 씁니다.

유사패턴 I don't feel like... ‖ I don't feel up to...

Step 1 패턴 집중 훈련

나 저녁 먹을 기분이 아니야.	**I'm not in the mood for** dinner.
나 오늘 저녁엔 피자가 안 내켜.	**I'm not in the mood for** pizza tonight.
나 아무 데도 갈 기분이 아니야.	**I'm not in the mood to** go anywhere.
나 지금 말할 기분이 아니야.	**I'm not in the mood to** talk now.

Step 2 리얼 회화연습

Rachel과 Phoebe가 함께 살고 있는 아파트에 불이 났네요. 소방관이 와서 불은 껐지만 당분간 이 아파트에서 지내는 건 무리입니다. 예의 바른 소방관이 그들에게 지낼 곳이 있는지 물어보는데, Rachel은 그걸 자신한테 작업 거는 걸로 착각하는군요. Rachel은 공주병?! <Friends S6-18>

Fireman **Uh, you're not gonna be able to live here for a while.**
You ladies have a place to stay?

Rachel **Wow! Oh-okay, look pal,**
난 지금 작업 받아 줄 기분이 아니거든요!
But if you give me your number,
I will call you some other time.

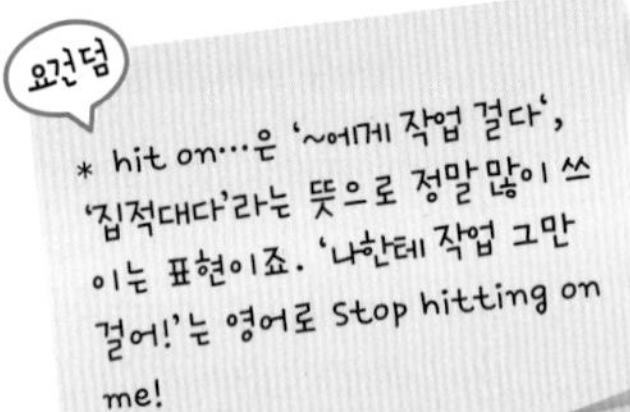

요건덤
* hit on…은 '~에게 작업 걸다', '집적대다'라는 뜻으로 정말 많이 쓰이는 표현이죠. '나한테 작업 그만 걸어!'는 영어로 Stop hitting on me!

소방관 저기, 여기서는 한동안 살 수 없을 거예요.
여자분들 머물 곳은 있으십니까?

레이첼 참내! 저기 말이에요, 이봐요,
I am not in the mood to be *hit on right now!
하지만 전화번호 주면 나중에 언제 전화 줄게요.

*pal '친구'라는 뜻 외에도 '이봐(요)'처럼 남자를 불친절한 투로 부를 때 씀(= buddy)

Step 3 도전! 실전 회화

나 치킨 먹을 기분 아니야. ______________________

pattern 084

I'm (just) asking you to...

난 (단지) ~해 달라고 하는 거야 

I'm asking you to...는 상대방에게 진지하게 부탁할 때 쓰면 좋은 패턴입니다. just를 써서 '단지 이걸 부탁하는 것뿐이야'라고 더욱 감정에 호소할 수도 있고요. to 뒤에는 동사원형이 오면 되죠.

유사패턴 I'm (only) asking you to... ‖ I'm (merely) asking you to... ‖ Please...

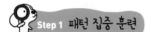

Step 1 패턴 집중 훈련

난 나하고 결혼해 달라고 말하는 거야. **I'm asking you to marry me.**

난 숨김없이 말해 달라는 거야. **I'm asking you to be straight with me.**

난 단지 내 말을 끝까지 들어 달라고 하는 거야. **I'm just asking you to hear me out.**

난 너한테 나잇값을 하라는 거야. **I'm asking you to act your age.**

*be straight 솔직히 말하다, 숨김없이 말하다 hear ~ out ~의 말을 끝까지 들어주다

Step 2 리얼 회화연습

미드 <24>에서 자주 볼 수 있는 패턴이군요. 처음에는 윗사람들이 Jack이 하려는 일이 절차에 어긋난다며 못 하게 하다가 Jack만이 일을 해결할 수 있으니 결국 Jack이 시키는 대로 하게 되는 그 패턴 말이죠. 이번에도 테러범으로부터 Heller 국방장관을 납치할 거란 자백을 받아낸 Jack은 자신의 능력을 입증하네요. <24 S4-2>

Jack **You do that and I'll tell the President that you had Sherak in custody over a half an hour before Secretary Heller was even kidnapped, and you couldn't *break him. I did.**

Driscoll **You're threatening me, Jack?**

Jack **제가 헬러 장관님을 구출하는 것을 돕도록 허락해 달라는 말씀입니다.**

요건덤

* break는 '피폐하게 만들다'라는 뜻이에요. 그러니까 여기서는 상대방이 포기해서 자백하게 만든다는 뜻이 되는 것이죠.

잭 국장님이 그렇게 나오시면 전 대통령께 말씀드릴 겁니다. 헬러 장관님이 피랍되시기 30분도 더 전에 당신(국장님)이 셰락을 구금했는데도, 자백시키지 못했다고요. 제가 자백시켰다고 말입니다.

드리스콜(국장) 자네 지금 나를 협박하는 건가, 잭?

잭 I am asking you to let me help rescue Secretary Heller.

*have ~ in custody ~를 구금하다

내 말 좀 들어 달라고 하는 거야. ____________________

You're

Q 다음 말을 영어로 만들어 볼까요?

너 정말 이기적이구나.

________ selfish.

너 그렇게 뚱뚱하지 않아.

________ fat.

넌 걔랑 헤어지는 게 나아.

________ without him.

나더러 거짓말하라는 거야?

________ I should lie?

넌 아무 데도 못 가.

________ anywhere.

그 얘기 꺼낸 건 너잖아.

________ brought it up.

너 도대체 뭐 하는 거야?

________ doing?

You're so
You're not that
You're better off
Are you saying (that)
You're not going
You're the one who
What the hell are you

You're so...

너 정말 ~하다 

'너 정말 짜증 나!' '너 정말 못됐구나!' 같은 말을 할 때 쓰는 패턴입니다. 상대방의 성격에 대해 얘기할 때, 상대방의 상태에 대해 말할 때도 씁니다.

유사패턴 You're really... ‖ You're totally... ‖ You're absolutely...

Step 1 패턴 집중 훈련

너 정말 충동적이구나.	**You're so impulsive.**
너 정말 못됐구나.	**You're so mean.**
너 오늘 정말 신경이 날카롭구나.	**You're so tense today.**
너 정말 이기적이구나. 다른 사람 생각을 하긴 하니?	**You're so selfish. Do you ever think about other people?**

Step 2 리얼 회화연습

Dunphy 가의 엉뚱하고 사랑스러운 막내둥이 Luke. 다쳐서 깁스를 하게 됐는데 오히려 전부터 깁스하고 싶어했다며 좋아하는군요. 깁스에서 나는 냄새가 좋아서 깁스하고 싶었다니, Luke만이 할 수 있는 발상이죠?

<Modern Family S1-9>

Luke **I got a cast.**

Claire **You like the cast?**

Luke **I've always wanted one.**
After a few weeks, they start to smell.

Alex 너 참 이상해. **You know that?**

루크 나 깁스했다~.

클레어(루크 엄마) 깁스한 게 좋니?

루크 전부터 꼭 해 보고 싶었어요.
몇 주 지나면 냄새나기 시작하잖아요.

알렉스(루크 누나) **You are so weird.** 너 그거 아니?

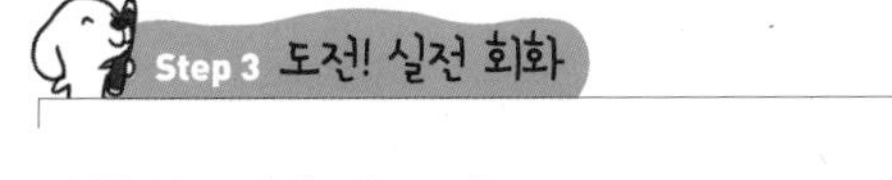

Step 3 도전! 실전 회화

너 참 짜증 나게 구는구나. ______________________ (annoying)

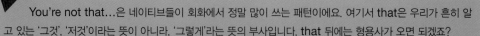

pattern 086

You're not that...

너 그렇게 ~하지 않아/~하지 않거든 

You're not that...은 네이티브들이 회화에서 정말 많이 쓰는 패턴이에요. 여기서 that은 우리가 흔히 알고 있는 '그것', '저것'이라는 뜻이 아니라, '그렇게'라는 뜻의 부사입니다. that 뒤에는 형용사가 오면 되겠죠?

유사패턴 You're not all that... ‖ You're not so... ‖ You're not very...

Step 1 패턴 집중 훈련

너 그렇게 뚱뚱하지 않아.	**You're not that** fat.
너 그렇게 사려 깊은 거 아니거든.	**You're not that** considerate.
너 그렇게 미안해 하는 것도 아니잖아.	**You're not that** sorry.
솔직해져 봐. 너 걔 그렇게 좋아하는 거 아니잖아.	Be honest. **You're not that** into him.

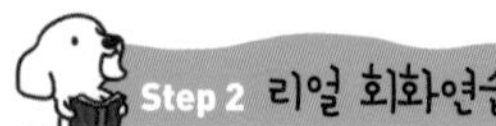

Step 2 리얼 회화연습

우연히 one-night stand(하룻밤의 정사)를 한 Derek과 Meredith. 그런데 알고 보니 하필 Meredith가 인턴으로 첫 출근한 병원에서 Derek은 그녀의 상사입니다. Meredith가 마음에 든 Derek은 자꾸 그녀에게 작업을 거는데요……. <Grey's Anatomy S1-1>

Derek **I was drunk, vulnerable and good-looking and you *took advantage.**

Meredith **Okay, I was the one who was drunk and**
당신 그렇게 잘생긴 것도 아니거든요.

Derek **Maybe not today, but last night I was very good-looking. I had on my red shirt, my good-looking shirt.**

요건덤

* take advantage (of …)는 '(~를) 이용하다'라는 뜻인데, 여기서는 술 취해서 무방비 상태인 이성을 성적으로 이용했다는 뜻으로 쓰였습니다. 여자가 이용당하는 일이 일반적이기 때문에 남자가 이용당했다고 하는 이 대사가 재미있는 것이죠.

데릭 내가 술 취한 데다 무방비 상태였고, 잘생겼으니까 네가 날 이용한 거잖아.
메러디스 저기요, 술 취한 건 저였고요, **you are not that good-looking.**
데릭 오늘은 아닐지도 모르지, 하지만 어젯밤엔 나 잘생겼었다고.
내가 빨간 셔츠를 입고 있었잖아, 내가 옷발 잘 받는 셔츠 말이야.

*vulnerable 취약한, 무방비 상태인 **have on ~** ~를 입고 있다(= have ~ on)

Step 3 도전! 실전 회화

너 그렇게 나쁜 거 아니야. ______________________________

pattern 087

You're better off...

넌 ~하는 게 나아 / ~하는 편이 나아

상대방에게 뭔가를 제안하거나 안 좋은 일에 대해 위로해 줄 때, You're better off... 패턴을 쓰면 좋습니다. You're better off without him.(걔랑 헤어지는 게 좋을 것 같아.)처럼요.

유사패턴 It's better for you to+동사원형

Step 1 패턴 집중 훈련

넌 모르는 게 나아. **You're better off** not knowing.

넌 걔한테서 도움 안 받는 게 나아. **You're better off** without his help.

넌 그냥 조용히 떠나는 편이 나아. **You're better off** just leaving quietly.

그 돈 다른 데에 쓰는 게 나아. **You're better off** spending the money elsewhere.

Step 2 리얼 회화연습

Alex와 사귀는 Izzie는 Alex가 간호사와 자는 현장을 보고 맙니다. Izzie는 친구들에게 하소연을 하는데요, 다들 Alex는 원래 그런 남자이니 빨리 잊으라고들 충고하는군요. <Grey's Anatomy S2-11>

George You know, you can't say that you weren't warned.
Alex has always been Alex.

Meredith You *dodged a bullet, Izz.
그 사람과는 헤어지는 게 나아.

Cristina Why are you even surprised?
You sleep with a snake, you get bit.

요건덤
* dodge a bullet은 '총알을 피하다'라는 뜻이죠. 이걸 회화에서는 '간신히 피하다', '안 좋은 일을 피하다'라는 뜻으로 씁니다.

조지 있잖아, 그럴 줄 몰랐다고 할 수는 없는 거잖아.
알렉스는 늘 알렉스였으니까. (알렉스는 원래 그런 애니까.)

메러디스 더 크게 상처받을 수 있는 걸 피했다고 생각해, 이즈. (Izzie(이지)의 애칭)
You're better off without him.

크리스티나 뭘 그렇게 놀라고 그래? 뱀하고 잠을 자면 물리는 게 당연하잖아.

Step 3 도전! 실전 회화

넌 싱글인 게 나아. ______________________________

pattern 088

Are you saying (that)...?

너 지금 ~이라고 말하는 거야? 

상대방의 말이 황당하거나 어이없을 때가 있죠? Are you saying (that)...?은 그럴 때 '너 지금 설마 ~라고 말하는 건 아니겠지?'라는 뉘앙스로 되묻는 패턴입니다.

유사패턴 You're saying (that)...? ‖ Are you telling me (that)...? ‖ You're telling me (that)...? ‖ You telling me (that)...?

Step 1 패턴 집중 훈련

너 지금 그게 전부 내 잘못이라고 말하는 거야? **Are you saying** it's all my fault?

너 지금 시험을 망쳤다고 말하는 거야? **Are you saying** you messed up the test?

너 지금 존하고 사귀고 있다고 말하는 거야? **Are you saying** you're seeing John?

너 지금 거래가 취소됐다고 말하는 거야? **Are you saying** the deal is off?

*mess up 엉망으로 만들다, 망치다

Step 2 리얼 회화연습

Alan의 아들인 Jake는 공부와는 담을 쌓은 아이입니다. 툭하면 비디오 게임을 하거나 TV를 보든가, 아니면 자거나 먹으면서 시간을 보내는 게으른 아이죠. Jake의 삼촌인 Charlie는 그런 조카 Jake가 걱정이 됩니다.
<Two and a Half Men S3-17>

Charlie With his grades, he might as well get used to pushing shopping carts around.

Alan 형은 내 아들이 결국 슈퍼마켓에서나 일하게 될 거라고 말하는 거야?

Charlie No, I'm saying he's probably gonna end up homeless.

찰리 그 애(제이크)의 성적 갖고는, 쇼핑 카트나 끌고 다니는 데에 익숙해져야 할걸.

앨런 **Are you saying my son's gonna end up working in a supermarket?**

찰리 아니, 나는 걔가 노숙자가 될 거라고 말하는 거야.
(노숙자들 중에는 자신의 짐을 쇼핑 카트에 실어서 끌고 다니는 사람들이 꽤 있기 때문에 이 말을 한 것임.)

Step 3 도전! 실전 회화

너 지금 내가 커닝했다고 말하는 거야? ______________________ (cheat on the test)

pattern 089

You're (not) -ing

~해 / (~하지 마) 

Stop right there! You're not going anywhere!(거기 멈춰! 넌 아무 데도 못 가!) 미드에서 자주 등장하는 대사죠. 이때 You're not going은 진행시제이지만 뭔가를 하지 말라는 명령의 의미를 나타냅니다.

유사패턴 You must (not)... ‖ You're (not) gonna... ‖
not이 있을 때 You can't... ‖ I'm not letting you...

Step 1 패턴 집중 훈련

넌 아무 데도 못 가. **You're not going anywhere.**

다 끝낼 때까지 넌 이 방에서 못 나가. **You're not leaving this room till you're done.**

넌 아무한테도 무슨 일이 있었는지 말 못 해. **You're not telling anyone what happened.**

나한테 아는 거 다 불어, 안 그러면 넌 죽은 목숨이야. **You're telling me everything you know or you're dead.**

Step 2 리얼 회화연습

엄청난 돈을 벌기 위해 중동에 전쟁을 일으키려는 Kingsley. 이를 위해 전쟁을 촉발시킬 수 있는 증거를 컴퓨터 전문가 Hewitt이 조작합니다. 그러나 증거가 복구 불가 상태인 현재, Kingsley의 계획을 입증할 수 있는 유일한 방법은 Hewitt뿐이지만, Hewitt마저도 죽은 상태. Palmer 대통령의 전 부인인 Sherry는 Kingsley가 Hewitt의 죽음을 아직 모른다는 것을 이용해 그가 스스로 자신의 계획에 대해 말하도록 유도하려고 하는데……. <24 S2-24>

Sherry You won't see Hewitt until I'm safe.

Kingsley Don't *horse trade with me.

Sherry Don't insult my intelligence. ...

Kingsley 휴잇이 내 손에 들어올 때까지 당신은 아무 데도 못 가.

* horse trade는 말 매매에서 온 표현으로, 회화에서 '자신에게 유리하게 흥정하다', '거래하다'라는 뜻으로 쓰여요.

셰리 내가 안전할 때까지 당신은 휴잇을 볼 수 없어요.

킹즐리 나와 흥정하려 하지 마시오.

셰리 내 지적 수준을 모욕하지 말아요. ……

킹즐리 You're not going anywhere till I have Hewitt.

Step 3 도전! 실전 회화

넌 오늘 밤 밖에 못 나가. ______

pattern 090

You're the one who...

~한 건 너잖아 

상대방이 책임 회피를 하려고 할 때, 자신이 한 일에 대해 기억을 못할 때 살짝 핀잔을 주는 의미로 쓸 수 있는 패턴이죠. '그 얘기 먼저 꺼낸 건 너잖아.'처럼요.

유사패턴 It is/was you who...

Step 1 패턴 집중 훈련

그 얘기 꺼낸 건 너잖아. **You're the one who** brought it up.

폴을 고자질한 건 너잖아. **You're the one who** told on Paul.

그한테 애매한 태도를 보인 건 너잖아. **You're the one who** sent him mixed signals.

이 난장판을 만든 건 너잖아. **You're the one who** created this mess.

*bring ~ up ~에 대해 말을 꺼내다 tell on... ~를 고자질하다 mixed signals 관심 있는지 없는지 애매한 태도

Step 2 리얼 회화연습

어쩌다가 Penny가 Sheldon이 즐겨 하는 컴퓨터 게임에 푹 빠져서 이것저것 물어보며 귀찮게 굽니다. 짜증 나는 Sheldon은 Leonard에게 어떻게 좀 해 보라고 하는군요. <The Big Bang Theory S2-3>

Leonard **Why should I do something?**
걔(페니)한테 온라인 게임을 소개시켜 준 건 너잖아.

Sheldon **Yes, but you're the one who said hello to her when she moved in.**
If you'd simply restrained yourself,
none of this would be happening.

레너드 왜 나더러 뭔가 해 보라는 거야?
You're the one who introduced her to online gaming.

셸든 그렇지, 하지만 걔가 처음 이사 왔을 때 인사한 건 너잖아.
(그때) 네가 스스로를 자제했었더라면,
(지금) 이런 일이 일어나고 있지 않을 거 아냐.

*restrain 억제하다, 저지하다, 참다

Step 3 도전! 실전 회화

그 실수를 한 건 너잖아. ______________________________

pattern 091

What the hell are you... ?

너 도대체 뭐 ~하는 거야?

What are you doing?(너 뭐 하는 거야?)에서 what 뒤에 the hell을 넣으면 강한 표현이 됩니다. '너 도대체 뭐하고 있는 거야?'처럼요. 상대방에게 화가 나거나 기가 막힐 때 쓰면 좋겠죠?

유사패턴 What the heck are you...? ‖ What on earth are you...? ‖ What in the world are you...?

Step 1 패턴 집중 훈련

너 도대체 뭐 하는 거야? **What the hell are you doing?**

너 내 방에서 도대체 뭐 하는 거야? **What the hell are you doing in my room?**

너 도대체 뭐 때문에 웃는 거야? (뭐가 그렇게 웃겨?) **What the hell are you laughing at?**

너 도대체 무슨 생각이었던 거야? (네가 제정신이었냐?) **What the hell were you thinking?**

Step 2 리얼 회화연습

경찰 컨설턴트로 일하고 있는 전직 형사 Monk는 의뢰인이 나병 환자라는 사실을 알게 되고는 의사를 찾아가는데요. 의사는 나병은 이제 희귀하고 전염성도 낮으며 쉽게 치료할 수 있다고 합니다. 그리고 만에 하나 나병에 걸리면 공짜로 치료해 주겠다고까지 하는데 강박적인 Monk 성격에 그걸로 안심할 리가 없죠. <Monk S5-10>

Dr. Polanski **How about this: if you do contract the disease, I'll treat you for free.**

Monk 도대체 무슨 말씀이십니까? **How about this: we never call the guy back, we don't see him again, I *avoid him like the plague.**

요건덤
* avoid ~ like the plague라는 표현은 마치 역병을 피하는 것처럼 누군가 또는 무언가를 필사적으로 피한다고 말할 때 쓰는 표현이에요.

닥터 폴랜스키 이건 어떻습니까? 당신이 그 병에 걸리면 무료로 치료해 드리겠습니다.

몽크 **What the hell are you talking about?** [조수 내털리에게] 이건 어때? 그 사람한테 전화해 주지 말고, 다시는 보지도 말고, 나는 그를 역병 피하듯 피하는 거야.

Step 3 도전! 실전 회화

너 도대체 뭘 감추려고 하는 거야? ______________

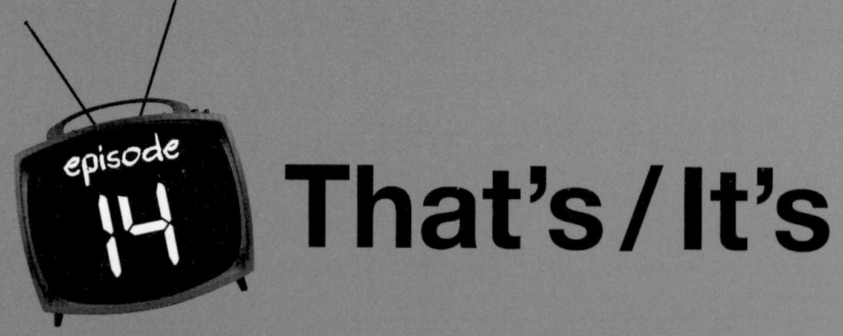

That's / It's

Q 다음 말을 영어로 만들어 볼까요?

내가 이해가 안 되는 게 바로 그거야.

________ **I don't get.**

그게 걔가 한 말이야?

________ **he said?**

내가 너한테 부탁하는 건 그게 다야.

________ **am asking you to do.**

그래서 그걸 한 게 아니야.

________ **I did it.**

마치 꿈이 실현된 것 같아. (꿈만 같아.)

________ **a dream come true.**

네가 혼자 다 한 것도 아니잖아.

________ **you did all the work.**

그게 말이야, 내가 돈이 좀 필요해서 말이야.

________ **I need some money.**

내 농담 때문이었는지도 몰라.

________ **my jokes.**

That's exactly what
Is that what
That's all I
That's not why
It's like
It's not like
It's just (that)
Maybe it was

pattern 092

That's exactly what...

그게 바로 ~이야 / ~가 바로 그거야 

상대방이 한 말에 대해 '바로 그거야!'라고 맞장구칠 때 쓰면 좋은 패턴입니다. what 뒤에는 '주어+동사'를 쓰면 되죠.

유사패턴 That's precisely what...

Step 1 패턴 집중 훈련

내 말이 바로 그거야.	**That's exactly what I'm talking about.**
그게 바로 내가 의미하는 거야.	**That's exactly what I mean.**
내가 이해가 안 되는 게 바로 그거야.	**That's exactly what I don't get.**
내가 알아내려는 게 바로 그거야.	**That's exactly what I'm trying to figure out.**

*figure out 이해하다, 생각해내다, 알아내다

Step 3 도전! 실전 회화

Michael과 함께 Fox River 교도소에서 탈옥한 7명을 추적하는 FBI의 특수요원 Mahone. 탁월한 능력의 소유자인 Mahone 요원은 Michael이 모든 탈옥 계획을 몸에 문신해 놓았다는 것을 알아내고는 그들을 잡는 건 시간문제라고 하는군요. <Prison Break S2-7>

Mahone **Actually,** 그들이 한 것이 바로 그거라네.
Scofield had the entire thing on his body.
How to get out of that prison, how to disappear afterward.
It's all there. I promise you that
***it's only a matter of time before we**
know everything that is in Scofield's head.

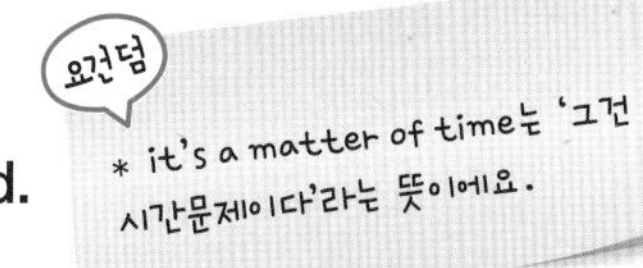

요건덤
* it's a matter of time는 '그건 시간문제이다'라는 뜻이에요.

마혼 그게 말이야, **that's exactly what they did.**
스코필드는 그걸 다 몸에 문신으로 새긴 거야.
감옥에서 어떻게 탈출할지, 그 다음 어떻게 도주할지, 그게 다 문신에 있네.
스코필드의 머릿속에 있는 모든 걸 알아내는 건 단지 시간문제라는 걸 내가 약속하지.

Step 3 도전! 실전 회화

그게 바로 Katie가 한 거야. ______________________

pattern 093

That's what I like/love about...

그래서 내가 ~을 좋아하는/사랑하는 거야 

뭔가나 누군가의 정말 마음에 드는 점에 대해 얘기할 때 That's what I like about...을 씁니다. like 대신 love를 쓰면 보다 강한 뜻이 되죠.

유사패턴 That's why I like/love...

Step 1 패턴 집중 훈련

그래서 내가 너를 좋아하는 거야. **That's what I like about** you.

그래서 내가 내 직업을 사랑하는 거야. **That's what I love about** my job.

그래서 내가 뉴욕을 좋아하는 거야. **That's what I love about** New York.

그래서 내가 긴 주말 연휴를 좋아하는 거야. **That's what I love about** long weekends.

*long weekend (금요일이나 월요일이 휴일이라) 긴 주말 연휴

Step 2 리얼 회화연습

지극히 평범한 바텐더 Steve와 사귀고 있는 Miranda는 그와 사귀면서 느끼는 안정감이 좋다고 친구들에게 얘기합니다. 이에 Carrie는 남자 친구를 얘기하는 건지 미니밴을 얘기하는 건지 모르겠다는 재치 있는 반응을 보이는군요.
<*Sex and the City* S3-7>

Miranda You know, there is an *upside to *being with a guy with no surprises. I mean, Steve is completely predictable, but 그래서 내가 그를 사랑하는 거야. He's just so comfortable and safe.

Carrie Are you dating a man or a mini-van?

요건덤
* upside는 '좋은 면', '긍정적인 부분'이라는 뜻이에요.
* be with...는 '~와 함께하다', 즉 '~와 사귀다'라는 뜻으로 정말 많이 쓰입니다.

미랜다 있잖아, 놀랄 게 전혀 없는 남자랑 사귀는 것에는 장점이 있어. 그러니까 말이야, 스티브는 완전 예측 가능한(맨날 하는 행동이 거기서 거기인) 남자인데, **that's what I love about him.** 그는 참 편하고 안심이 된단 말이야.

캐리 너 지금 남자랑 사귀는 거야, 미니밴하고 사귀는 거야?

*predictable 예측 가능한, (일 · 행동 등이 재미없을 정도로) 너무 뻔한

Step 3 도전! 실전 회화

그래서 내가 Andrew를 사랑하는 거야. ______________________

Is that what...?

그게 ~인 거야? 

Is that what...? 패턴은 '그게 네가 원하는 거야?'처럼 상대방에게 다시 확인할 때 쓰면 좋은 패턴입니다. what 뒤에는 '주어+동사'를 쓰면 되고요.

Step 1 패턴 집중 훈련

그게 걔가 한 말이야? **Is that what he said?**

그게 네가 나한테 원하는 거야? **Is that what you want from me?**

그게 네 생각이야? (넌 그렇게 생각해?) **Is that what you think?**

그거 내가 생각하는 그거야? **Is that what I think it is?**

***Is that what I think it is?** (믿기지 않는 걸 봤을 때) 내가 지금 본 게 제대로 본 거야?

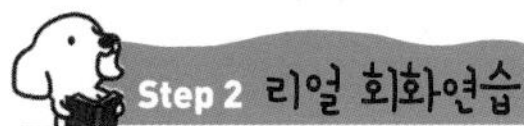

Step 2 리얼 회화연습

Hotchner 팀장이 자신을 계속 수사하자, 연쇄 살인범 the Reaper는 Hotchner의 전 부인 Haley와 아들 Jack을 노립니다. 결국 Haley는 죽는데요, the Reaper를 발견한 Hotchner는 그를 체포하는 대신 구타해서 죽입니다. 모든 일을 Hotchner의 잘못으로 몰고 가려는 분위기에 Hotchner의 부하 요원 Prentiss가 화를 내네요.

<Criminal Minds S5-9>

Strauss **Why didn't you go with him?**

Prentiss **It didn't seem necessary.**

Strauss **Did he tell you that?**

Prentiss **그게 부장님이 찾고 계시는 건가요?**
A way to blame this on him?
What good could that possibly do?

스트라우스(부장) 왜 그(하치너)와 함께 가지 않았지?

프렌티스(요원) 그럴 필요가 없어 보였기 때문입니다.

스트라우스 그가 자네한테 그렇게 말했나?

프렌티스 **Is that what you're looking for?**
이걸 그(하치너)에게 덮어씌울 방법을요?
그래 봤자 좋을 게 뭐가 있겠습니까?

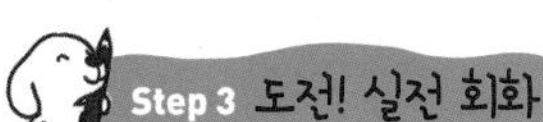

Step 3 도전! 실전 회화

그게 네가 필요한 거야? ______________________

pattern 095

That's all I...

내가 ~하는 건 그게 다야 / 난 그것만 ~해 

'내가 너한테 바라는 건 그것뿐이야.' 같은 말을 할 때 이 패턴을 쓰면 됩니다. That's all I…는 직역하면 '그건 내가 ~하는 모든 거야'니까요. 별거 아니라는 말을 할 때 또는 간절히 부탁할 때 쓰면 좋겠죠?

유사패턴 That's everything I...

Step 1 패턴 집중 훈련

내가 원한 건 그게 다였어. **That's all I** ever wanted.

내가 너한테 부탁하는 건 그게 다야. **That's all I**'m asking you to do.

난 어렸을 때부터 그것만 꿈꿔 왔어. **That's all I**'ve dreamed of since I was a kid.

내가 지금 생각할 수 있는 건 그게 다야. **That's all I** can think of at the moment.

Step 2 리얼 회화연습

엄마와 여자 친구 Jess를 죽인 악마를 본 Sam은 복수를 위해 악마를 쫓아가려 하지만, Sam마저 죽을까 봐 두려운 형 Dean은 그를 막습니다. <Supernatural S1-21>

Dean **Sam, look…**
The three of us, that's all we have.
그리고 나한테도 그게 다이고.
Sometimes I feel like I'm barely
***holding it together, *man.**
Without you and Dad….

딘 샘(동생), 봐 봐…….
우리 가족 셋, 우리한테는 그게 다야. (우리 셋밖에 없잖아)
And that's all I have.
때때로 내가 겨우 버티고 있다는 생각이 든단 말이야.
근데 너나 아버지마저도 없다면…….

요건덤

* hold it together 또는 hold oneself together는 '정신을 가다듬다', '평정심을 유지하다'라는 뜻으로 쓰여요.

* man은 '이봐', '이 사람아', '이 자식' 같은 뜻으로 문장 앞이나 끝에 흔히 쓰는 말입니다.

Step 3 도전! 실전 회화

지금으로선 내가 필요한 건 그게 다야. ______________________________ (for now)

pattern 096

That's not why...

그래서 ~한 게 아니야 

'그래서 그런 게 아니야'라고 해명할 때, 상대방이 원인을 잘못 알고 있는 걸 바로 잡아줄 때 쓰는 패턴입니다. why 뒤에는 '주어+동사'를 써 주면 되죠.

유사패턴 That's not the reason why...

Step 1 패턴 집중 훈련

그래서 그걸 한 게 아니야. **That's not why** I did it.

그래서 그와 사귀는 게 아니야. **That's not why** I'm seeing him.

그래서 그가 해고당한 게 아니야. **That's not why** he was laid off.

그래서 살 빼려는 건 아니야. **That's not why** I'm trying to lose weight.

*lay ~ off ~를 해고하다

Step 2 리얼 회화연습

어린 시절의 trauma(트라우마)로 연쇄 살인범이 된 Dexter와 그의 친형 Brian. 다른 점이 있다면 Dexter는 입양되어 양아버지인 Harry를 통해 사회에서 적응할 수 있는 방법을 터득했다는 사실. 하지만 형 Brian은 Dexter에게 현재의 삶은 위선이라며 조롱합니다. <Dexter S1-12>

Brian Your victims. Are they all killers?

Dexter Yes.

Brian [Did] Harry teach you that?

Dexter He taught me a code. To survive.

Brian Like an... absurd avenger?

Dexter 내가 살인하는 이유는 그게 아니야.

브라이언 네 피해자들 말이야. 그들은 다 살인자인 거야?

덱스터 응.

브라이언 해리(덱스터의 양아버지)가 그거 가르쳐 준 거냐?

덱스터 나한테 원칙을 가르쳐 주셨어. 생존할 수 있도록. (살인 충동을 조절하면서 사회생활이 가능하도록)

브라이언 어리석은 복수자……처럼?

덱스터 **That's not why I kill.**

*code 관례, 규정, 법규

Step 3 도전! 실전 회화

그래서 내가 울고 있는 게 아니야. ______________________

pattern 097

It's like...

(마치) ~인 것 같아 / ~ 같은 거네 

It's like...는 어떤 일에 대한 인상이나 느낌을 '~인 것 같아'라고 말하면서 설명할 때 쓰는 패턴입니다. 뒤에는 명사가 오기도 하고, '주어+동사'가 올 수도 있어요.

유사패턴 It feels like... ‖ It's as if...

Step 1 패턴 집중 훈련

마치 꿈이 실현된 것 같아. (꿈만 같아.) **It's like** a dream come true.

마치 고양이가 쥐 갖고 노는 것 같아. **It's like** a cat playing with a mouse.

그녀가 마치 어디서 불쑥 튀어나온 것 같았어. **It was like** she came out of nowhere.

그녀가 마치 나를 알지도 못하는 것 같아. (나를 모르는 사람 취급하더라고.) **It's like** she doesn't even know me.

*come out of nowhere 갑작스럽게 나타나다, 불쑥 튀어나오다

Step 2 리얼 회화연습

우편 폭탄으로 인한 살인 사건을 수사하기 위해 FBI 요원들이 모여들어 북적북적거리는군요. 그 소리에 Monk가 스트레스를 받자 조수인 Sharona는 모두들 조용히 해 달라고 합니다. 이를 본 한 FBI 요원이 Monk를 Marian이라 부르며 놀리네요. 하지만 Monk는 자신이 놀림당했다는 것도 모르고 Stottlemeyer 경감에게 Marian이 누구냐고 묻는군요. <Monk S2-7>

Monk **Who's Marian?**

Stottlemeyer **You are. *Marian the Librarian.**

Monk **그러니까, 절 무시하는 말 같은 거군요.**

Stottlemeyer **Yup. It's a derogatory remark, Monk.**

몽크 메리언이 누굽니까?

스토틀마이어 자네지. 사서 메리언 있잖아.

몽크 **So, it's like a *put-down.**

스토틀마이어 그렇다네. 경멸하는 발언이지, 몽크.

요건덤

* Marian the Librarian은 <The Music Man>이라는 뮤지컬에 나온 안경 쓰고 융통성 없고 갑갑한 성격을 가진 사서의 고정관념을 나타내는 캐릭터예요. 여기서는 Monk를 Marian에 비유한 것이죠.
* put down은 '~를 무시하다'라는 뜻의 구동사인데, '사람을 무시하는 말'이라는 뜻의 명사로도 쓰여요.

*derogatory 경멸하는 remark 말, 발언

Step 3 도전! 실전 회화

그가 마치 날 함정에 빠뜨린 것 같아. ______________________ (set ~ up)

pattern 098

It's not like...

~인 것도 아니잖아 / ~인 건 아니야 

'네가 잘못한 게 없는 것도 아니면서, 뭘.'처럼 상대방이 별거 아닌 것 가지고 생색내거나 오버할 때 쓸 수 있는 패턴입니다. 또는 '그런 건 아니야.'라고 해명이나 변명할 때도 쓰고요. like 뒤에는 '주어+동사'를 쓰면 됩니다.

유사패턴 It's not as if...

Step 1 패턴 집중 훈련

네가 잘못한 게 하나도 없는 것도 아니잖아. **It's not like** you did nothing wrong.

넌 어차피 상관하는 것도 아니면서, 뭘. **It's not like** you care anyway.

네가 혼자 다 한 것도 아니잖아. **It's not like** you did all the work.

내가 걔를 좋아한다거나 그런 건 아니고. **It's not like** I like him or anything.

Step 2 리얼 회화연습

뉴욕 차이나타운의 은행을 털던 강도들이 온몸이 불에 타 죽었습니다. 그런데 하필이면 사건 당일은 물론 그 후에도 결정적인 시점에 비가 와서 수사가 어려워지는군요. <CSI NY S1-7>

Stella **With all this rain,**

대자연이 협조적인 것도 아니잖아요.

Mac **Then it's time to change the game.**

스텔라 이렇게 비가 많이 내리니, it's not like *Mother Nature's *playing ball.

맥(반장) 그럼 게임의 흐름을 뒤집을 때지.

요건덤

* Mother Nature는 자연을 어머니에 비유해서 표현할 때써요. 특히 인간의 힘을 초월하는 존재로 묘사할 때 쓴답니다.
* play ball은 '공놀이하다'라는 뜻 말고도 '협조하다'라는 뜻으로도 많이 써요.

Step 3 도전! 실전 회화

네가 모든 걸 다 아는 것도 아니잖아. ______________________

pattern 099

It's just (that)...

그게 말이야, ~ 

꺼내기 힘들거나 쑥스러운 말을 시작하면서 '아니…… 별건 아니고 그냥……' 하는 뉘앙스로 It's just… 패턴을 씁니다. It's just 뒤의 that은 흔히 생략하고, 그 다음에는 '주어+동사'를 쓰죠. 말할 때 It's just… 하면서 뜸들이면 더 느낌이 살겠죠?

Step 1 패턴 집중 훈련

그게 말이야, 내가 50달러가 필요해서 말이야. **It's just… I need 50 bucks.**

그게 말이야, 난 아직 결혼할 준비가 안 됐어. **It's just I'm not ready to get married yet.**

그게 말이야, 그가 나를 사랑하는 것 같지 않아. **It's just he doesn't seem to care for me.**

그게 말이야, 가기 싫어서 그래. 그게 다야. **It's just that I don't wanna go. That's all.**

*buck dollar의 구어체 표현

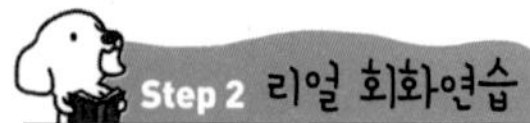

Step 2 리얼 회화연습

Cristina는 자신과 Teddy라는 여자 사이에서 방황하는 Owen에게 결별을 선언합니다. 아직도 Owen을 사랑하는 Cristina는 얘기를 들어 주겠다는 Meredith에게 말하기 싫다고 하네요. <Grey's Anatomy S6-23>

Meredith **Do you wanna talk about it?**

Cristina **No.**

Meredith **Owen, I mean.**

Cristina **I know what you mean. I don't want to… I can't…**
그게 말이야, 그는 자기가 누구를 사랑하는지 모른단 말이야
and if it's not me, then I don't want to talk about it.

메러디스 그것에 대해 얘기하고 싶니? (얘기 들어 줄까?)

크리스티나 아니.

메러디스 오웬에 대해서 말이야.

크리스티나 뭔지 나도 알아. 말하고 싶지 않아……. 할 수가 없어…….
It's just… he doesn't know who he loves
그리고 그게 내가 아니라면, 그럼 난 그것에 대해 얘기하고 싶지 않아.

Step 3 도전! 실전 회화

그게 말이야, 난 더 이상 너를 사랑하지 않아. ______________________

pattern 100

Maybe it was...

~ 때문이었는지도 몰라/모르지 

영문도 모른 채 소개팅 상대에게 거절당했을 때, '그래서인지도 몰라' 하며 이런저런 추측을 하게 되죠? 바로 이때 쓸 수 있는 패턴이 Maybe it was...입니다. 당하고서도 어리둥절한 일에 대해 원인을 추측할 때 쓰면 좋겠죠?

유사패턴 Maybe the reason was... ‖ Maybe it was because (of)...

Step 1 패턴 집중 훈련

내 농담 때문이었는지도 몰라.	**Maybe it was** my jokes.
네 거만함 때문이었는지도 모르지.	**Maybe it was** your arrogance.
내가 한 말 때문이었는지도 몰라.	**Maybe it was** something I said.
네 입 냄새 때문이었는지도 모르지.	**Maybe it was** your breath.

*breath 숨, 호흡, 입 냄새(= bad breath)

Step 2 리얼 회화연습

신혼여행에서 만난 다른 신혼 커플과 친해진 걸로 착각하고 있는 Monica와 Chandler. 하지만 그들에게서 받은 전화번호로 연락했는데 알고 보니 가짜 번호를 준 것! Chandler와 Monica는 서로의 탓을 하며 부부싸움을 시작하네요. <Friends S8-4>

Chandler 당신이 질문을 너무 많이 해서 그런 걸지도 모르지.

Monica **What about my questions?**

Chandler **The sheer volume, it was like flying with the *Riddler!**

Monica **Oh, *I'm sorry, was that another joke?**

Chandler **Was that another question?**

챈들러 Maybe it was all of your questions.

모니카 내 질문이 어쨌다는 거야?

챈들러 그 엄청난 양 말이야. 원, 리들러랑 비행기 탄 것 같았다고.

모니카 아, 그거 또 농담한 거야?

챈들러 그건 또 질문한 거냐?

요건덤

* Riddler는 <배트맨>에 나오는 악당 리들러죠. riddle이 '수수께끼'라는 뜻이기 때문에, 여기서 Chandler는 질문을 많이 한 Monica를 악당 리들러에 빗대어 말장난을 한 것입니다.

* I'm sorry는 사과할 때 말고도, 여기 대화에서처럼 상대방이 한 말을 반박하거나 지적할 때에도 많이 쓰여요.

Step 3 도전! 실전 회화

내 잘못이었는지도 몰라. ______________________

There's

다음 말을 영어로 만들어 볼까요?

너한테 해야 할 말이 있어.

_______________ I need to tell you.

화이트 크리스마스 만한 건 없어.

_______________ a white Christmas.

그가 아직 살아 있을 수도 있어.

_______________ he's still alive.

걔가 그렇게 바보 같을 리가 없어.

_______________ he's that stupid.

죄책감 느낄 필요 없어.

_______________ to feel guilty.

너한테 해 줄 수 있는 말이 없어.

_______________ tell you.

우연이란 건 없어.

_______________ coincidence.

There's something

There's nothing like

There's a chance (that)

There's no way (that)

There's no reason

There's nothing I can

There's no such thing as

pattern 101

There's something...

~한/할 게 있어

'너한테 할 말이 있어.'나 '뭔가 이상한 게 있어.' 같은 말을 할 때 There's something... 패턴을 쓰면 됩니다.

Step 1 패턴 집중 훈련

너한테 해야 할 말이 있어. **There's something I need to tell you.**

네가 이해해야 할 게 있어. **There's something you need to understand.**

걔한텐 뭔가 이상한 게 있어. (걔 뭔가 이상해.) **There's something weird about him.**

너한테 뭔가 다른 게 있어. (너 어딘가 달라 보여.) **There's something different about you.**

Step 2 리얼 회화연습

Miranda의 남자에 대한 시니컬한 면을 아주 잘 나타내는 유명한 대사죠. 서른이 넘어서도 싱글인 남자는 문제가 있는 거고 여자들은 그냥 눈이 높은 것뿐이라는 그녀의 주장을 한번 보실까요? <*Sex and the City* S2-3>

Miranda **I'm sorry, if a man is over thirty and single,**
그 남자에게 뭔가 문제가 있는 거야.
It's Darwinian.
They're being *weeded out from propagating the species.

Carrie **Okay, well, what about us?**

Miranda **We're just choosey.**

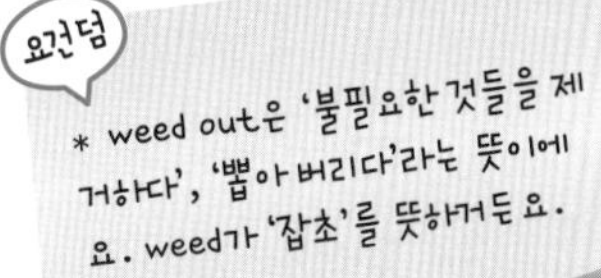

요건덤
* weed out은 '불필요한 것들을 제거하다', '뽑아 버리다'라는 뜻이에요. weed가 '잡초'를 뜻하거든요.

미랜다 미안하지만, 남자가 서른이 넘어서도 싱글이면 **there's something wrong with him.**
이건 다윈의 진화론대로 되는 거라니까.
그 남자들은 인류를 번식시키는 데에서 도태되는 거라고.

캐리 그럼, 있잖아, (우리도 서른이 넘었고 싱글인데) 우리는 뭐야?

미랜다 우린 (문제가 있는 게 아니고) 그냥 까다로운 거야.

***Darwinian** 다윈설의, 진화론의 **propagate** 번식시키다 **species** 생물의 종 **choos(e)y** 까다로운, 가리는 게 많은

Step 3 도전! 실전 회화

내 핸드폰이 이상해. ______________________

pattern 102

There's nothing like...

~ 만한 건 없어 / ~이 최고야 

like에는 '~ 같은'이라는 뜻도 있죠? 그래서 There's nothing like... 패턴은 '~ 같은 건 없어', 즉 '~ 만한 게 없어'라는 뜻이 됩니다.

유사패턴 Nothing is better than... ‖ ...is the best

Step 1 패턴 집중 훈련

화이트 크리스마스 만한 건 없어.
There's nothing like a white Christmas.

분위기 잡는 데 촛불 만한 건 없어.
There's nothing like some candles to set the mood.

시간 때우는 데 컴퓨터 게임 만한 건 없어.
There's nothing like computer games to kill time.

힘든 하루의 일을 마친 후에 마시는 시원한 맥주 한 잔 만한 건 없어.
There's nothing like a cold beer after a hard day's work.

Step 2 리얼 회화연습

독을 탄 커피를 마시고 온몸이 마비된 자동차 딜러가 죽은 것으로 추정되어 부검실까지 오게 됩니다. 부검을 하던 중 몸에서 피가 흘러나와 그가 살아 있다는 것을 알게 되죠. 독살을 시도한 범인을 찾기 위해 사무실 데스크를 조사하던 중, Warrick 요원이 Grissom 반장에게 새 차를 구입해 본 적이 있냐는 질문을 하네요. <CSI LV S3-12>

Warrick [Did] You ever buy a brand-new car, Griss?

Grissom Depreciation doesn't make it a logical investment.

Warrick *It's not about logic. It's about that smell.
새 차 냄새 만한 게 없다니까요.

워릭 새 차 사 본 적 있으세요, 그리쓰 반장님?

그리썸(반장) 감가상각을 고려하면 그다지 논리적인 투자가 아니지.
(논리적으로 따져 봤을 때 투자할 가치가 없는데.)

워릭 논리가 중요한 게 아니에요. 그 냄새가 중요한 거죠.
There's nothing like the smell of a brand-new car.

요건덤
* it's not about...는 직역하면 '~에 관한 게 아니다'라는 뜻이죠. 이것이 회화에서는 '~가 중요한 게 아니다'라는 뜻으로 의역이 되어 많이 쓰입니다.

*depreciation 가치 하락, 가격 저하, 감가상각

Step 3 도전! 실전 회화

가족 만한 게 없어. ____________________

pattern 103 There's a chance (that)...

~할 가능성이 있어 / ~할 수도 있어

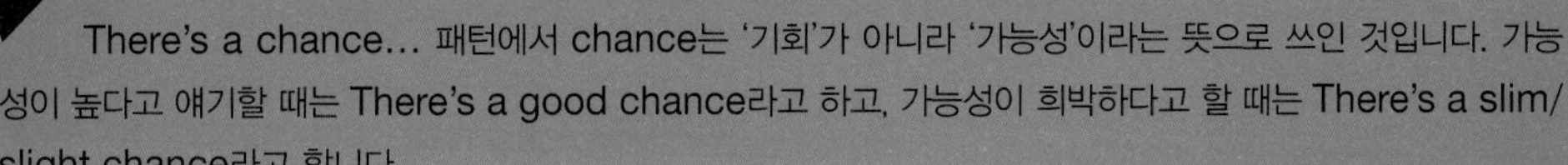

There's a chance... 패턴에서 chance는 '기회'가 아니라 '가능성'이라는 뜻으로 쓰인 것입니다. 가능성이 높다고 얘기할 때는 There's a good chance라고 하고, 가능성이 희박하다고 할 때는 There's a slim/slight chance라고 합니다.

유사패턴 There's a possibility (that)... ‖ 주어+may/might+동사

Step 1 패턴 집중 훈련

그가 아직 살아 있을 수도 있어. **There's a chance he's still alive.**

걔가 나타날 가능성은 아직 있어. **There's still a chance he might show up.**

걔가 마지막 순간에 빠질 수도 있어. **There's a chance he might back out at the last minute.**

오늘 집에 못 돌아올 가능성이 높아. **There's a good chance I won't be home today.**

*back out (하기로 했던 일에서) 빠지다

Step 2 리얼 회화연습

함정에 빠져 꼼짝없이 사형당할 운명에 처한 Lincoln은 자신을 구하기 위해 감옥에 뛰어든 동생 Michael로 인해 희망을 가집니다. 그리고는 아들 LJ에게도 희망을 가지라고 하네요. <Prison Break S1-8>

Lincoln **I didn't kill that guy.**
Someone's working hard to make it look like I did.
Anyway, 사형 집행이 일어나지 않을지도 몰라.

LJ **What?**

Lincoln **... I *ain't dead yet. LJ, look at me.**
You gotta have faith, kid.

요건덤
* ain't는 am not/is not/are not이나 have not/has not을 줄여서 쓰는 형태의 회화체 표현입니다. 하지만 문법적으로 틀리다고 보는 견해가 많아요.

링컨 난 그 사람을 죽이지 않았어.
내가 죽인 걸로 보이게 하려고 누군가가 애쓰고 있는 거야.
어쨌든, **there's a chance the execution may not happen.**

엘제이 뭐라고요?

링컨 …… 난 아직 끝난 거 아니야. 엘제이, 날 보려무나. 믿음을 가져야 해.

Step 3 도전! 실전 회화

우리가 질 수도 있어. ______________________

pattern 104

There's no way (that)...

~일 리가 없어 

믿겨지지 않는 일, 황당한 일, 있을 리가 없는 일에 대해 '그럴 리가 없어'라고 할 때 쓰는 패턴이 There's no way (that)...입니다. 이때 that은 흔히 생략하고 뒤에 '주어+동사'를 씁니다.

유사패턴 It's impossible (that)...

Step 1 패턴 집중 훈련

그게 내 사진일 리가 없어. **There's no way that's a picture of me.**

걔가 그렇게 바보 같을 리가 없어. **There's no way he's that stupid.**

내가 떨어졌는데 걔가 붙었을 리가 없어. **There's no way he passed when I didn't.**

저 몸매로 전업주부일 리가 없어. **There's no way she's a full-time mom with that body.**

Step 2 리얼 회화연습

몸이 안 좋고 구토 증세를 보이는 Meredith를 본 Cristina는 Meredith가 임신했다고 생각합니다. 두 남자와 동시에 사귀고 있는 Meredith에게 아이의 아버지가 누구냐고 묻는데, 자신이 임신했다는 것이 믿어지지 않는 Meredith는 갈팡질팡합니다. <*Grey's Anatomy* S3-4>

Cristina **So, who's the father?**

Meredith **I'm not pregnant. ...**

Cristina **You don't know who the father is, do you?**

Meredith **It would have to be Derek's.**
핀의 아이일 리가 없어.

크리스티나 그래서, 애 아빠는 누구야?

메러디스 나 임신한 거 아니야. ……

크리스티나 애 아빠가 누군지 모르는구나, 그치?

메러디스 데릭의 아이여야 할 거야. (데릭의 아이여야 말이 된다는 의미)
There's no way it could be Finn's.

Step 3 도전! 실전 회화

그녀가 서른 살밖에 안 됐을 리가 없어. ______________________

pattern 105

There's a reason...

~하는 데에는 이유가 있어 / 괜히 ~이 아니야 

There's a reason은 이유가 있다는 얘기인데요, 여기에 'for+명사'나 'to+동사원형', 또는 (that/why) '주어+동사'를 씁니다. 반대로 이유가 없다고 할 때는 There's no reason을 쓰면 되겠죠?

유사패턴 주어+don't/doesn't/didn't... for no reason

Step 1 패턴 집중 훈련

괜히 너하고 얘기하러 온 게 아니야. **There's a reason I came to talk to you.**

모든 것에는 이유가 있는 법이야. **There's a reason for everything.**

죄책감 느낄 필요 없어. **There's no reason to feel guilty.**

내가 한동안 모습을 안 보인 데에는 이유가 있어. (잠수 탄 데에는 이유가 있어.) **There's a reason I haven't been around for a while.**

Step 2 리얼 회화연습

살해당한 남자와 사귀는 사이였던 수의사 Denise를 조사하러 간 Brennan 박사와 FBI 요원 Booth. Denise가 자신이 범인이었다면 수사에 도움이 될 결정적 힌트를 알려줬겠냐고 따지자, Brennan은 Denise가 틀리게 쓴 용어를 지적합니다. 융통성 없고 사회성 부족한 Brennan다운 반응이죠. <Bones S1-4>

Denise **And if I were your cannibal, would I have pointed out that there were human bones in the bear after the autopsy?**

Brennan **An autopsy on an animal is called a necropsy.**

Denise ***Yeah,** 내 주변엔 남자가 넘치는데 당신한테는 없는 데엔 다 이유가 있는 거예요.

데니즈 만약 제가 당신이 찾는 식인종 범인이었다면, 부검한 다음에 곰 안에 사람 뼈가 있다는 사실을 알려줬겠어요?

브레넌 동물에 하는 부검은 autopsy가 아니라 necropsy라고 해요.

데니즈 그래, **there's a reason I *get all the guys and you don't.**
(용어를 잘못 썼다고 지적하는 본즈의 융통성 없는 태도에 대해 비꼰 것)

요건덤
* yeah는 이 대화에서처럼 뭔가에 대해 납득이 간다는 뉘앙스로 '그래'라는 뜻으로 쓰이기도 합니다.
* get the guys(또는 girls)는 '남자(또는 여자)들을 얻다', 즉 '남자(또는 여자)한테 인기가 많다'는 뜻이에요.

*cannibal 식인종 point out ~를 지적하다, 알려주다

Step 3 도전! 실전 회화

내가 너한테 전화 안 한 데에는 다 이유가 있어. ______________________

pattern 106

There's nothing I can...

내가 ~할 수 있는 건 없어 

There's nothing I can... 패턴은 도저히 어쩔 도리가 없다는 의미로 '내가 할 수 있는 건 없어'라고 할 때 씁니다.

유사패턴 I can't... anything

Step 1 패턴 집중 훈련

그것에 대해 내가 할 수 있는 건 없어.	**There's nothing I can** do about it.
너한테 해 줄 수 있는 말이 없어.	**There's nothing I can** tell you.
이 시점에서 내가 더 할 수 있는 건 없어.	**There's nothing** more **I can** do at this point.
내가 그의 마음을 바꾸기 위해 할 수 있는 말은 없어. (무슨 말을 해도 그는 마음을 바꾸지 않을 거야.)	**There's nothing I can** say to change his mind.

Step 2 리얼 회화연습

Dr. House가 이끄는 Diagnostics(진단) 팀에서 신경학 전문인 Dr. Foreman. 그가 환자의 집에 조사하러 갔다가 병이 전염되어 죽을 위기에 처했습니다. <House S2-21>

Dr. Foreman **I need your help.**

Dr. Cameron 고통을 (줄여 주기) 위해 내가 (투여해) 줄 수 있는 건 없어. ...

Dr. Foreman **Once I'm out, I might not come back. I've never done a will.**

Dr. Cameron **I'll call a lawyer for you.**

Dr. Foreman **I want you to be my medical proxy.**

포먼 네 도움이 필요해.
캐머런 There's nothing I can give you for the pain. ......
포먼 내가 의식을 잃으면 다시는 안 깨어날지도 몰라. 난 유언장도 안 써놨어.
캐머런 내가 변호사 불러 줄게.
포먼 네가 내 의료 대리인이 되어 주길 바라. (내 대신 모든 의료 결정을 내려 주길 바라.)

*out 의식이 없는, 의식을 잃은 will 유언장, 유서 proxy 대리인

Step 3 도전! 실전 회화

지금 내가 너를 위해 할 수 있는 건 아무것도 없어. ______________________________

pattern 107

There's no such thing as...

~ 같은 건 없어 / ~이라는 건 없어 

There's no such thing as... 패턴은 '~ 같은 건 없어', '~라는 건 없어'라는 뜻입니다. "우연이란 건 없어." 같은 말을 할 때 쓸 수 있죠. There's no such thing as coincidence.

유사패턴 ...doesn't exist ‖ ...is impossible

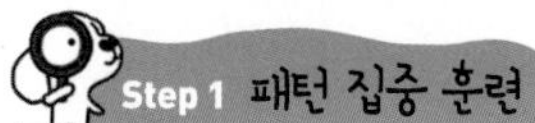

Step 1 패턴 집중 훈련

불운 같은 건 없어.	**There's no such thing as** bad luck.
우연이란 건 없어.	**There's no such thing as** coincidence.
모든 걸 갖는 삶이란 건 없어.	**There's no such thing as** having it all.
나쁜 홍보라는 건 없어. (무관심보다는 비난을 받더라도 관심을 받는 게 낫다.)	**There's no such thing as** bad publicity.

*have it all 모든 것을 갖다(사생활에서도, 일에서도 둘 다 성공하다)

Step 2 리얼 회화연습

Alicia의 남편 Peter Florrick을 스캔들로 주 지방 검사 자리에서 물러나게 하고 자기가 그 자리를 차지했던 Childs와, Childs의 약점을 잡아 다시 그 자리를 되찾은 Florrick. Florrick의 정적인 Childs는 Alicia가 판사에 의해 변호인으로 임명되자 의구심을 가집니다. <The Good Wife S2-1>

Childs **Matan. Why would Matchick choose Florrick?**

Matan **Happenstance. She was there on a settlement.**

Childs **It's an election year.** 우연이라는 건 없어.
Matchick supports Peter.

차일즈 마탄, 왜 맷칙(판사)이 (얼리셔) 플로릭 변호사를 택한 거지?

마탄 우연입니다. 그녀가 합의 건 때문에 거기(법정)에 있었거든요.

차일즈 올해는 선거의 해네. **There's no such thing as happenstance.**
맷칙은 피터를 지지한다고. (맷칙이 피터 플로릭을 지지하기 때문에 부인인 얼리셔 플로릭에게 주요 인물의 변호를 맡긴 거란 의미)

*happenstance 우연 settlement 합의

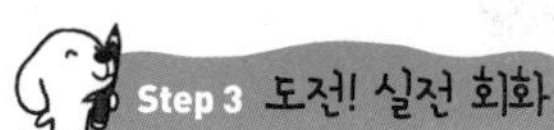

Step 3 도전! 실전 회화

완벽한 직업이란 건 없어. ______________________

don't / didn't

Q 다음 말을 영어로 만들어 볼까요?

안 보는 게 좋을 거야.

__________ watch this.

그것에 대해 생각도 하지 마.

__________ think about it.

해명할 것도 없어.

__________ explaining yourself.

걔한테 말하기만 해 봐라!

__________ tell her!

내가 말하지 않았던가?

__________ I mention it?

네가 여기 있을 거라고는 생각 못했어.

__________ you would be here.

A 정답

You don't wanna

Don't even

Don't bother

Don't you dare

Didn't

Didn't think (that)

pattern 108

You don't wanna...

~하지 않는 게 좋을 거야 

You don't wanna...는 직역하면 '넌 ~하고 싶지 않아'지만, 회화에서는 '~하지 않는 게 좋을 거야'라는 뜻으로 충고하거나 협박할 때 쓰입니다. '해 봐야 좋을 거 없으니 너도 하길 원하지 않을 거야'라는 뜻이죠.

유사패턴 **You'd better not... ‖ You shouldn't...**

Step 1 패턴 집중 훈련

이거 안 보는 게 좋을 거야. **You don't wanna watch this.**

그런 사람 밑에서 일하지 않는 게 좋을 거야. **You don't wanna work for a guy like that.**

나한테 까불지 않는 게 좋을 거야. **You don't wanna mess with me.**

그 얘기 꺼내지 않는 게 좋을 거야. **You don't wanna go there.**

*__Don't go there.__ '거기에 가지 마'가 의역되어 상대방이 불편한 토픽을 꺼낼 때 '그 얘기 하지 마'라는 뜻도 됨

Step 2 리얼 회화연습

Fairview 시의 시장 후보 Victor와 사귀게 된 Gabrielle은 만난 지 얼마 안 된 그에게 프러포즈를 받습니다. 그녀가 거절하자 Victor는 엘리베이터 안에서 정사를 나눌 정도로 스릴과 모험을 좋아하던 모습은 어디 갔냐며 설득해 보려 하는데……. <Desperate Housewives S3-19>

Victor **What happened to the thrill seeker that seduced me in the elevator?**
She wouldn't be afraid of taking a little risk.

Gabrielle **Oh,** 그녀하고는 결혼하지 않는 게 좋을 거예요.
She's a *tramp. *Hold out for a good girl.

빅터 엘리베이터에서 날 유혹하던 스릴을 좋아하는 여자는 어떻게 된 거야?
그녀라면 약간의 모험 정도는 두려워하지 않을 텐데 말이야.
(가브리엘을 묘사한 것임)

가브리엘 아, **you don't wanna marry her.**
걔는 화냥년이거든요. 참한 여자가 나타날 때까지 기다려요.

요건덤

* tramp는 성적으로 문란한 여자를 부르는 표현입니다. whore이나 slut도 많이 쓰여요.

* hold out for는 '원하는 것을 얻을 때까지 기다리다'라는 뜻입니다.

*__seduce__ 유혹하다

Step 3 도전! 실전 회화

너 그거 하지 않는 게 좋을 거야. ______________________

pattern 109

Don't even...

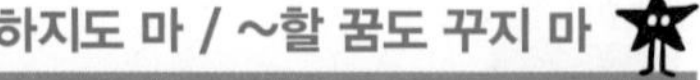

상대방이 해서는 안 되거나 말도 안 되는 일을 하려고 할 때 '그거 할 생각 하지도 마'라고 할 수 있죠? 이 말을 영어로는 Don't even... 패턴을 써서 말합니다.

유사패턴 Don't you dare...

Step 1 패턴 집중 훈련

그것에 대해 생각도 하지 마. (그거 할 생각 하지도 마.)	**Don't even** think about it.
걔 앞에서는 내 이름도 꺼내지도 마.	**Don't even** say my name in front of him.
상관하는 척하지도 마. 상관 안 하는 거 알아.	**Don't even** pretend to care. I know you don't.
나한테 전화하려고 하지도 마.	**Don't even** try to call me.

Step 2 리얼 회화연습

엄마와 아기가 함께 참여하는 클래스에 양녀 Lily를 데리고 간 게이 Cameron. Cameron은 한 엄마와 영화 <맘마 미아>에 대한 얘기를 나누게 됩니다. 그 엄마는 Meryl Streep이 그 영화 배역에 안 맞는다고 말하는데요, 이를 듣고 Cameron은 혼자서 흥분하며 Meryl Streep에 대한 찬양론을 늘어놓습니다. <Modern Family S1-2>

Cameron **Meryl Streep could play Batman and be the right choice. She's perfection, whether she's divorcing Kramer, whether she's wearing Prada.**

〈소피의 선택〉에 대해서는 말하게 만들지도 마세요.
(〈소피의 선택〉은 말할 것도 없을 정도고요.)

캐머런 메릴 스트립은 배트맨 역할을 맡아도 옳은 선택이 될 만한 배우예요. 그녀는 완벽하죠. 크레이머와 이혼을 하든, 프라다를 입고 있든 간에 말이죠.
(메릴 스트립이 〈크레이머 대 크레이머〉와 〈악마는 프라다를 입는다〉에 출연한 것을 가리킴)

Don't even *get me started on "*Sophie's Choice*."

요건덤

* get someone started on... 은 '어떤 토픽에 대해 할 말이 많은 사람에게 그 토픽을 언급하다'라는 뜻이에요. 그래서 Don't get me started on "Sophie's Choice"는 캐머런이 이 영화에 정말 감동받아 할 말이 너무 많으니 '말 꺼내지도 마', '말도 마'라는 뉘앙스로 한 말입니다.

내 이름 부르지도 마. ______________________

pattern 110

Don't bother...

~할 거 없어 / ~에 신경 쓰지 마

bother는 '신경 쓰다', '애쓰다'라는 뜻으로 많이 쓰여요. Don't bother 뒤에 동사 ing형이나 'to+동사원형'을 쓰면 '~하느라 애쓸 것 없어'라는 뜻이 됩니다. 그리고 Don't bother 뒤에 with나 about을 쓰면 '~에 대해 신경 쓸 거 없어'라는 뜻이 되고요.

유사패턴 Don't concern yourself with... ‖ Don't try to...

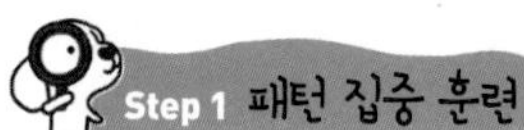

커피 끓여 줄 거 없어. 나 나갈 거야. — **Don't bother** making me coffee. I'm heading out.

오늘 밤엔 설거지 안 해도 돼. — **Don't bother** to do the dishes tonight.

그런 거 신경 쓸 거 없어. — **Don't bother** with something like that.

해명할 것도 없어. 이제 네 핑계라면 지긋지긋해. — **Don't bother** explaining yourself. I've had it with your excuses.

*have had it with... ~는 지긋지긋하다

Dean과 Sam 형제의 일을 모두 알고 이를 책으로 펴내고 있는 작가 Chuck은 사실은 예언자. 그리고 그의 예언에 의하면 악마 Lilith가 Sam을 찾아와 엄청난 일이 일어날 운명입니다. 형인 Dean은 이를 막기 위해 천사 Castiel에게 도움을 요청하지만, Castiel은 하늘의 뜻을 거스를 수 없다며 거절하는데……. <Supernatural S4-18>

Dean So what, we're just supposed to sit around and-and wait for it to happen?

Castiel I'm sorry.

Dean Screw you. You and your mission. Your God. If you don't help me now, then when the time comes and you need me? 노크할 거 없어요. (날 찾아오지 말아요)

딘 그래서 뭐, 우린 그냥 여기 앉아서 그 일이 일어나길 기다려야 한다는 겁니까?

캐스티엘 미안하네.

딘 엿이나 먹어! 당신과 당신의 사명. 당신네 신도.
당신이 지금 날 안 도와주면, 다음에 당신이 날 필요로 하는 때가 오면 말이죠? **Don't bother knocking.**

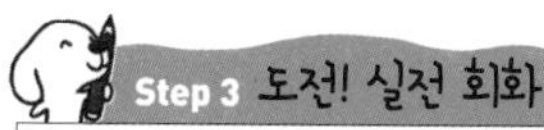

부인할 거 없어(부인해 봤자야). ______________________

pattern 111

Don't you dare...!

감히 ~하기만 해 봐라! / 감히 ~하지 마! 

Don't you dare...!는 '어디 한번 그러기만 해 봐라!'라는 뉘앙스로 상대방에게 경고나 협박을 할 때 쓰는 패턴이에요. dare 뒤에는 동사원형을 쓰면 됩니다.

Step 1 패턴 집중 훈련

걔한테 말하기만 해 봐라!	**Don't you dare** tell her!
감히 나한테 그렇게 싸가지 없게 굴지 마!	**Don't you dare** give me that attitude!
나한테 설교하려 들지 마!	**Don't you dare** lecture me!
감히 나한테 손가락 하나라도 까딱하기만 해 봐라!	**Don't you dare** lay a finger on me!

*attitude 태도, (부정적인 의미로) 반항적[비협조적] 태도 lecture 강연하다, 설교[잔소리]하다

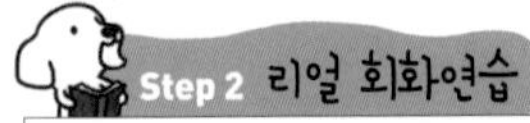

Step 2 리얼 회화연습

딸 Danielle이 35세나 되는 자신의 학교 역사 교사와 연애하고 있다는 사실을 알게 된 Bree. 게다가 딸은 자신과 선생님은 서로를 사랑한다며 짐을 싸들고 집까지 나가려고 하네요. <Desperate Housewives S3-4>

Bree Danielle! Danielle, he is your history teacher, and he is thirty-five years old!

Danielle Robert says age is just a number.

Bree 이 집에서 나가기만 해 봐라!

Danielle You can't break us up! I love him and he loves me!

브리 대니엘! 대니엘, 그분은 네 역사 선생님이시잖니, 그리고 35살이나 되고!

대니엘 로버트 말로는 나이는 단지 숫자일 뿐이래요.

브리 **Don't you dare leave this house!**

대니엘 엄마가 우리 둘을 헤어지게 할 순 없어요! 난 그를 사랑하고 그는 나를 사랑한다고요!

Step 3 도전! 실전 회화

나한테 손대기만 해 봐! ______________________

pattern 112

Didn't + 주어 + 동사?

~하지 않았어? / ~하지 않았던가? 

사실이라고 생각하는 일을 확인할 때 쓰는 패턴입니다. Didn't I tell you about it?(내가 너한테 그것에 대해서 말하지 않았던가?)처럼요.

Step 1 패턴 집중 훈련

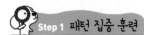

우리 4시에 만나기로 했다고 걔한테 말 안 했어? **Didn't you tell him we're meeting at 4?**

네가 그 문제 처리하지 않았던가? **Didn't you take care of that problem?**

내가 아무도 들여보내지 말라고 하지 않았던가? **Didn't I tell you not to let anyone in?**

내가 차는 집에 두고 오라고 하지 않았던가? **Didn't I tell you to leave the car at home?**

Step 2 리얼 회화연습

동료이자 연인인 John이 수상한 남자를 추격하다가 이상한 바이러스에 감염되어 혼수상태에 빠져 있습니다. 시간이 얼마 안 남은 그를 살리려면 John이 추격하던 남자의 정체를 밝혀내야만 하는데, 그의 얼굴을 유일하게 아는 것은 John. 막막해 하는 FBI 특수요원 Olivia에게 Dr. Bishop은 특이한 해결책을 제시합니다. <Fringe S1-1>

Dr. Bishop **I'm so sorry that I can't offer you a less dangerous solution.**

Olivia **What do you mean?**

Dr. Bishop **내가 말 안 했던가?**
Synaptic Transfer System, shared dream state.

비숍 박사 덜 위험한 해결책을 제시해 주지 못해 미안하네.

올리비아 무슨 말씀이시죠?

비숍 박사 **Didn't I mention it?**
신경 접합 전이 시스템, 꿈을 공유하는 상태 말이세.

Step 3 도전! 실전 회화

걔가 아무 말도 안 했어? ______________________

pattern 113

Didn't think (that)...

~할/일 거라고는 생각 못했어

Didn't think (that)... 패턴은 앞에 주어 I가 생략된 형태입니다. 원래는 주어 I를 써야 되지만, 회화에서는 생략하기도 하죠. 이 뒤의 that은 보통 생략하고 이어서 '주어+동사'를 씁니다. '그럴 줄은 전혀 몰랐어.'라는 뉘앙스로 예상치 못했던 일에 대해 얘기할 때 씁니다.

유사패턴 Never thought (that)...

Step 1 패턴 집중 훈련

너 오늘 출근할 거라고는 생각 못했어. **Didn't think** you would be in today.

그녀가 날 다시 받아 주리라고는 생각 못했어. **Didn't think** she'd take me back.

네가 날 팔아넘길 거라고는 생각 못했어. **Didn't think** you'd sell me out.

네가 그렇게 멍청한 짓을 할 거라고는 생각 못했어. **Didn't think** you'd do something so dumb.

*sell ~ out ~를 팔아넘기다, ~를 배신하다

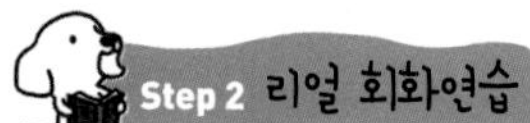

Step 2 리얼 회화연습

Will의 도움으로 13년 만에 변호사로 복귀한 Alicia. Alicia와 Cary는 둘 중 한 명만 Lockhart & Gardner 로펌에 남을 수 있는 경쟁 관계입니다. 엄청난 노력가인 Cary는 모두 퇴근한 후에도 남아서 다음 날 있을 재판 준비를 하는데, Will이 이를 보고 말을 거는군요. <*The Good Wife* S1-3>

Will 아무도 아직 여기(사무실)에 남아 있을 거라고는 생각 못했는걸.

Cary **Just prepping for court. ... I have learned a lot by watching Alicia. She's definitely got some *serious skills.**

Will **We suspect it's a Georgetown *thing.**

윌 **Didn't think anyone was still here.**

캐리 그냥 재판 준비하느라고요. ……
얼리셔 선배님을 보면서 많이 배웠어요.
선배님은 정말 엄청난 능력을 갖고 계시더라고요.

윌 우리가 보기엔 그거 조지타운의 특징인 것 같아.
(조지타운 대학 출신이라서 그런 걸 거라는 의미. 윌은 얼리셔의 대학 동창이므로, 여기서 그는 농담으로 자화자찬을 한 것임.)

요건덤
* serious는 '진지한', '심각한'이라는 뜻 말고도, 회화에서 '많은', '엄청난'이라는 뜻으로도 쓰입니다.
* thing은 여기서 '특징', '특성'이라는 뜻이에요. Georgetown thing은 '조지타운 대학 출신들만 가지고 있는 특별한 무언가'라는 뜻이 되는 거죠.

*prep prepare(준비하다) 또는 preparation(준비)의 준말

Step 3 도전! 실전 회화

네가 날 이해해 줄 거라고는 생각도 못했어. ____________________

can / can't

다음 말을 영어로 만들어 볼까요?

나 커피 한 잔 좀 갖다 줄래?

________ **a cup of coffee?**

걔 얘기가 믿겨지니?

________ **her guts?**

걔가 그 얘기를 다 지어냈다니 안 믿어져.

________ **he made the whole story up.**

그냥 그런 질문들을 하면 안 되지.

________ **ask questions like that.**

넌 왜 내 말을 못 믿겠다는 거야?

________ **believe me?**

우리 왜 이걸 나중에 하면 안 된다는 거야?

________ **just do this later?**

최소한 전화라도 해 줄 수 있잖아.

________ **call me.**

Can you get me
Can you believe
I can't believe (that)
You can't just
Why can't you
Why can't we
The least you could do is

pattern 114

Can you get me...?

~ 좀 갖다/사다 줄 수 있겠어? 

Can you로 시작하니 부탁하는 패턴이라는 걸 알 수 있겠죠? 여기서 get은 '갖다 주다', '사다 주다'라는 뜻으로, Can you get me...?라고 하면 뭘 좀 갖다 주거나 사다 달라고 부탁하는 뜻이 됩니다.

유사패턴 Can you bring/buy me...? ‖ Would you get me...? (공손한 표현)

Step 1 패턴 집중 훈련

나 커피 한 잔 좀 갖다/사다 줄래?	**Can you get me** a cup of coffee?
이것 좀 넣게 비닐봉지 좀 갖다 줄래?	**Can you get me** a plastic bag to put this in?
일어선 김에 물 좀 갖다 줄래?	**Can you get me** some water since you're up?
엄마, 생일 선물로 핸드폰 사 주실 수 있어요?	Mom, **can you get me** a cell phone for my birthday?

Step 2 리얼 회화연습

Desmond와 Lock은 섬에 있는 해치(hatch)가 폭발한 후 정신을 잃게 됩니다. Desmond는 발가벗은 상태로 깨어나는데요, Hurley를 발견하고는 빨리 옷을 갖다 달라고 합니다. <Lost S3-3>

Desmond **Are you alone, brother?**

Hurley **Uh, yeah.**
***Whoa! *Dude! I'm not alone.**

Desmond **Beach camp's right over there.**
나 옷 좀 갖다 줄 수 있겠습니까?

요건덤
* whoa는 원래 말을 멈출 때 '워워' 하는 소리예요. 그런데 회화에서 깜짝 놀랐을 때나, 상대방에게 진정하거나 천천히 좀 하라고 얘기할 때도 많이 씁니다.
* dude는 '야', '임마', '이봐(요)'라는 뜻으로 남자를 부르는 말이에요.

데스몬드 당신 혼자입니까?

헐리 어, 그런데요. [데스몬드가 발가벗은 채로 일어섬]
워워! 이봐요! 나 혼자 있는 거 아니에요.

데스몬드 해변 캠프장이 바로 저기 있어요.
Can you get me some clothes?

Step 3 도전! 실전 회화

나 맥주 한 병 갖다 줄래? ______________________

pattern 115

Can you believe (that)...?

~이 믿겨져? 

Can you believe (that)...?는 뭔가가 하도 기가 막혀서 '너 믿겨져?'라고 물어볼 때 쓰는 패턴입니다. Can you believe 뒤에는 (대)명사를 쓰거나 that을 생략하고 '주어+동사'를 쓰기도 합니다.

Step 1 패턴 집중 훈련

걔 배짱이 믿겨지니? **Can you believe her guts?**

니콜이 내가 자기를 믿을 거라고 생각했다는 게 믿어지니? **Can you believe Nicole thought I'd believe her?**

션이 표절하고도 안 들키고 넘어가려고 했다는 게 믿어져? **Can you believe Sean tried to get away with plagiarism?**

그런 일이 있은 후에 그녀를 만나러 가다니 그의 뻔뻔함이 믿어져? **Can you believe he had the nerve to go see her after what happened?**

*get away with 처벌당하지 않고 넘어가다 plagiarism 표절 have the nerve to... ~할 용기[뻔뻔함]가 있다

Step 2 리얼 회화연습

엉뚱하고 발랄함이 매력인 Jess. 어느 날 Jess는 길거리에서 누군가가 버린 진열장을 아파트로 가져옵니다. 이런 멋진 가구를 도대체 누가 버렸는지 이해가 안 된다면서요. 그러자 부유한 집안 출신인 Schmidt가 그런 싸구려 가구는 우리 집에 둘 수 없다며 면박을 주네요. <New Girl S1-16>

Jess 내가 이걸 길거리에서 발견했다는 게 믿어져?
Who would want to throw this away?

Schmidt **A blind man who suddenly recovered his sight?**
Get rid of it, Jess.
Pine *has no place in this loft.

요건덤
* have no place는 '무언가를 둘 자리가 없다', '용납할 수 없다'라는 뜻입니다.

제스 **Can you believe I found this on the street?**
누가 이런 걸 버리겠어?

슈미트 갑자기 시력이 돌아온 맹인이겠지.
(맹인이었다가 시력이 돌아오니까 그 가구가 보기에 안 좋다는 걸 깨닫고 버릴 것이라는 얘기)
제스, 그거 버려. 소나무(싸구려 나무)는 이 아파트에 두는 게 용납이 안 돼.

*loft (공장이나 창고 등을 개조해서 만든) 아파트

Step 3 도전! 실전 회화

Wendy가 나한테 거짓말했다는 게 믿어져? ______________________

pattern 116

I can't believe (that)...

~이 안 믿어져 

어이없는 일에 대해 얘기할 때 '도저히 믿어지지가 않아'라는 뉘앙스로 I can't believe...를 씁니다. 이때 안 믿어진다는 것을 강조하려면 can't를 cannot으로 풀어 말합니다.

유사패턴 It's impossible to believe (that)...

Step 1 패턴 집중 훈련

걔가 그 얘기를 다 지어냈다니 안 믿어져.	**I can't believe** he made the whole story up.
네가 걔한테 깊이 없다고 얘기했다니 안 믿어져.	**I can't believe** you called him shallow.
내가 걔 같은 못된 놈한테 반했었다니 안 믿어져.	**I can't believe** I fell for a jerk like him.
매트가 학교를 그만뒀다니 안 믿어져.	**I can't believe** Matt dropped out of school.

*make ~ up ~를 지어내다 shallow (사고나 행동에 있어서) 깊이가 없는 fall for... ~에게 반하다

Step 2 리얼 회화연습

Monica와 Chandler가 남몰래 사귀고 있다는 사실을 Joey만 알고 있다가 Rachel과 Phoebe에게도 들켜 버렸습니다. 이 사실을 숨겼다는 것이 괘씸한 Phoebe는 Rachel과 함께 이 둘을 골탕 먹이기 위해 Chandler를 유혹하는 척합니다. 하지만 이를 눈치챈 Chandler가 이에 응하는 척하자, Rachel이 기막혀 합니다. <Friends S5-14>

Rachel 걔(챈들러)가 모니카에게 그런 짓을 하다니 믿을 수 없어.
Joey, do they know that we know?

Joey No.

Rachel Joey!

Joey They know you know.

Rachel *Ugh, I knew it! Oh, I cannot believe those two!

요건덤
* Ugh는 역겨움이나 불쾌함을 나타내는 감탄사예요. 여기서처럼 화났을 때 '에잇'이란 의미로 쓸 수도 있죠.

레이철 I cannot believe he would do that to Mon— (Monica라고 말하다가 멈춘 것임)
조이야, 걔네들 우리가 안다는 거 아는 거야?

조이 아니.

레이철 조이!

조이 너희가 안다는 거 걔네도 알아.

레이철 아, 그럴 줄 알았어! 아, 그 둘을 믿을 수가 없어!

Step 3 도전! 실전 회화

그가 캐나다로 이민 갔다니 믿어지지가 않네. ______________________ (emigrate to)

pattern 117

You can't just...

그냥 ~하면 안 돼 / 그냥 ~하면 어떡해 

상대방이 혼자서 마음대로 일을 저질렀을 때 또는 뭔가를 잘못했을 때 '그냥 그렇게 하면 어떡해!'라고 한마디하게 되죠? 이걸 영어로 표현하면 You can't just...가 됩니다.

유사패턴 Don't... ‖ You shouldn't...

Step 1 패턴 집중 훈련

그냥 그런 질문들을 하면 안 되지. **You can't just ask questions like that.**

그냥 그렇게 싸워 보지도 않고 포기하면 어떡해. **You can't just give up without a fight.**

그냥 그렇게 쳐들어오면 어떡해. **You can't just barge in like that.**

그냥 네가 하고 싶은 대로 하면 안 되지. **You can't just do whatever you want.**

*fight 싸움, 노력, 투쟁 barge in 불쑥 들어오다, 쳐들어오다, 끼어들다

Step 2 리얼 회화연습

학업을 포기하고 집에서 가출한 것도 모자라 남의 자선행사에 가서 게릴라 패션쇼까지 벌인 Jenny. 이를 알게 된 Jenny의 아빠 Rufus는 Jenny를 혼내지만, 자신만의 패션쇼를 했다는 만족감에 들떠 있는 Jenny는 아빠에게 말대답을 합니다. <*Gossip Girl* S2-9>

Rufus **I hope you're proud of yourself.**

Jenny **You know what? I am.**
Because honestly, I achieved everything that I wanted.

Rufus **Jenny,** 다른 사람들한테 상처 주는 걸 상관도 하지 않으면서 그냥 살면 안 되는 거야.

루퍼스 스스로가 자랑스럽길 바란다. (혼내는 의미로 비꼰 것임)

제니 그거 아세요? 전 제가 자랑스러워요.
왜냐하면 솔직히 말해서, 제가 원하는 모든 걸 이뤘거든요.

루퍼스 제니야, **you can't just go through life not caring about who you hurt.**

*go through life 삶을 살아가다(= live one's life)

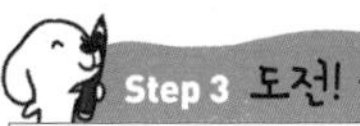

Step 3 도전! 실전 회화

그냥 그렇게 가 버리면 안 되지! ____________________

pattern 118

Why can't you...?

넌 왜 ~하면 안 돼? / 왜 ~을 못하겠다는 거야?

상대방의 태도가 거슬리거나 못마땅할 때, 또는 상대방이 어떤 일을 왜 못하겠다는 건지 이해가 안 될 때 쓰는 패턴입니다.

유사패턴 How come you can't...? ‖ Why is it that you can't...?

Step 1 패턴 집중 훈련

넌 왜 내 말을 못 믿겠다는 거야?	**Why can't you** believe me?
왜 날 가만히 내버려두지를 못하는 거야?	**Why can't you** just leave me alone?
넌 왜 가만히 앉아 있지를 못하는 거야?	**Why can't you** sit still?
왜 내가 널 얼마나 사랑하는지를 모르는 거야?	**Why can't you** see how much I love you?

Step 2 리얼 회화연습

Howard에게 정부와 관련된 중요한 임무를 맡을 기회가 왔는데, Sheldon이 실수로 Howard를 심사하러 온 FBI 요원에게 해서는 안 되는 큰 말실수를 하고 말았습니다. 결국 Howard는 기회를 잃고, 늘상 Howard를 무시하며 친구 취급도 안 하던 Sheldon도 이 일에 대해서는 자책감에 잠을 못 이룹니다. <The Big Bang Theory S4-7>

Leonard **What are you doing up?**

Sheldon ***Sleep eludes me, Leonard.**

Leonard **Really? Maybe sleep has met you before.**

Sheldon **Mockery? That's all you have to offer?**

Leonard **I'm sorry.** 왜 잠을 못 자는 건데?

레너드 안 자고 뭐 하고 있는 거야?
셸든 잠이 오질 않아, 레너드.
레너드 정말? 잠이 너를 만난 적이 있나 보네.
셸든 조롱? 그것밖에 해 줄 말이 없어?
레너드 그래 미안하다. **Why can't you sleep?**

요건덤

* Sleep eludes me는 원래 '잠을 이룰 수 없어'라는 뜻이죠. 그런데 여기서 elude는 '피하다'라는 뜻이기 때문에, 레너드가 이 '피하다'라는 의미를 사용해서 '잠이 널 만난 적이 있어서 네가 싫어서 널 피하려고 안 오나 보다'라는 농담을 한 것입니다.

*elude 피하다 mockery 조롱

Step 3 도전! 실전 회화

왜 더 열심히 할 수 없는 거야? ______________________

pattern 119

Why can't we...?

우리 왜 ~하면 안 되는 거야? 

두 명 이상이 모여서 뭔가를 할 때, 가족이나 친구 간에 '왜 우린 ~하면 안 된다는 거야?'라고 반론을 제기하거나 이유를 물어볼 때 쓰는 패턴입니다.

유사패턴 How come we can't...?

Step 1 패턴 집중 훈련

우리 왜 친구로 남을 수 없다는 거야?	**Why can't we** stay friends?
우리 왜 이걸 나중에 하면 안 된다는 거야?	**Why can't we** just do this later?
왜 우리 여자 친구를 파티에 데려오면 안 된다는 거야?	**Why can't we** bring our girlfriends to the party?
우린 왜 친구 이상이 될 수 없다는 거야?	**Why can't we** be more than friends?

Step 2 리얼 회화연습

Chandler와 Joey는 룸메이트 사이. 어느 날 Chandler는 자기가 방금 사용한 숟가락을 Joey가 한 번 빨고는 도로 찬장에 넣는 것을 봅니다. 그러자 Chandler가 기겁하며 그건 우리 둘이 칫솔을 같이 쓰는 거나 마찬가지라며 따지는데, 이에 대한 Joey의 반응을 볼까요? <Friends S2-16>

Joey **Hey,** 우리가 같은 칫솔을 쓰는 건 안 되는데 같은 비누를 써도 되는 건 왜 그런 건데?

Chandler **Because soap is soap. It's self-cleaning.**

Joey **All right. Well, next time you take a shower, think about the last thing I wash and the first thing you wash.**

조이 야, **why can't we use the same toothbrush but we can use the same soap?**

챈들러 비누는 비누잖아. 스스로 씻기잖아.

조이 그래 좋아. 있지, 다음번에 너 샤워할 때, 내가 샤워에서 마지막으로 닦는 부분이랑 네가 첫 번째로 닦는 부분이 뭔지 잘 생각해 봐.

Step 3 도전! 실전 회화

왜 소파를 버리면 안 된다는 거야? ______________________ (throw out)

pattern 120

The least you could do is...

최소한 ~ 정도는 해 줄 수 있잖아 

상대방에게 '그 정도는 해 줄 수 있는 거 아니야?'라는 뉘앙스로 서운함을 표현할 때, 영어로는 The least you could do is... 패턴을 쓰면 됩니다. is 뒤에는 동사원형을 씁니다.

유사패턴 ...is the least you could do

Step 1 패턴 집중 훈련

최소한 전화라도 해 줄 수 있잖아. **The least you could do is phone me.**

최소한 걔 안부라도 물어봐 줄 수는 있잖아. **The least you could do is ask him how he is.**

최소한 감사 편지라도 보내 줄 수 있잖아. **The least you could do is send a thank-you note.**

최소한 사과 정도는 할 수 있잖아. **The least you could do is apologize.**

*thank-you note 감사를 표시하는 짧은 편지

Step 2 리얼 회화연습

갑작스럽게 찾아온 엄마가 반갑지 않은 Gabrielle. Gabrielle의 엄마 Lucia는 남자 친구와 헤어졌다며 위로 좀 해 달라고 하지만, 엄마의 속물근성을 너무나도 잘 아는 Gabrielle은 엄마의 말을 진지하게 듣지 않습니다.
<Desperate Housewives S2-15>

Gabrielle **What? He was worth, like, six million dollars.**

Lucia **Money is not everything, Gabriella.**

Gabrielle **For some people, but we're talking about you now, mother.**

Lucia **... I just went through a terrible breakup and** 너는 최소한 신경이라도 쓰는 척해야 하는 거 아니니.

가브리엘 뭐라고요? 그 남자는 재산이, 뭐, 6백만 달러는 된다면서요.

루시아 돈이 전부가 아니란다, 가브리엘라.

가브리엘 어떤 사람들에게는 그렇죠, 하지만 우린 지금 엄마 얘기하는 거잖아요. (다른 사람은 몰라도 엄마한텐 돈이 전부잖아요)

루시아 …… 난 이제 막 끔찍한 결별을 겪었는데, **the least you could do is pretend to care.**

Step 3 도전! 실전 회화

최소한 Adam한테 문자 정도는 보내 줘야지. ______________________ (text)

have p.p.

Q 다음 말을 영어로 만들어 볼까요?

난 사랑에 빠져 본 적 없어.

__________ **been in love.**

너 여기 와 본 적 있잖아.

__________ **been here before.**

나 요즘 (헬스장에서) 운동하고 있어.

__________ **out lately.**

너 못 들어 봤어?

__________ **heard?**

너 머리에 무슨 짓을 한 거야?

__________ **done to your hair?**

벌써 2시간이나 됐잖아!

__________ **2 hours already!**

너 하루 종일 잠만 잤단 말이야?

__________ **all day long?**

I've never
You've
I've been working
Haven't you
What have you
It's been
You've been sleeping

I've never p.p.

난 ~해 본 적 없어 

뭔가를 한 번도 해 본 적이 없다고 얘기할 때는 I've never p.p. 패턴을 씁니다.

Step 1 패턴 집중 훈련

난 사랑에 빠져 본 적 없어.	**I've never been** in love.
난 그런 거 해 본 적 전혀 없어.	**I've never done** anything like that before.
이런 감정 느껴 본 적 없어.	**I've never felt** this way before.
난 평생 데이트해 본 적 없어.	**I've never gone** on a date in my life.

Step 2 리얼 회화연습

휴대용 무전기로 구조 요청을 하려고 높은 곳으로 올라간 Kate 일행은 무전기에서 프랑스 여성의 목소리를 듣게 됩니다. 내용을 못 알아들은 Charlie는 이를 듣고 프랑스 인들이 구조하러 온 것으로 착각하고는 기뻐하죠. 알고 보니 이 여성은 16년 동안이나 이 낯선 섬에서 구조되기를 기다리고 있었지만요. <Lost S1-2>

Charlie **The rescue party. It has to be.**
It's *French! The French are coming!
프랑스 사람들이 말하는 소리 듣고 이렇게 기뻐 본 적이 없어!

Kate **I never took French.**
What does she say?

Sayid **D, Does anybody speak French?**

> 요건덤
> * French는 '불어'라는 뜻이고, 앞에 the를 붙여 the French라고 하면 '프랑스 인들'이라는 뜻이 됩니다.

찰리 분명 구조대일 거예요. 그래야 돼요.
불어네! 프랑스인들이 (구조하러) 오는구나!
I've never been so happy to hear the French! (찰리는 영국인임)

케이트 난 불어 과목 수강해 본 적 없어요. 이 여자가 뭐라고 하는 거예요?

사이드 누, 누구 불어 할 줄 아는 사람 있어요?

Step 3 도전! 실전 회화

나 Jane 만나 본 적 없어. ______________________________

pattern 122

You've p.p.

넌 ~해 봤잖아/왔잖아 

You've p.p. 패턴은 '너도 봤잖아', '너도 가 본 적 있잖아'처럼 상대방이 한 일에 대해 얘기할 때, 또는 '너 이거 오랫동안 원해 왔잖아'처럼 상대방이 쭉 해 온 일에 대해 얘기할 때 씁니다.

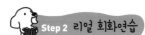

Step 1 패턴 집중 훈련

너 걔가 어디까지 갈 수 있는지 봤잖아. **You've seen how far he can go.**

너 거기 가 본 적 있잖아. / 너도 겪어 본 적 있잖아. **You've been there before.**

넌 항상 이걸 원했잖아. **You've always wanted this.**

넌 내 입장이 되어 본 적 없잖아. 넌 이게 어떤지 모른다고. **You haven't been in my shoes. You don't know what it's like.**

*have been there 경험이 있다

Step 2 리얼 회화연습

뉴욕 경찰청의 형사 Elliot과 Olivia는 살인사건을 조사하기 위해 용의자 Harrison의 집에 찾아갑니다. 하지만 자신이 정부로부터 사찰을 당하고 있다고 착각하고 있는 정신 질환자 Harrison은 이 둘을 경계하며 비협조적으로 나오는데……. <Law & Order SVU S10-22>

Harrison **Don't pretend like you haven't been here before.**

Olivia **We've never met.**

Harrison 당신들 감시 위성으로 다 보고 도청기로 다 들었잖아요.
I know all the NYPD's dirty tricks.

해리슨 우리 집에 와 본 적 없는 척하지 마십시오.

올리비아 우린 만난 적이 없는데요.

해리슨 **You've seen the satellite surveillance, listened to wiretaps.**
뉴욕 경찰청의 더러운 수작은 다 알고 있습니다.

*satellite surveillance 감시 위성 wiretap 도청기, 도청하다

Step 3 도전! 실전 회화

너 전에 이거 해 본 적 있잖아. ______________________

pattern 123

I've been -ing

난 ~해/하고 있어 

'나 한 달 동안 독하게 마음먹고 다이어트 중이야.'나 '요즘 헬스장에 다니고 있어.' 같은 말을 할 때 I've been -ing 패턴을 씁니다.

Step 1 패턴 집중 훈련

나 세 달 동안 다이어트하고 있어.	**I've been dieting for three months.**
나 요즘 (헬스장에서) 운동하고 있어.	**I've been working out lately.**
나 지난 한 달 동안 네가 무척 보고 싶었어.	**I've been dying to see you this past month.**
너 찾느라 여기저기 다 다녔어!	**I've been looking everywhere for you!**

Step 2 리얼 회화연습

Finn의 엄마와 Kurt의 아빠가 드디어 결혼하게 되었습니다. Kurt는 신나서 자신이 결혼식 계획을 모두 짜겠다며 좋아합니다. Kurt는 Finn에게 결혼식에서 엄마와 함께 춤을 추는 아이디어를 제안하는데, 춤에 영 자신이 없는 Finn이 극구 반대합니다. <*Glee* S2-8>

Finn **That's a terrible idea.**
Everybody knows I'm the worst dancer.

Kurt **Finn, trust me on this.**
난 2살 때부터 결혼식 계획 짜는 걸 계속 해 왔어.
My Power Rangers got married and divorced in so many combinations, they were like *Fleetwood Mac.

요건덤
* Fleetwood Mac는 1967년에 결성된 밴드인데, 데뷔 이래로 멤버 교체가 자주 있었기 때문에 Kurt가 자신의 로봇들을 이리저리 바꿔가면서 결혼, 이혼시킨 것을 이 밴드에 비유한 것입니다.

핀 그건 말도 안 되는 아이디어야.
내가 춤추는 데에 젬병이란 거 다들 알잖아.

커트 핀, 내 말을 믿어. **I've been planning weddings since I was two.**
내 파워레인저(로봇)들이 하도 다양한 방법으로 결혼하고 이혼해서, 걔들이 마치 플리트우드 맥 같을 정도라니까.

Step 3 도전! 실전 회화

난 3년 동안 영어를 가르치고 있어. ______________________

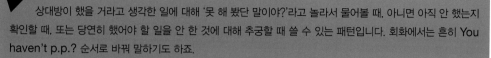

pattern 124 Haven't you p.p.?

너 ~해 본 적 없어? / ~ 안 했어?

상대방이 했을 거라고 생각한 일에 대해 '못 해 봤단 말이야?'라고 놀라서 물어볼 때, 아니면 아직 안 했는지 확인할 때, 또는 당연히 했어야 할 일을 안 한 것에 대해 추궁할 때 쓸 수 있는 패턴입니다. 회화에서는 흔히 You haven't p.p.? 순서로 바꿔 말하기도 하죠.

유사패턴 You haven't...? ‖ You've never...?

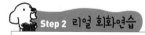

Step 1 패턴 집중 훈련

너 아직도 답을 생각해내지 못했어?	**Haven't you figured** out the answer yet?
너 걔한테 아직 전화 안 했단 말이야?	**Haven't you called** her yet?
걔한테 아직 아무 소식 없었어?	**Haven't you heard** from him yet?
너 걔한테 질리지도 않았어?	**Haven't you had** enough of her?

*have had enough (of ...) (~에) 진절머리가 나다, 질리다

Step 2 리얼 회화연습

예전 친구인 Georgina 때문에 궁지에 몰려 힘들어 하는 Serena를 위해 Blair가 문제 해결에 나섭니다. Georgina의 부모님까지 동원해 Georgina를 아주 뉴욕에서 쫓아내 버리는 것. 바로 여기서 Blair가 승리의 미소를 띠며 Georgina에게 한 말이 <Gossip Girl>의 유명한 대사 중 하나죠. <Gossip Girl S1-18>

Georgina What's this?

Georgina's mom A *boot camp for troubled girls.

Georgina's dad Blair was kind enough to do some research.

Blair 못 들어 봤어?
I'm the crazy *bitch around here.

* boot camp는 '신병훈련소'라는 뜻 외에도, 비행 청소년들을 모아서 극기훈련을 통해 잘못된 행동을 바로 잡아 주기 위한 훈련소를 뜻합니다.

* bitch는 '암캐'라는 뜻이지만, 회화에서는 'x 같은 년'이라는 뜻으로 많이 쓰여요. 친구 사이에서는 가벼운 욕으로 쓰이기도 해요.

조지나 이거 뭐예요?

조지나의 엄마 문제아들을 위한 부트 캠프란다. (조지나가 갈 부트 캠프임)

조지나의 아빠 블레어가 친절하게도 알아봐 줬거든.

블레어 [조지나에게 귓속말로] **Haven't you heard?** 이 구역의 미친년은 나야.

Step 3 도전! 실전 회화

너 숙제 아직도 안 했어? ______________________

pattern 125

What have you p.p.?

너 뭐 ~했어? 

What have you p.p.?는 '너 요즘 뭐 하면서 지냈어?'처럼 뭘 했는지 물어볼 때 쓰는 패턴입니다. 말할 때는 have p.p. 시제 대신 과거시제도 많이 쓰죠.

Step 1 패턴 집중 훈련

너 어떻게 지냈어?	**What have you been up to?**
너 머리에다 무슨 짓을 한 거야?	**What have you done to your hair?**
너 내가 빌려준 CD는 어쨌어?	**What have you done with the CD I lent you?**
졸업 후에 뭐 하기로 결정했어?	**What have you decided to do after graduation?**

*be up to ... ~하느라 바쁘다

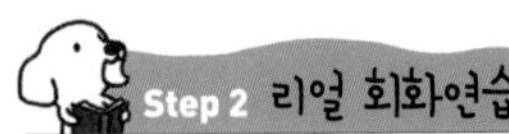

Step 2 리얼 회화연습

툭하면 사고 치고 동네 성당의 신부님을 찾아가는 Gabrielle. 이번에도 역시 예외는 아니군요. 멋쩍어 하는 표정을 지으며 나타난 Gabrielle을 보고 신부님이 이번엔 또 무슨 일이냐고 묻네요. <Desperate Housewives S1-19>

Reverend **Oh sweet mother of God,**
이번엔 무슨 일을 저지른 겁니까?
[사정 얘기를 듣고] **You're pregnant?**

Gabrielle **Yes. And it's impossible.**
I'm on *the pill,
which you probably think is a sin.
But it works. It's a *99.9% effective sin.

요건덤
* the pill은 birth control pill(피임약)을 줄여서 부르는 말이에요.
* 99.9% effective sin이라는 것은 피임약이 죄악이긴 하지만 효능이 99.9%가 된다는 뜻으로 말한 것입니다.

신부 오 맙소사,
what have you done this time?
임신했다고요?

가브리엘 네. 그건 불가능해요. 피임약을 먹고 있거든요.
신부님은 그게 죄악이라고 생각하시겠지만요.
하지만 피임약은 효과 있다고요. 99.9% 효과 있는 죄악이에요.

Step 3 도전! 실전 회화

너 요즘 뭐 읽었어? ______________________

pattern 126

It's been... (since ~)

(~한 지) …나 됐어 

It's been 뒤에 2 hours, 3 years 같은 기간을 나타내는 말이 오면 뭔가를 한 지 얼마나 됐는지 시간의 경과를 나타냅니다.

유사패턴 ...have passed (since ~)

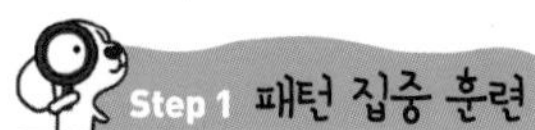

Step 1 패턴 집중 훈련

벌써 3시간이나 됐잖아! 데이비드 도대체 어디 있는 거야?	**It's been** 3 hours already! Where the hell is David?
그들이 헤어진 지 꽤 시간이 지났어.	**It's been** some time **since** they broke up.
우리가 대학 졸업한 지 3년이나 됐구나.	**It's been** 3 years **since** we were in college.
우리 다 뭉친 지 꽤 됐네.	**It's been** a while **since** all of us got together.

*college 대학(미국에서는 흔히 university와 같은 뜻으로 쓰임)

Step 2 리얼 회화연습

환자에 대한 정보가 필요하다는 이유로 몰래 환자의 집 문을 따고 들어간 Dr. House는 그녀의 일기를 읽고 그녀가 남자 친구 몰래 항우울제를 복용하고 있었을 것이란 추측을 하게 됩니다. 그 말을 들은 Dr. Wilson의 반응을 볼까요? <House S4-1>

Dr. Wilson So all you have to do is convince this kid that his girlfriend had a secret doctor, and a secret stash, and a secret life.
환자가 선생님한테 한 방 먹인 지 꽤 오래됐군요. Can I watch?

Dr. House I only have to convince the mother.

요건덤
* take a swing at…은 '~에게 주먹을 휘두르다', '~를 한방 먹이다'라는 뜻이에요.

윌슨 그래서 선생님은 이 남자아이에게 걔 여자 친구가 몰래 찾아간 의사, 숨겨둔 약(항우울제), 비밀스러운 삶이 있다는 사실을 믿게 만들기만 하면 된다는 거군요.
It's been a while since a patient *took a swing at you.
봐도 되겠습니까? (하우스가 그런 말을 하면 화가 난 환자 남자 친구에게 한 방 먹을 테니 그 모습을 보고 싶다는 얘기.)

하우스 (환자의) 엄마만 설득하면 돼.

*stash 숨겨둔 돈이나 약

Step 3 도전! 실전 회화

나 프랑스 어를 배우기 시작한 지 2년 됐어. ______________________

pattern 127

You've been -ing?

너 계속 ~했단 말이야? 

상대방이 어떤 일을 계속 쭈욱 하는 중인데, 그것이 해서는 안 되는 일이거나 믿겨지지 않을 때 '너 계속 그걸 하고 있단 말이야?'라고 물어보는 패턴입니다. Have you been -ing?로 물어봐도 되지만, You've been -ing?로 물어보면 추궁하는 뉘앙스가 더 강해집니다.

Step 1 패턴 집중 훈련

너 하루 종일 잠만 잤단 말이야?	**You've been sleeping all day long?**
너 걔를 2시간씩이나 기다리고 있단 말이야?	**You've been waiting for him for 2 hours?**
너 또 술 마시고 있던 거야?	**You've been drinking again?**
너 베티와 계속 연락 주고받았단 말이야?	**You've been keeping in touch with Betty?**

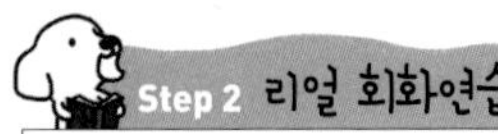

Step 2 리얼 회화연습

Neal의 전 여자 친구인 Sara는 Sterling Bosch라는 보험회사에서 근무합니다. 그런데 그녀는 실종된 바이올린 케이스에 관해서 자신의 상사인 뉴욕지사 부사장 Mackenzie를 의심하는데요. 회사 몰래 자신의 상사를 조사하는 상황이다 보니 Sara가 직접 부사장을 미행합니다. <White Collar S3-14>

Sara **Well, he's been working from home the last day and has not left once, except...to teach his daily tai chi class.**

Neal 상사를 미행했단 말이야?

Sara **Well, I can't use Sterling Bosch resources to investigate my own boss.**

새라 그(Sara의 상사인 Mackenzie)는 지난 하루 동안 집에서 일하고 한 번도 밖에 나온 적이 없어. 매일 하는 태극권 클래스를 가르치러 나올 때만 빼고 말이지.

닐 **You've been following him?**

새라 내 상사를 조사하는 데에 스털링 보쉬 사의 인력을 쓸 수는 없잖아.

*(human) resources 인력, 인적자원

Step 3 도전! 실전 회화

너 하루 종일 컴퓨터 게임 했단 말이야? ______________________

미드에 정말 많이 나오는

의문사 패턴

what

Q 다음 말을 영어로 만들어 볼까요?

뭐가 그렇게 재밌어(웃겨)?

__________ **funny?**

너 머리가 왜 그 모양이야?

__________ **your hair?**

그녀하고 같이 일해 보니까 어때?

__________ **to work with her?**

왜 네가 실패했다고 생각하는 거야?

__________ **you failed?**

이 드레스에다가 무슨 짓을 한 거야?

__________ **this dress?**

중요한 건 네가 정말로 원하는 게 무엇인가야.

__________ **what you really want.**

그가 떠났다니, 그게 무슨 말이야?

__________ **he left?**

넌 무슨 친구가 그래?

__________ **friend** __________ **?**

A 정답

What's so
What's with
What's it like
What makes you think
What did you do to
What matters is
What do you mean
What kind of / are you

pattern 128 What's so...?

뭐가 그렇게 ~해? 

친구가 농담을 해서 다들 배꼽을 잡고 웃고 있는데 나만 이해가 안 될 때 '뭐가 그렇게 웃겨?'라는 말을 하고 싶어지죠. 이때 쓸 수 있는 패턴이 What's so...?입니다. so 뒤에는 형용사를 쓰면 됩니다.

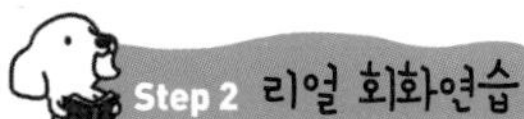

Step 1 패턴 집중 훈련

뭐가 그렇게 재밌어(웃겨)? **What's so funny?**

그게 뭐가 그렇게 특별해? **What's so special about it?**

에드워드랑 일하는 게 뭐가 그렇게 나빠? **What's so bad about working with Edward?**

이거 뭣 때문에 그렇게 쉬쉬하는 거야? **What's so hush-hush about this?**

*hush-hush 쉬쉬하는, 극비의

Step 2 리얼 회화연습

폭죽을 손에 넣은 장난꾸러기 Luke는 신나서 삼촌 Mitchell에게 폭죽으로 뭘 터뜨리는 게 재밌을지 모르겠다고 합니다. 그런 위험한 짓이 뭐가 그렇게 재밌냐고 묻는 삼촌에게 Luke가 아이답게 천진난만한 답변을 하네요.
<Modern Family S3-1>

Luke **I've got this new firecracker, and I can't decide what to blow up.**

Mitchell **Oh, Luke, that's dangerous.**

Luke **I know. That's what's fun about it.**

Mitchell **I don't get boys.**
이것저것 폭발시키는 게 뭐가 그렇게 좋니?

Luke **It *turns stuff into flying chunks of stuff.**

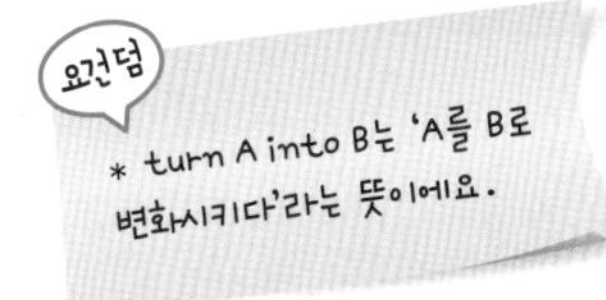

요건덤
* turn A into B는 'A를 B로 변화시키다'라는 뜻이에요.

루크 저한테 폭죽이 새로 생겼는데요. 뭘 터뜨려야 할지 결정을 못하겠어요.
미첼 오, 루크야. 그건 위험해.
루크 알아요. 그러니까 재밌는 거죠.
미첼 남자애들은 이해가 안 된다니까. **What is so great about destroying things?**
루크 그냥 물건을 날아다니는 조각들로 만들어 주잖아요.

*blow up 폭발하다, 폭발시키다 chunk 덩어리, 조각

Step 3 도전! 실전 회화

그게 뭐가 그렇게 다른 건데? ____________________

pattern 129

What's with...?

~가 왜 그러지? / 웬 ~이야?

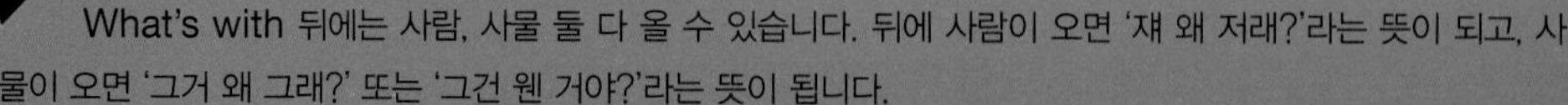

What's with 뒤에는 사람, 사물 둘 다 올 수 있습니다. 뒤에 사람이 오면 '쟤 왜 저래?'라는 뜻이 되고, 사물이 오면 '그거 왜 그래?' 또는 '그건 웬 거야?'라는 뜻이 됩니다.

유사패턴 What's wrong with...? ‖ What's the matter with...? ‖ What's up with...? ‖ What's going on with...? ‖ What happened to...?

Step 1 패턴 집중 훈련

너 좀 봐! 표정이 왜 그래?	Look at you! **What's with** the face?
너 머리가 왜 그 모양이야?	**What's with** your hair?
너 왜 그래? 너답지 않아.	**What's with** you? You're not yourself.
잭 왜 저래? 오늘 하루 종일 한 마디도 안 했잖아.	**What's with** Jack? He hasn't said a word all day.

Step 2 리얼 회화연습

Meredith의 배다른 여동생인 Lexie가 Meredith가 근무하는 병원에 인턴으로 들어왔습니다. 동생이 병원에서 웬 꽃을 들고 있는 것을 보고 언니로서, 또 상급자인 레지던트로서 한마디하는군요. <*Grey's Anatomy* S4-12>

Meredith 웬 꽃이야?

Lexie **Are you asking as a resident or a sister?**

Meredith **Sister.**

Lexie **I'm stealing stuff.**

Meredith **Resident again now. ... Stop stealing *crap from the hospital.**

메러디스 What's with the flowers?

렉시 지금 레지던트로서 물어보는 거야 아니면 언니로서 물어보는 거야?

메러디스 언니로서.

렉시 그냥 (병원에서) 물건 좀 훔치는 거야.

메러디스 이젠 레지던트로서 말하는 거야. …… 병원에서 물건 좀 훔치지 마.

요건덤

* crap은 '헛소리', '쓰레기'라는 뜻으로 많이 쓰이는데, 여기처럼 가볍게 stuff(물건)라는 뜻으로도 쓰여요.

Step 3 도전! 실전 회화

오늘 Jennifer 왜 저래? ______________________

pattern 130

What's it like...?

~은 어떤 기분이야? / ~하니까 어때? 

뭔가를 하는 게 어떤 기분인지 물어볼 때 쓰는 패턴입니다. What's it like 뒤에 '동사+ing'나 'to+동사원형'이 오면 뭔가를 하는 게 어떤 기분인지 물어보는 말이 됩니다. 아니면 뒤에 장소를 나타내는 부사(구)를 써서 '거기 어때?'라고 물어볼 수도 있고요.

유사패턴 What does it feel like...? ‖ How is it (like)...?

Step 1 패턴 집중 훈련

결혼하니까 어때? **What's it like to be married?**

찰리하고 같이 일해 보니까 어때? **What's it like to work with Charlie?**

거기는 어때? **What's it like over there?**

잘나가는 주식 중개인이 된 기분이 어때? **What's it like being a hotshot stockbroker?**

*hotshot (특정 직종이나 스포츠 등에서) 아주 잘나가는 (사람)

Step 2 리얼 회화연습

속사포처럼 쏟아내는 Sherlock의 천재적인 추리력을 보통 사람이 따라가는 건 불가능하죠. Sherlock이 답이 너무 뻔하지 않냐고 하자 John은 모르겠다고 합니다. 그 말을 들은 Sherlock은 도대체 어떻게 그런 두뇌로 사는 게 가능하냐고 면박을 주는군요. <Sherlock S1-1>

Sherlock **It's obvious, isn't it?**

John **It's not obvious to me.**

Sherlock **Dear God.** 너희들 같은 우스운 조그만 뇌 속에서 사는 건 어떤 기분이야?
("그렇게 안 돌아가는 머리로 어떻게 사는 거지?"라는 의미죠.)
It must be so boring.

셜록 뻔하잖아, 안 그래?
존 나한텐 안 그런데.
셜록 맙소사.
What is it like in your funny little brains?
엄청 재미없겠구만.

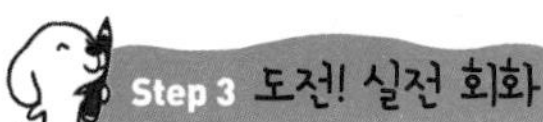

Step 3 도전! 실전 회화

사랑에 빠지니까 기분이 어때? ______________________ (be in love)

pattern 131

What makes you think (that)...?

뭐 때문에 ~이라고 생각하는 거야?

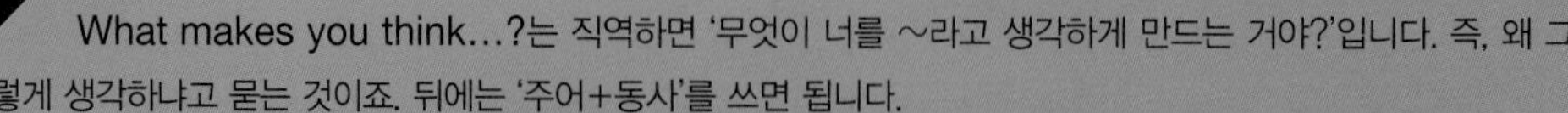

What makes you think...?는 직역하면 '무엇이 너를 ~라고 생각하게 만드는 거야?'입니다. 즉, 왜 그렇게 생각하냐고 묻는 것이죠. 뒤에는 '주어+동사'를 쓰면 됩니다.

유사패턴 Why do you think...?

Step 1 패턴 집중 훈련

왜 우리가 헤어질 거라고 생각해?	**What makes you think we're gonna break up?**
왜 뭔가 잘못됐다고 생각하는 거야?	**What makes you think there's something wrong?**
왜 네가 실패했다고 생각하는 거야?	**What makes you think you failed?**
왜 살인이라고 생각하는 거야?	**What makes you think there is foul play?**

*foul play (스포츠) 부정행위, (사건) 살인

Step 2 리얼 회화연습

유머러스한 바람둥이인 NCIS의 특수요원 Tony는 NCIS 팀과 합동 수사를 하게 된 형사 Andrea에게 추파를 던지며 꾀려고 합니다. 어느 날 Andrea 형사에게 전화를 걸었지만, 수사에 전념하던 Andrea는 다시 전화를 걸어 주지 않죠. 이에 대한 이 둘의 대화를 살펴볼까요? <NCIS S5-12>

Andrea **I don't return *social calls.**

Tony 왜 그게 사적인 전화였다고 생각하는 겁니까?

Andrea **The way you stared at my ass the other day.**

Tony **How do you know my interest in your ass wasn't purely professional?**

요건덤

* social call은 업무와 관련 없는 사교를 목적으로 하는 전화, 즉 '사적인 전화'라는 뜻입니다.

앤드리아 난 사적인 전화에는 회신하지 않거든요.

토니 **What makes you think it was a social call?**

앤드리아 며칠 전 당신이 내 엉덩이를 쳐다보던 시선 때문에요.

토니 내가 당신의 엉덩이에 보인 관심이 순수하게 직업적인 것이 아니라고 어떻게 알 수 있습니까?
(당신의 엉덩이를 쳐다봤던 게 업무와 관련 없었다고 어떻게 단정 지을 수 있습니까?)

Step 3 도전! 실전 회화

왜 네가 나보다 낫다고 생각하는 거야? ____________________

pattern 132 What did you do with/to...?

~ 갖고 뭘 한 거야? / ~한테 무슨 짓을 한 거야? 

상대방이 갖고 있던 물건이나 어떤 사람에게 뭘 한 건지 물어볼 때 쓰는 패턴입니다. 보통 with를 쓰면 '그 물건을 갖고 뭘 한 거야?', '그거 어쨌어?'라는 뜻이 되고, to를 쓰면 '그 사람한테[물건에다] 무슨 짓을 한 거야?'라는 뜻이 됩니다.

유사패턴 What happened to...?

Step 1 패턴 집중 훈련

너 그 돈 갖고 뭘 한 거야? (그 돈 어쨌어?)	**What did you do with the money?**
너 동생한테 무슨 짓을 한 거야?	**What did you do to your brother?**
너 전에 몰던 차는 어쨌어?	**What did you do with your old car?**
이 재킷에다가 무슨 짓을 한 거야?	**What did you do to this jacket?**

Step 2 리얼 회화연습

Gabrielle이 주관하는 자선 패션쇼 무대에 서게 된 Edie는 자신이 입기로 한 옷을 한층 야하게 바꿉니다. 그러고는 아주 당당하게 말하네요. 청중들이 자신의 완벽한 몸매를 즐길 수 있도록 서비스하는 차원에서 한 거라고요. 게다가 속옷마저도 안 입고 말이죠. <**Desperate Housewives** S1-9>

Gabrielle **Edie,** 너 그 드레스에 무슨 짓을 한 거야?

Edie **Well, I made it *audience-friendly.**
Can you tell I'm not wearing any underwear?

Gabrielle **Yes!**

Edie **Good.**

가브리엘 이디, **what did you do to that dress?**

이디 뭐, '청중 친화적'으로 만들어 봤어.
내가 속옷 안 입고 있는 거 티 나?

가브리엘 응!

이디 좋아.

요건덤
* audience-friendly는 '청중들을 즐겁게 해 주는'의 뜻으로 쓰였습니다. 비슷한 형태의 표현으로 user-friendly(사용자들이 사용하기 편한), environment-friendly(환경 친화적인)가 있습니다.

Step 3 도전! 실전 회화

너 청바지에 무슨 짓을 한 거야? ______________________

pattern 133

What matters is...

중요한 건 ~이야 

matter는 회화에서 '중요하다'라는 뜻의 동사로 정말 많이 쓰입니다. It doesn't matter(상관없어, 중요하지 않아).처럼요. 그래서 What matters is...라고 하면 '중요한 건 ~야'라는 뜻이 됩니다.

유사패턴 What's important is... ‖ What counts is... ‖ All that matters is...

Step 1 패턴 집중 훈련

중요한 건 우리가 함께라는 거야.	**What matters is** we're together.
중요한 건 네가 지금 여기에 있다는 거야. (늦었지만 지금이라도 왔으니 됐어.)	**What matters is** you're here now.
중요한 건 네가 정말로 원하는 게 무엇인가야.	**What matters is** what you really want.
나한테 중요한 건 끌림이야.	**What matters** to me **is** chemistry.

*chemistry 화학; 이성 간의 화학반응, 끌림, 궁합

Step 2 리얼 회화연습

피살된 Hammond 부인이 죽기 전에 잘나가는 야구선수 Scott과 바람을 피우고 있었다는 사실이 밝혀집니다. 사랑하는 연인의 죽음에 우울해하며 실적을 못 올리고 있는 Scott에게 경찰 컨설턴트인 Monk는 그녀가 사랑했던 그의 모습 그대로 살아가라는 충고를 해 줍니다. 사건이 모두 해결된 뒤 Scott은 기자회견에서 Monk에게 감사 표현을 하는군요. <Monk S2-3>

Scott **He reminded me that there are things in life much more important than baseball.**
가장 중요한 건 사랑하는 사람들이라는 것을요.
***Being true to** them, or their memories.**

스콧 그분(몽크)은 제게 삶에는 야구보다 훨씬 더 중요한 것들이 있다는 것을 상기시켜 주었습니다.
What matters most is the people you love.
그들에게 충실한 것, 또는 그들과의 추억에 충실한 것 말입니다.
(사랑하는 이는 세상을 떠났지만 추억을 마음에 간직하고 그 사람을 위해 계속 진실하게 사는 것을 의미함)

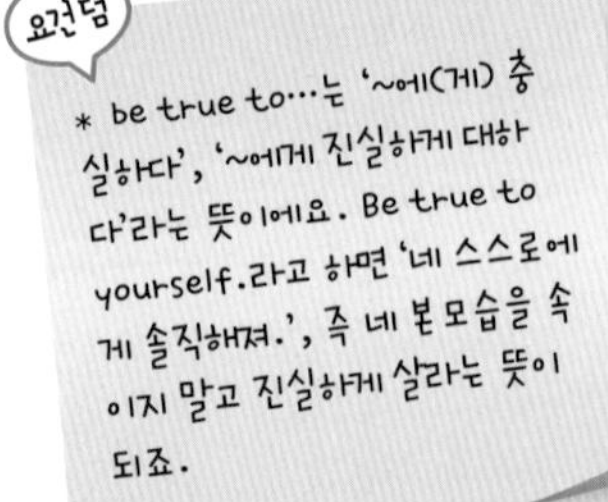

요건덤
* be true to...는 '~에(게) 충실하다', '~에게 진실하게 대하다'라는 뜻이에요. Be true to yourself.라고 하면 '네 스스로에게 솔직해져.', 즉 네 본 모습을 속이지 말고 진실하게 살라는 뜻이 되죠.

Step 3 도전! 실전 회화

중요한 건 우리가 가족이라는 거야. ______________________

pattern 134

What do you mean...?

~이라니 그게 무슨 말이야? 

What do you mean...?은 상대방이 한 말이 납득이 되지 않거나 이해가 안 될 때 '그게 무슨 말이야?' 라고 물어보는 말입니다. What do you mean 뒤에는 흔히 상대방이 한 말 전체나 일부를 씁니다.

유사패턴 What are you talking about...?

Step 1 패턴 집중 훈련

그가 떠났다니 그게 무슨 말이야?	**What do you mean he left?**
네 말이 맞고 난 틀렸다니 그게 무슨 말이야?	**What do you mean you're right and I'm wrong?**
새 남자 친구라니 그게 무슨 말이야?	**What do you mean a new boyfriend?**
"나 그만 좀 못살게 굴어"라니 그게 무슨 말이야?	**What do you mean "Get off my back"?**

*get off one's back ~를 못살게 굴거나 귀찮게 하는 것을 그만두다

Step 2 리얼 회화연습

Leonard와 Raj는 Raj의 여동생이자 Leonard의 여자 친구인 Priya가 Raj네 집을 나가게 될 때까지 당분간 서로 집을 바꿔 지내기로 합니다. 그래서 Sheldon은 Leonard 대신 Raj와 같이 살게 되었는데요, Penny가 Sheldon에게 Leonard는 어떻게 됐는지 물어보는군요. <The Big Bang Theory S4-24>

Penny 새로운 룸메이트라니, 그게 무슨 말이야? **What happened to Leonard?**

Sheldon **The same thing that happened to *Homo Erectus. He was replaced by a superior species.**

Raj **I'm the new homo in town. That came out wrong.**

페니 **What do you mean a new roommate?** 레너드는 어쩌고?

셸든 호모 에렉투스한테 일어난 것과 똑같은 일이 일어났어. 더 우수한 종에 의해 대체된 것이지.

라지 내가 이 동네에 새로 온 호모야. 말이 잘못 나왔어.
(자신이 호모 에렉투스보다 우수한 호모 사피엔스라는 뜻으로 말한 건데, 말하고 보니 자신을 동성애자라고 말한 게 됐다는 걸 깨달은 것임)

요건덤
* Homo Erectus(직립 원인)는 호모 사피엔스보다 이전에 존재했던 종입니다. 여기서 Sheldon은 Leonard를 호모 에렉투스에 비유해서, Leonard보다 더 뛰어난 Raj가 그를 대신하게 되었다고 한 것입니다.

*come out wrong 의도와는 달리 말이 헛나오다

Step 3 도전! 실전 회화

내가 거짓말했다니, 그게 무슨 말이야? ______________________________

pattern 135

What kind of... are you?

넌 무슨 ~이 그래?

What kind of... are you?는 직역하면 '넌 어떤 종류의 ~야?'라는 뜻인데, 회화에서는 의역되어 뜻이 좀 바뀝니다. 예를 들어 What kind of person are you?라고 하면 '넌 사람이 뭐 그래?'라는 뜻이 되는 거죠. 즉, 비꼬거나 비난할 때 많이 쓰는 말입니다.

유사패턴 What sort of... are you?

Step 1 패턴 집중 훈련

넌 무슨 친구가 그래?	**What kind of friend are you?**
넌 아들이 돼서 뭐 그러냐?	**What kind of son are you?**
당신은 이웃이 뭐 그럽니까?	**What kind of neighbor are you?**
당신들은 경찰이 뭐 그렇습니까?	**What kind of cops are you?**

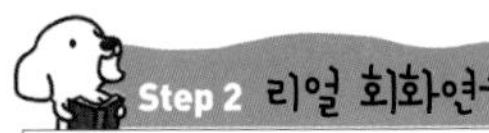

Step 2 리얼 회화연습

부보안관 McKeen은 알아서는 안 될 중요한 비밀을 자꾸 캐내려는 Warrick 요원을 살해하고 맙니다. 거짓 증언을 한 McKeen은 CSI 팀이 Warrick의 살해 사건을 조사하는 동안 도주하는데요, 결국 도주 중 부상당한 채로 CSI 팀의 요원인 Nick에게 발견됩니다. <CSI LV S8-17>

McKeen **Wanna know why I did it?**
Warrick *had a big mouth, and I had to shut it....

Nick **Shut up.**

McKeen **He was your friend.** 넌 무슨 친구가 그래?
Shoot me, you son of a bitch!

요건덤
* have a big mouth라고 하면 '수다쟁이' 또는 '비밀을 담아 두지 못하는 사람'을 나타냅니다.

매킨 내가 왜 그랬는지 알려 줄까?
워릭은 수다쟁이라서 내가 그 입을 닫을 필요가 있었지.

닉 닥쳐.

매킨 워릭은 자네 친구였잖은가. **What kind of friend are you?**
(친구를 죽인 본인에게 빨리 복수하지 않고 뭐하고 있냐고 도발하는 것임)
날 쏴, 이 개새끼야!

Step 3 도전! 실전 회화

무슨 선생님이 그래요? ____________________

how

Q 다음 말을 영어로 만들어 볼까요?

개가 어떻게 나한테 이럴 수가 있어?

__________ **he do this to me?**

너 그건 어떻게 하려는 거야?

__________ **do that?**

나중에 얘기하는 게 어때?

__________ **we talk later?**

너 어떻게 여기 들어왔어?

__________ **get in here?**

여기에 얼마나 오래 있었어?

__________ **been here?**

내가 도대체 몇 번 말해야 되겠어?

__________ **tell you?**

어째서 며칠 동안이나 집에 안 들어온 거야?

__________ **you weren't home for days?**

네가 감히 날 바보라고 하다니!

__________ **call me an idiot!**

How could
How're you gonna
How about
How did you
How long have you
How many times do I have to
How is it (that)
How dare you

pattern 136

How could...?

어떻게 ~할 수가 있어? 

누군가가 한 행동이 도무지 이해가 안 될 때, 또는 그에 대해 배신감이나 서운함을 느낄 때 '어떻게 그럴 수가 있어?'라는 의미로 씁니다. How could 뒤에는 '주어+동사원형'을 쓰면 되죠.

유사패턴 How can...? ‖ How dare...! 감히 어떻게 ~할 수가 있어?

Step 1 패턴 집중 훈련

어떻게 뒤에서 몰래 내 험담을 할 수가 있어? **How could** you talk behind my back**?**

어떻게 그렇게 중요한 걸 간과할 수가 있어? **How could** you overlook something so important**?**

어떻게 나한테 그 말 하는 걸 잊어버릴 수 있어? **How could** you forget to tell me that**?**

걔가 어떻게 나한테 이럴 수가 있어? **How could** he do this to me**?**

Step 2 리얼 회화연습

Rachel은 glee 클럽 과제를 위해 동영상을 촬영합니다. 문제는 동영상에 나오는 Rachel의 남자 친구 역할을 3명의 남자들에게 부탁했다는 사실! 그것도 남자들끼리는 서로 전혀 모르게 말이죠. glee 클럽 모임에서 이 동영상을 본 Finn, Puck, Jesse는 모두 Rachel에게 배신감을 느끼며 화를 냅니다. <*Glee* S1-17>

Rachel It was an artistic *statement.

Finn No, it wasn't!
It was you trying to look like you had a bunch of guys *fighting over you! ...
네가 어떻게 나한테 이럴 수가 있어?
To all us guys?

요건덤

* 여기서 statement는 자신의 의견이나 주장에 대한 표출을 뜻해요. 예술을 통해서 하면 artistic statement, 패션을 통해서 하면 fashion statement이죠.

* fight over...는 '~를 놓고 둘 이상이 싸우다'라는 뜻입니다.

레이철 그건 예술적인 표출이었어.

핀 아니었거든(웃기시네)! 그건 여러 남자들이 널 두고 싸우고 있는 것처럼 보이게 하려는 거였잖아! ......
How could you do this to me? 우리 남자들 모두한테 말이야!

*a bunch of 한 다발/묶음의, 많은

Step 3 도전! 실전 회화

어떻게 말을 그렇게 할 수가 있어? ______________________

pattern 137

How're you gonna...?

너 어떻게 ~할 건데? 

무리한 일을 하고 있는 상대방에게 '너 그건 어떻게 해결할 건데?' 같은 질문을 할 때 씁니다. How're you gonna 뒤에는 동사원형이 오죠.

유사패턴 How do you plan to...? ‖ How will you...?

Step 1 패턴 집중 훈련

너 그건 어떻게 할 건데? **How're you gonna do that?**

너 그 비용을 어떻게 마련할 건데? **How're you gonna find the money?**

너 빚은 어떻게 갚을 건데? **How're you gonna pay off your debt?**

너 어떻게 그와 헤어지려는 거야? **How're you gonna break it off with him?**

Step 2 리얼 회화연습

Penny는 그냥 남자 친구 Leonard가 하는 일에 대해 조금만 알려 달라고 한 것뿐인데, Sheldon은 거창하게 물리학의 역사부터 시작해서 전문적인 내용을 가르치려고 합니다. 게다가 시험까지 본다는군요.
<The Big Bang Theory S3-10>

Sheldon **Where's your notebook?**

Penny **Um, I don't have one.**

Sheldon 공책 없이 필기는 어떻게 하려고 그래?

Penny **I have to take notes?**

Sheldon **How else are you gonna study for the tests?**

셸든 너 공책 어디 있어?

페니 어, 없는데.

셸든 How are you going to *take notes without a notebook?

페니 필기해야 돼?

셸든 안 그러면 시험공부는 어떻게 하려고 그래?

요건덤
* take notes는 수업 시간에, 또는 공부하면서 중요한 포인트들을 '필기한다'는 뜻이에요.

Step 3 도전! 실전 회화

Robert를 어떻게 설득할 건데? ______________________ (convince)

pattern 138 How about+주어+동사?

~하는 게 어때? / ~하면 어때? 

How about 뒤에 '주어+동사'를 쓰면 '~하는 게 어때?'라고 제안하는 의미가 됩니다.

유사패턴 Why don't+주어+동사?

Step 1 패턴 집중 훈련

네 일이나 신경 쓰는 게 어때?	**How about** you mind your own business?
우리 이따가 술 한잔 하는 게 어때?	**How about** we meet for drinks later?
우리 내일까지 잘 생각해 보는 게 어떨까?	**How about** we sleep on it?
내 사무실 잠깐 들르는 게 어때?	**How about** you come by my office?

*sleep on ~에 대해 하룻밤 자면서 생각해 보다(다음 날까지 결정을 미룬다는 의미) come by... ~에 잠깐 들르다

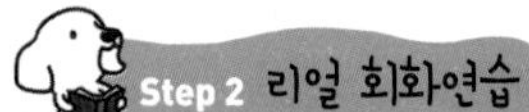

Step 2 리얼 회화연습

Howard와 Raj, 이 둘의 관계는 남녀 커플을 연상케 합니다. 그래서 종종 둘이 게이라는 농담도 나오곤 하죠. 이 대화는 삐친 여자 친구 같은 태도를 보이는 Raj를 힘겹게 달래려는 남자 친구 역할에 충실한 Howard의 모습입니다.
<The Big Bang Theory S3-6>

Howard 우리 어디 가서 하루 같이 보내는 거 어때?
Just the two of us.
We'll go anywhere you want.

Raj I don't know.

Howard *Come on.
Let me take you some place nice.

요건덤
* Come on은 여기에서 '에이, 그러지 말고~'라는 뜻으로 상대방을 설득하는 의미로 쓰였습니다.

하워드 **How about we go spend the day together?**
우리 둘만 말이야. 네가 원하는 곳 아무 데나 가자.

라지 글쎄…….

하워드 에이, 그러지 말고. 내가 좋은 데 데려가 줄게.

Step 3 도전! 실전 회화

우리 이것부터 시작하는 거 어때? ______________________

pattern 139 How did you...?

너 어떻게 ~했어? 

상대방에게 '너 그거 어떻게 한 거야?'라고 방법이 궁금해서 물어볼 때 쓰는 패턴입니다. 의외의 일에 놀랐을 때에도 쓸 수 있고요. '너 그거 어떻게 알았어?'처럼요.

Step 1 패턴 집중 훈련

너 어떻게 여기 들어왔어?	**How did you** get in here?
너 그거 어떻게 알았어?	**How did you** know that?
너 네 여드름 어떻게 치료했어?	**How did you** cure your acne?
너 이 모든 걸 어떻게 해낸 거야?	**How did you** manage all this?

*acne 여드름 manage (힘든 일을) 간신히 해내다

Step 2 리얼 회화연습

쓰레기 매립지(landfill)에서 한 여성의 사체를 발견한 CSI 팀. 이 피해자의 사체와 함께 묻힌 쓰레기를 통해 한 주택가로 수색 범위가 좁혀집니다. Catherine, Sara, 그리고 Nick은 그 지역에 있는 주민들의 쓰레기통을 모두 뒤지기 시작합니다. <CSI LV S3-12>

Sara [The trash] Cans are on private property, it's not trash day.
(주민들의) 동의는 어떻게 얻었어요?

Catherine I talked to the president of the owners association.

Nick What'd you threaten her with?

Catherine A return visit.

새라 쓰레기통들은 사유지(주택들)에 있는데, 오늘은 쓰레기 수거일도 아니잖아요.
How did you get consent?

캐서린 주민 협회 회장에게 얘기했어.

닉 뭐로 협박했는데요?

캐서린 (허락 안 해 주면) 다시 오겠다고 했지.

*consent 동의, 허락

Step 3 도전! 실전 회화

내가 여기 있는 거 어떻게 알았어? ______________________

pattern 140

How long have you p.p.?

~한 지 얼마나 됐어? 

상대방에게 뭔가를 한 지 얼마나 됐는지 물어볼 때 쓰는 패턴입니다.

유사패턴 How long has it been since you + 과거동사?

Step 1 패턴 집중 훈련

여기에 얼마나 오래 있었어? **How long have you been here?**

너희들 사귄 지 얼마나 됐어? **How long have you guys been seeing each other?**

이 부서에서 근무한 지 얼마나 됐어? **How long have you worked in this department?**

트위터 시작한 지 얼마나 됐어? **How long have you been on Twitter?**

Step 2 리얼 회화연습

Chandler와 Monica가 몰래 사귀고 있다는 것을 알고 있던 Joey와 이제 막 눈치챈 Rachel. 절대로 아무한테도 말하지 않기로 약속했던 Joey는 Rachel이 알게 되자……. <Friends S5-11>

Joey **You know!**

Rachel **And you know!**

Joey **Yeah, I know!**

Rachel **Chandler and Monica?! Oh, this is unbelievable!**
넌 안 지 얼마나 됐어?

Joey **Too long!**

조이 너 아는구나!
레이첼 너도 아는 거야!
조이 그래, 나 알아!
레이첼 챈들러랑 모니카가?! 아, 이건 믿을 수 없어!
How long have you known?
조이 너무 오래!

Step 3 도전! 실전 회화

결혼한 지 얼마나 됐어? ______________________________

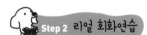

pattern 141

How many times do I have to...?

내가 (도대체) 몇 번 ~해야 되겠어? 

뭔가를 몇 번이나 해야 하는지 상대방에게 물어볼 때 쓰는 패턴입니다. 단순히 몇 번인지 물어볼 때도 쓰지만, 흔히 답답해서 '내가 도대체 몇 번이나 말해야 되겠어?' 같은 말을 할 때 쓰지요.

Step 1 패턴 집중 훈련

내가 도대체 몇 번 말해야 되겠어?	**How many times do I have to tell you?**
내가 도대체 몇 번 같은 말을 반복해야 되겠어?	**How many times do I have to repeat myself?**
내가 도대체 몇 번 부탁[질문]해야 되겠어?	**How many times do I have to ask you?**
내가 몇 번 여기에 와야 되겠어?	**How many times do I have to come here?**

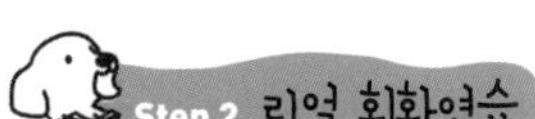

Step 2 리얼 회화연습

사회적 규범(social norm)에 익숙하지 않은 법 인류학자 Dr. Brennan이 또 한 번 말실수를 합니다. 동료이자 친구인 Angela가 이것을 보고 한마디하는군요. <Bones S4-18>

Brennan **Welton *cheated on you?**

Cam **That's why I left.**

Brennan **Does that bother you?**

Angela ***Sweetie,** 대부분의 사람들은 상대방이 바람피우는 걸 좋아하지 않는다고 내가 너한테 몇 번이나 얘기해 줘야겠니?

브레넌 웰튼이 바람을 피웠다고요?

캠 그래서 제가 (그를) 떠난 거예요.

브레넌 그게(그가 바람피웠단 사실이) 거슬리시는 건가요?

앤젤라 얘, **how many times do I have to tell you that most people don't like to be cheated on?**

요건덤

* cheat on은 '커닝하다'라는 뜻과 '바람피우다'라는 뜻으로 매우 자주 쓰는 표현입니다.

* sweetie는 연인 사이에 '자기야' 같은 뜻으로 많이 쓰이죠. 그 외에도 흔히 여자들이 친구나 아이에게도 많이 씁니다. honey, sweetheart, darling도 같은 뜻이죠.

Step 3 도전! 실전 회화

내가 거기에 도대체 몇 번 가야 되는 거야? ______________________

pattern 142

How is it (that)...?

어째서 ~하는 거야? 

How is it...? 패턴은 회화에서 많이 쓰입니다. 그냥 단순히 어째서 그렇냐고 물어보는 뜻도 되고, 납득이 안 되는 일에 대해 약간 신경질적으로 '어째서 그렇다는 건데?'라는 의미도 됩니다. How is it 뒤에는 '주어+동사'가 쓰이는데, 그 사이의 that은 생략해도 됩니다.

유사패턴 How come+주어+동사? ‖ Why+동사+주어...? ‖ How can+주어+동사?

Step 1 패턴 집중 훈련

어째서 며칠 동안이나 집에 안 들어온 거야?	**How is it** you weren't home for days?
어째서 또 낙제 점수를 받아 갖고 온 거야?	**How is it that** you brought home an F again?
너희들은 어째서 만나기만 하면 싸우냐?	**How is it** you're always at each other's throats?
넌 어째서 남에 대해 그렇게 비판적인 거야?	**How is it** you're so judgmental?

*be at each other's throat(s) 맹렬히 싸우다, 다투다 judgmental 남에 대해 비판을 잘 하는

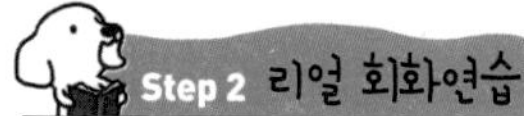

Step 2 리얼 회화연습

환자의 병명도 모른 채 자신의 추측만 믿고 스테로이드를 투여하려는 Dr. House. 이를 알게 된 병원장 Dr. Cuddy가 뭘 믿고 밀어붙이냐며 화를 내죠. 의사는 사소한 실수로 자칫 사람의 목숨을 잃게 할 수도 있다는 생각에 Dr. Cuddy는 Dr. House의 막무가내식 행동에 항상 불안불안합니다. <House S1-1>

Dr. Cuddy 선생님이 항상 맞다고 생각하는 건 왜죠?

Dr. House I don't. I just find it hard to operate on the opposite assumption. And why are you so afraid of making a mistake?

Dr. Cuddy Because I'm a doctor. Because when we make mistakes, people die.

커디(원장) How is it you always think you're right?

하우스 그렇지 않아요. 반대로 (내가 틀리다고) 생각하고 일하는 게 어려울 뿐이죠. 그리고 원장님은 왜 그렇게 실수하는 것을 두려워하는 겁니까?

커디 난 의사니까요. 왜냐하면 우리가 실수를 하면 사람들이 죽잖아요.

*assumption 가정, 추측

Step 3 도전! 실전 회화

넌 어째서 항상 네가 맞다고 하는 거야? ____________________

pattern 143

How dare you...!

네가 감히 어떻게 ~해! / 감히 ~하다니! 

How dare you...! 패턴은 상대방이 한 일에 대해 정말 화가 나서 '네가 감히 어떻게 그럴 수가 있어?'라고 말할 때 씁니다. How dare you 뒤에는 동사원형을 써요.

Step 1 패턴 집중 훈련

네가 감히 어떻게 날 바보라고 부를 수 있어?	**How dare you** call me an idiot!
네가 감히 어떻게 나한테 이래라저래라 해?	**How dare you** boss me around!
네가 감히 어떻게 날 노려봐?	**How dare you** give me the cut-eye!
네가 감히 어떻게 내 뒤통수를 칠 수 있어?	**How dare you** go behind my back!

*boss ~ around ~에게 이래라저래라 하다 give ~ the cut-eye ~를 노려보다 go behind one's back ~의 뒤통수를 치다

Step 2 리얼 회화연습

Serena의 엄마는 Chuck의 아버지와의 결혼을 앞둔 상태. Serena와 Chuck은 한 지붕 아래에서 살게 되는데, 어느 날 갑자기 Serena 앞으로 이상한 소포가 오기 시작합니다. 포르노물, 수갑, 샴페인, 이제는 코카인까지. 당연히 Chuck이 장난으로 보냈을 거라 생각하는 Serena는 Chuck에게 따지러 가는데……. <*Gossip Girl* S1-14>

Serena **What the hell is your problem?**

Chuck **Specify the context.**

Serena **You disgust me, Chuck.**

네가 감히 어떻게 에릭(세리나의 남동생)을 이런 일에 휘말리게 할 수 있어?

***No wonder you're friendless and girlfriendless.**

세리나 너 도대체 문제가 뭐야? (너 도대체 왜 그래?)

척 어떤 문제를 말하는 건지 구체적으로 말해 봐.

세리나 넌 역겨워, 척.

How dare you involve Eric in something like this?

네가 친구도 없고 여자 친구도 없는 게 놀랍지도 않아. (없는 게 당연해)

요건덤

* 'No wonder+주어+동사'는 회화에서 매우 많이 쓰입니다. '~한 것이 놀랍지 않다', 즉 '~한 것이 당연하다'라는 뜻이죠.

*specify 구체적으로 명시하다 disgust 역겹게 하다, 넌더리나게 만들다

Step 3 도전! 실전 회화

어떻게 네가 감히 나한테 그 말을 할 수 있어? ________________

why / who

다음 말을 영어로 만들어 볼까요?

내가 왜 이걸 한다고 했지?

__________ **say I would do this?**

왜 알고 싶은 건데(알아서 뭐할 건데)?

__________ **know?**

내가 왜 그런 걸 하겠어?

__________ **do that?**

왜 내가 사과해야 하는 거야?

__________ **apologize?**

누가 걔 말을 믿겠냐?

__________ **believe her?**

누가 그렇게 말했어?

__________ **so?**

누가 더 예쁜 것 같아?

__________ **prettier?**

정답

Why did I
Why do you wanna
Why would I
Why do I have to
Who's gonna
Who said
Who do you think is

pattern 144 Why did I...?

내가 왜 ~했지? 

Why did I...?는 자신이 한 일에 대해서 이해가 안 될 때 쓰는 패턴입니다. 특히 자신이 한 일에 대해 자책할 때 쓰면 좋아요.

유사패턴 I don't know why I+과거동사 내가 왜 ~했는지 모르겠어

Step 1 패턴 집중 훈련

내가 왜 네 말을 들은 걸까? (네 말 괜히 들었어.)	**Why did I** even listen to you?
내가 왜 이걸 한다고 했지?	**Why did I** say I would do this?
내가 왜 졸리지도 않은데 낮잠을 잤지?	**Why did I** take a nap when I wasn't even sleepy?
걔가 자기가 변했다고 얘기했을 때 내가 왜 그 말을 믿었을까?	**Why did I** believe him when he said he had changed?

Step 2 리얼 회화연습

와인 강도 사건을 조사하던 뉴욕 CSI 팀은 어린 남자아이가 강도 사건 도중 유탄에 맞아 사망한 사실을 알게 됩니다. 알고 보니 Danny 요원이 그날 아침 교회에 데려다 줬던 동네 아이 Ruben이군요. Danny는 아이를 집까지 안전하게 바래다주지 않은 자신을 자책합니다. <CSI NY S4-11>

Danny **제가 왜 멈췄을까요?**
I should've made sure the kid got home safe.

Taylor ... There was a man down bleeding.
Justin Scott needed your help.
You *acted on instinct, Danny.

대니 **Why did I stop?**
그 아이가 집에 무사히 도착했는지 확인했어야 했어요.

테일러(반장) …… 피 흘리며 쓰러져 있는 남자가 있었잖나.
저스틴 스콧은 자네의 도움이 필요했어.
자네는 (다친 사람을 도와야 한다는) 본능대로 행동한 것뿐이야, 대니.

> 요건덤
> * act on은 '~에 따라 행동하다'라는 뜻입니다. 그래서 act on instinct는 '본능에 따라 행동하다'라는 뜻이 되죠. 또한 act on principle이라고 하면 '원칙 또는 신념에 따라 행동하다'라는 뜻입니다.

Step 3 도전! 실전 회화

내가 왜 그녀를 용서했을까? ______________________

pattern 145

Why do you wanna...?

넌 왜 ~하고 싶은 거야? 

상대방이 뭔가를 하고 싶다고 했을 때 왜 하고 싶은지 물어보는 패턴입니다.

유사패턴 What do you wanna... for?

Step 1 패턴 집중 훈련

당신은 왜 여기서 일하고 싶은 겁니까?	**Why do you wanna** work here?
왜 알고 싶은 건데? (알아서 뭐할 건데?)	**Why do you wanna** know?
넌 왜 어릴 때(빨리) 결혼하고 싶어 하는 거야?	**Why do you wanna** marry young?
너 왜 네 직업을 바꾸고 싶다는 거야? (다른 직종을 택해서 좋은 게 뭐가 있다고?)	**Why do you wanna** make a career change?

*career 직업, 경력

Step 2 리얼 회화연습

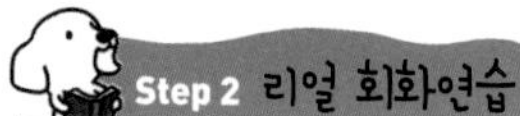

초인적인 재생 능력이 있는 Claire는 Sylar 때문에 더 이상 고통을 못 느끼게 됩니다. 고통을 느끼는 것이 자신을 인간답게 만들었다고 생각하는 Claire는 Sylar에게 복수를 결심합니다. Claire는 처음엔 인정하지 않지만, 친엄마인 Meredith가 자신의 초능력을 사용해 Claire가 숨 쉬기 힘들게 만들자 진심을 밝힙니다. <Heroes S3-3>

Claire　Please stop! I can't...[breathe]

Meredith　넌 왜 악당들을 멈추고 싶어 하는 거야?

Claire　To help people!

Meredith　I don't believe you. *You tell me why!

Claire　To hurt him, okay!
To hurt him for what he did!
Like he hurt me!

요건덤
* You tell me why!는 명령문이에요. 명령문은 보통 주어를 생략하고 쓰지만, 이렇게 you를 쓰는 경우엔 의미가 강조됩니다.

클레어　제발 멈춰요! (숨을 쉴 수가) 없어요.

메러디스　**Why do you wanna stop bad guys?**

클레어　사람들을 돕기 위해서요!

메러디스　그 말 안 믿어. 왜인지 말해! (솔직히 말해!)

클레어　그를 해치려고요, 네! 그가 한 짓 때문에 그를 해치고 싶어서요! 그가 나를 해친 것처럼요!

Step 3 도전! 실전 회화

넌 왜 지금 포기하고 싶어 하는 거야? ______________________ (give up)

pattern 146

Why would+주어+동사?

왜 ~하겠어? / 왜 ~하는 거야?

미드를 보다 보면 많이 듣게 되는 패턴 중 하나입니다. 여기서 쓰이는 would는 우리에게는 생소하지만 네이티브에게는 친숙하죠. Why would...? 패턴은 '그럴 리가 없잖아. 왜 그런 걸 하겠어?' 같은 뉘앙스로도 쓰이고, '도대체 이해가 안 돼. 왜 그러는 거야?'라고 살짝 추궁하는 의미로도 쓰입니다.

Step 1 패턴 집중 훈련

내가 왜 그런 걸 하겠어? 난 바보가 아냐.	**Why would** I do that? I'm not stupid.
그런 말 하지 마. 왜 그런 말을 하는 거야?	Don't say that. **Why would** you say that?
넌 왜 그런 고소득 직업을 그만두겠다는 거야?	**Why would** you leave such a high-paying job?
걔가 왜 그런 짓을 한 거지? 미쳤나?	**Why would** he do something like that? Is he crazy?

Step 2 리얼 회화연습

Sherlock에게 강렬한 인상을 남긴 Irene Adler(일명 The Woman)가 테러리스트들에 의해 참수되었다는 소식을 들은 John과 Sherlock의 형 Mycroft. 그러나 이 둘은 Sherlock을 위해 거짓말을 하기로 합니다. 그녀가 미국에서 증인 보호를 받고 있다고 말이죠. 하지만 진실은……? <Sherlock S2-1>

John **She's in America.**

Sherlock **America? ...**

John **Well, you won't be able to see her again.**

Sherlock **내가 왜 그녀를 다시 보고 싶어 하겠어?** (내가 왜 그녀를 다시 보고 싶어 할 거라고 생각하는 거야?)

John **[I] Didn't say you did.**

존 그녀는 미국에 있어.

셜록 미국에? ……

존 뭐, 앞으로 그녀를 못 보게 될 거야.

셜록 **Why would I want to see her again?**

존 난 그런 말 한 적 없어. (난 네가 그녀를 보고 싶어 할 거라고 말한 적 없어.)

Step 3 도전! 실전 회화

왜 걔한테 거짓말을 하겠다는 거야? ______________________

pattern 147

Why do I have to...?

내가 왜 ~해야 하는 거야? 

'내가 왜 그걸 해야 되는 건데?'라고 말하고 싶을 때 쓰는 패턴이 바로 Why do I have to...?입니다. 하고 싶지 않은 일에 대해 불만을 표현할 때 쓰면 좋겠죠.

유사패턴 Why should I...? ‖ Why must I...?

Step 1 패턴 집중 훈련

왜 내가 사과해야 하는 거야?	**Why do I have to apologize?**
내가 왜 집안 잡일을 다 해야 하는 거야?	**Why do I have to do all the chores?**
내가 왜 이걸 참아야 하는 거야?	**Why do I have to put up with this?**
내가 왜 네 징징대는 걸 들어 줘야 하는 거야?	**Why do I have to listen to your whining?**

*put up with (짜증스럽거나 불쾌한 것을 불평하지 않고) 참다 whine 징징대다, 우는소리 하다

Step 2 리얼 회화연습

이스라엘 첩보 기관인 모사드 출신의 NCIS 요원 Ziva가 미국 시민권을 따기 위해 열심히 공부 중입니다. 그런데 자기는 왜 Gibbs 팀장도 모르는 걸 공부해야 하냐는 귀여운 투정을 하네요. <NCIS S7-12>

Ziva **Okay, so how many amendments to the Constitution?**

Gibbs **... I'm guessing twenty-three.**

Ziva **Twenty-seven!**

Gibbs **Nobody likes a *smart ass, David.**

Ziva 왜 전 이걸 다 공부해야 되고 팀장님은 안 해도 되는 거예요?

Gibbs **I was born here!**

요건덤
* smart ass는 아는 체를 많이 하거나 남이 틀린 걸 지적하기 좋아하는 사람을 가리키는 말입니다.

지바 좋아요, 그래서 헌법 수정이 몇 번 있었죠?

깁스 …… 23번인 것 같은데.

지바 27번이에요!

깁스 잘난 척하는 사람을 좋아하는 사람은 아무도 없어, 다비드(지바의 성).

지바 **Why do I have to study all this and you don't?**

깁스 난 여기서 태어났잖아!

*amendment 개정, 수정 the Constitution 헌법

Step 3 도전! 실전 회화

내가 왜 주방 청소를 해야 돼? ______________________________ (clean up)

pattern 148

Who's gonna...?

누가 ~할 거야? / 누가 ~하겠냐? 

Who's gonna...?는 누가 어떤 일을 할 건지 묻거나, '그런 걸 누가 하겠냐?'라는 뉘앙스로 물어볼 때 씁니다.

유사패턴 Who will...?

Step 1 패턴 집중 훈련

누가 나 이거 하는 거 도와줄 거야? **Who's gonna help me with this?**

이번엔 누가 계산할 거야? **Who's gonna pick up the tab this time?**

누가 네 말을 믿겠냐? **Who's gonna believe you?**

무슨 일인지 누가 나한테 말해 줄 거야? **Who's gonna tell me what's going on?**

*pick up the tab 계산하다(특히 식당에서)

Step 2 리얼 회화연습

천사 Uriel의 일행이 Dean과 Sam 형제를 찾아와 Anna를 내놓으라고 합니다. 스스로 천사이기를 포기하고 인간으로 태어난 Anna를 벌주기 위해 잡으러 온 것이죠. Dean과 Sam, 그리고 그들의 편에 있는 악마 Ruby가 막으려고 하자 Uriel이 이들을 비웃습니다. <Supernatural S4-10>

Uriel **Now give us the girl.**

Dean **Sorry. Get yourself another one. Try *JDate.**

Uriel 우리를 누가 막을 건데? **You two? Or this demon whore?**

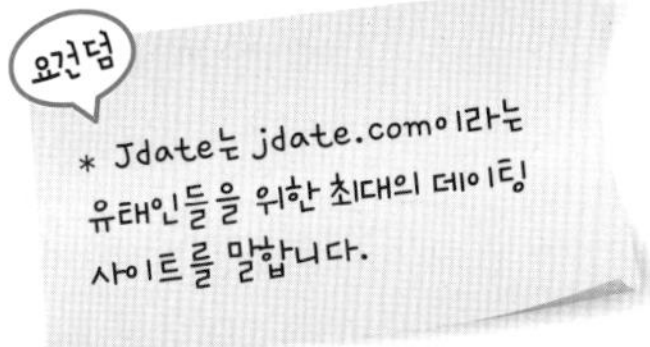

요건덤
* Jdate는 jdate.com이라는 유태인들을 위한 최대의 데이팅 사이트를 말합니다.

유리엘 이제 그 여자애(애나)를 우리한테 넘겨.

딘 싫은데요. 다른 여자 구해 봐요. JDate에서 찾아보든가.

유리엘 **Who's gonna stop us?** 너희 둘? 아니면 이 악마년(루비)?

Step 3 도전! 실전 회화

누가 나 태워다 줄 거야? ______________________ (give ~ a ride)

pattern 149

Who said...?

누가 ~래? 

Who said...?는 그냥 '그 말 누가 했어?'라고 물어볼 때 쓸 수도 있고, 아니면 '누가 그런 말을 했어?'라고 기분 나빠하며 따질 때도 쓸 수 있습니다.

Step 1 패턴 집중 훈련

누가 그렇게 말했어? **Who said so?**

누가 우리 헤어진대? **Who said we're breaking up?**

누가 결혼 얘기 했어? **Who said anything about marriage?**
(난 생각도 안 하고 있는데 웬 결혼 얘기야?)

누가 나더러 기가 약하다고 했어? **Who said I'm a pushover?**

*pushover 기가 약한 사람, 주관이 뚜렷하지 않아서 남에게 쉽게 끌려다니는 사람

Step 2 리얼 회화연습

아버지 Jay가 매우 젊고 섹시한 Gloria와 재혼을 하자, Claire는 Gloria가 자기 아버지의 재산을 노리고 결혼했다는 생각에 탐탁지 않게 여깁니다. 그런데 아뿔싸! 예전에 Gloria 몰래 그녀의 뒷담화를 했던 사실이 막내아들 Luke 때문에 들통 나고 마는군요. <Modern Family S1-5>

Gloria 누가 나한테 coal digger라고 했어?

Luke **That's what my mom told me. ...**

Claire **I really do not think that I remember ever saying that.**

Luke **Well, you said it in the car, you said it at Christmas, you said it in the Mexican restaurant....**

글로리아 Who said I was a *coal digger?

루크 우리 엄마가 한 말인데요. ……

클레어 (당황하며) 난 그런 말한 기억이 전혀 없는 것 같은데.

루크 음, 엄마가 차에서도 말했고, 크리스마스 때도 말했고, 멕시칸 레스토랑에서도 말했고…….

요건덤

* 여기서 coal digger(석탄 캐는 사람)는 Luke가 gold digger를 잘못 듣고 한 말입니다. gold digger는 돈, 신분 상승을 노리고 부유한 남자를 유혹하는 여자를 부르는 말입니다. 우리말의 '꽃뱀'에 해당되겠네요.

Step 3 도전! 실전 회화

누가 내가 널 안 좋아한다고 했어? ______________________

pattern 150

Who do you think...?

누가 ~이라고 생각하니? / 누가 ~한 것 같아? 

Who did it?이라고 하면 '그거 누가 했어?'라는 뜻이죠. 이때 who 뒤에 do you think를 붙이면 상대방의 의견을 물어보는 말이 됩니다. 예를 들어 Who do you think did it?(그거 누가 했다고 생각하니?)처럼요.

유사패턴 Who, in your opinion, ...?

Step 1 패턴 집중 훈련

누구 탓인 것 같아? **Who do you think is to blame?**

누가 이걸 제일 잘할 것 같아? **Who do you think will do this best?**

둘 중에서 누가 더 똑똑한 것 같아? **Who do you think is smarter of the two?**

누가 잘못한 것 같아, 나 아니면 쟤? **Who do you think is at fault, me or him?**

Step 2 리얼 회화연습

해병대 대위의 살인 사건을 수사하는 Gibbs의 NCIS 팀은 Gibbs의 현재 여자 친구인 Mann 중령과 함께 일하게 됩니다. 그런데 하필이면 이 사건의 증인 중 한 명이 Gibbs의 세 번째 전 부인이네요. 이 미묘한 분위기에서 Tony와 Ziva는 두 여자를 비교하며 잡담을 합니다. <NCIS S5-3>

Tony 네 생각엔 누가 더 예쁜 것 같아?
Ex-wife number three, or future ex-wife number four?

Ziva **Colonel Mann *is at a disadvantage because of her uniform.**
Tell me you're not trying to imagine her without the uniform, Tony!

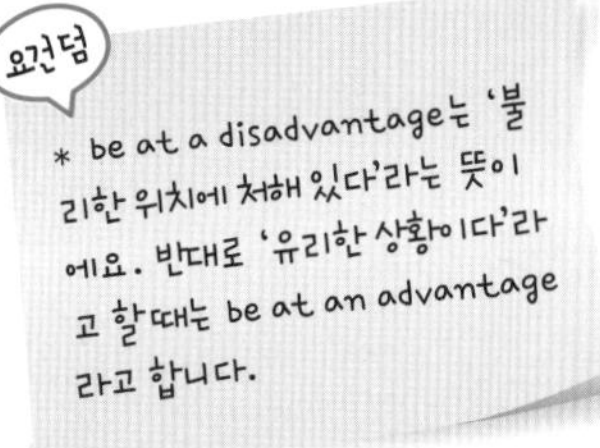

요건덤
* be at a disadvantage는 '불리한 위치에 처해 있다'라는 뜻이에요. 반대로 '유리한 상황이다'라고 할 때는 be at an advantage라고 합니다.

토니 **Who do you think is prettier?**
전 부인 3호, 아니면 미래의 전 부인 4호?
(깁스가 하도 이혼을 많이 해서 지금 사귀고 있는 여자 친구도 결혼하면 이혼할 거라는 뜻으로 '미래의 전 부인'이라고 한 것임)

지바 맨 중령(깁스의 현재 여자 친구)이 군복을 입고 있어서 불리하잖아.
군복 안 입고 있는 모습 상상하려고 하는 게 아니라고 말해, 토니!
(설마 지금 맨 중령이 옷 안 입고 있는 모습 상상하고 있는 건 아니겠지?)

Step 3 도전! 실전 회화

누가 이길 것 같아? ______________________

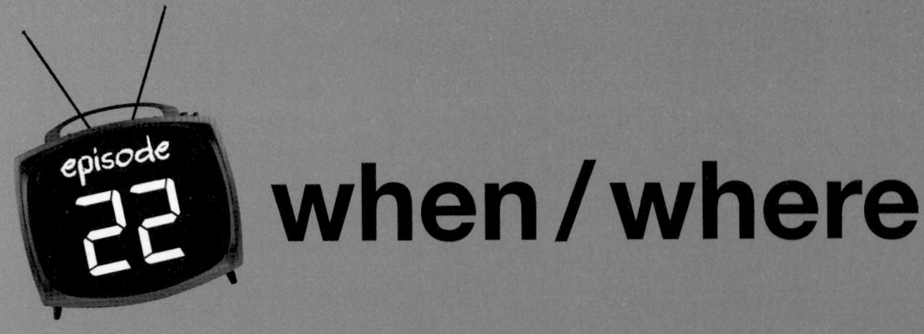

when / where

Q 다음 말을 영어로 만들어 볼까요?

마지막으로 그를 본 게 언제야?

________ saw him?

너 언제 그녀한테 청혼할 거야?

________ propose to her?

네가 언제부터 그렇게 겸손했다고 그래?

________ get so modest?

너 그 얘기 어디서 들었어?

________ hear that?

When was the last time you

When are you gonna

Since when did you

Where did you

pattern 151

When was the last time you...?

마지막으로 ~한 게 언제야?

수사물에서 특히 많이 볼 만한 패턴입니다. '마지막으로 그를 본 게 언제입니까?' 같은 질문을 할 때 말이죠. you 뒤에는 과거형 동사를 쓰면 됩니다.

유사패턴 When did you last+동사원형?

Step 1 패턴 집중 훈련

마지막으로 그녀를 본 게 언제야?	**When was the last time you** saw her?
마지막으로 네 지갑 본 게 언제야?	**When was the last time you** saw your purse?
마지막으로 사이먼한테 연락 들은 게 언제야?	**When was the last time you** heard from Simon?
마지막으로 치과 간 게 언제야?	**When was the last time you** visited the dentist?

Step 2 리얼 회화연습

18세 노숙자 소년 Steven이 폭포 근처 강가에서 시체로 발견되었습니다. 형사 Nick과 그의 파트너 Hank는 다른 노숙자 남매 Hansen과 Gracie에게 Steven에 대해 질문하다가, 그가 일자리를 얻어 누군가가 그를 픽업하기로 되어 있었다는 것을 알게 됩니다. <*Grimm* S1-10>

Nick Do you know where they picked him up or who picked him up?

Hansen No.

Hank 마지막으로 걔를 본 게 언제야?

Gracie After we took him to the clinic.

닉 걔(스티븐)를 어디서 픽업했는지 아니면 누가 픽업했는지 아니?

핸슨 아니요.

행크 **When was the last time you saw him?**

그레이시 걔를 진료소에 데려다 준 후에요.

Step 3 도전! 실전 회화

마지막으로 Mike한테 전화한 게 언제야? ______________________________

pattern 152

When are you gonna...?

너 언제 ~할 거야? 

When are you gonna...? 패턴은 상대방에게 어떤 일을 언제 할 것인지 물어볼 때 씁니다. 단순히 언제 할 것인지 궁금해서 물어볼 때도 쓰고, 답답한 마음에 재촉하거나 핀잔을 줄 때도 씁니다.

유사패턴 When will you...? ‖ When are you planning to...?

Step 1 패턴 집중 훈련

너 언제 내 캠코더 돌려줄 거야? **When are you gonna return my camcorder?**

너 언제 그녀한테 청혼할 거야? **When are you gonna propose to her?**

너 언제 철들 거야? **When are you gonna grow up?**

너 언제 무슨 일인지 우리한테 말할 거야? **When are you gonna tell us what's going on?**

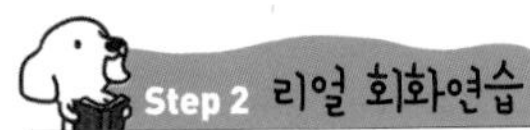

Step 2 리얼 회화연습

거대한 마약 사건의 증인을 서기로 했던 남자가 실종되었다가 피살된 채로 발견되었습니다. Jane이 속해 있는 CBI는 마약 사건을 담당했던 Davis 경찰청과 함께 일하게 되는데요, 경찰청의 형사들이 여성인 Lisbon 반장에게 거만하게 굴자 Jane이 일부러 형사들의 신경을 거스르는 말을 합니다. <The Mentalist S1-8>

Lisbon 언제쯤 내가 주의를 안 줘도 알아서 자제할래?

Jane **Oh, come on. They pissed you off, too, the sexist pigs.**

Lisbon **They were.**

Jane **I just said they were.**

Lisbon **You were saying it ironically.**

요건덤

* cool it은 '진정하다', '침착하다'라는 뜻입니다. 여기서는 '(일을 저지르지 않고) 자제하다'라는 뜻으로 쓰였죠.

리즈번(반장) When are you gonna learn to *cool it without being told?

제인 에이, 왜 그래, 저 친구들이 너도 열 받게 했잖아, 성 차별주의자 돼지들 같으니.

리즈번 맞는데 뭐. (걔네들 성 차별주의자 돼지들인 거 맞잖아.)

제인 내가 방금 그렇다고 했잖아. (그 얘기 먼저 꺼낸 건 나잖아.)

리즈번 넌 반어법으로 말한 거잖아. (넌 정말 그렇게 생각해서 그들을 성 차별주의자 돼지들이라고 부른 게 아니잖아.)

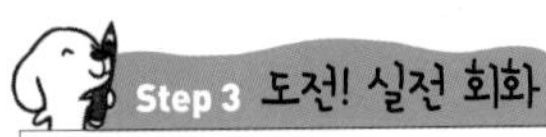

Step 3 도전! 실전 회화

너 언제 결혼할 거야? ______________________ (get married)

pattern 153

Since when do/did you...?

네가 언제부터 ~했다고 그래? 

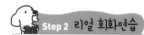

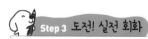

상대방이 평소답지 않은 말이나 행동을 할 때 Since when do/did you...?라고 하면 '네가 언제부터 그랬냐?'라고 살짝 비아냥거리는 말이 됩니다.

유사패턴 **You('ve) never...** 너 ~한 적 없잖아

Step 1 패턴 집중 훈련

네가 언제부터 징크스를 믿었다고 그래? **Since when do you believe in jinxes?**

네가 언제부터 원칙대로 했다고 그래? **Since when do you play by the book?**

네가 언제 환경에 신경 썼다고 그래? **Since when did you care about the environment?**

네가 언제부터 그렇게 겸손했다고 그래? **Since when did you get so modest?**

*jinx 징크스 by the book 원칙대로, 정석대로

Step 2 리얼 회화연습

19세 여성이 피살되었습니다. Jane이 쫓고 있는 연쇄 살인범 Red John의 살인 수법으로요. 그리고 그 소녀의 쌍둥이 동생은 실종된 상태. 하지만 뭔가가 다르다고 느낀 Jane은 공범자가 있다는 생각에 쌍둥이 자매의 아버지를 자극해 봅니다. 실종된 딸도 죽었을 것이라고 비관적인 얘기를 하면서 아버지의 반응을 유심히 살펴보는 것이죠.
<The Mentalist S1-23>

Lisbon **Why so cruel?**

Jane **Statistically, it's dad that did it.**

Lisbon 네가 언제부터 통계를 신경 썼다고 그래?

Jane **Just wanted to raise his pulse a little.**

리즈번(반장) 왜 그렇게 잔인해?

제인 통계적으로 봤을 때, 그것(살인)을 저지르는 건 아빠거든.

리즈번 **Since when do you care about statistics?**

제인 그 남자 맥박을 조금 더 빨리 뛰게 하고 싶었을 뿐이야. (조금 긴장[흥분]하게 만들고 싶었던 거야.)

Step 3 도전! 실전 회화

네가 언제부터 내 말을 들었다고 그래? ______________________ (listen to)

pattern 154

Where did you...?

너 어디서 ~했어? 

Where did you...?는 상대방에게 어디서 무엇을 했는지 물어볼 때 쓰는 패턴입니다. Where did you를 Where'd you라고 줄여 말하기도 하는데, 이때는 [웨얼쥬]와 같이 발음합니다.

Step 1 패턴 집중 훈련

너 그거 어디서 배웠어?	**Where did you** learn that?
너 학교 어디 다녔어?	**Where did you** go to school?
저녁 식사 하러 로라를 어디로 데리고 갔어?	**Where did you** take Laura to dinner?
어디서 영어 배웠어요?	**Where'd you** learn to speak English?

Step 2 리얼 회화연습

폐암 말기 선고를 받은 화학 교사 Walter는 자신이 가르쳤던 학생 Jesse와 함께 마약을 제조해 팔기로 합니다. 하지만 일이 꼬여 본의 아니게 사람을 한 명 살해하게 되죠. 하필 시체를 처리하려는 도중 Walter의 부인이 Jesse를 찾아와 한마디하고 갑니다. Jesse는 Walter를 보자마자 이 일에 대해 따지는데……. <Breaking Bad S1-2>

Jesse **Do you have a brother in the DEA?**

Walter **He's a brother-in-law.**

Jesse **Well, there's a load off my mind.**

Walter 그 말은 어디서 들었냐?

Jesse **Your *freaking wife told me when she *was here all up on *my shit!**

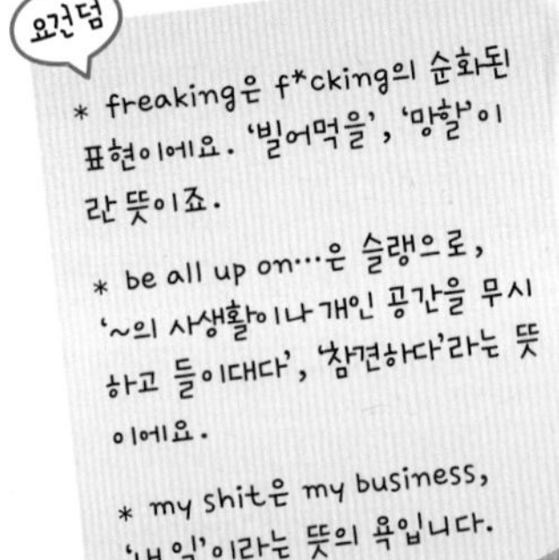

요건덤
* freaking은 f*cking의 순화된 표현이에요. '빌어먹을', '망할'이란 뜻이죠.
* be all up on…은 슬랭으로, '~의 사생활이나 개인 공간을 무시하고 들이대다', '참견하다'라는 뜻이에요.
* my shit은 my business, '내 일'이라는 뜻의 욕입니다.

제시 선생님한테 DEA에서 일하는 형님이 있어요?

월터 매형이네.

제시 (비꼬면서) 아, 그 말 들으니까 짐을 내려놓은 것 같군요.
(그 말 들으니까 퍽도 안심이 되네요. 형이든 매형이든 그게 그거 아니냐는 의미)

월터 **Where did you hear that?**

제시 선생님 그 잘난 부인이 여기 와서 나한테 막 들이대면서 뭐라 그럴 때 말해 줬어요!

*DEA 마약 단속국(Drug Enforcement Administration)

Step 3 도전! 실전 회화

너 네 차 어디에다 주차했어? ______________________ (park)

미드에 자주 등장하는

네이티브식 리얼 패턴

pattern 500+

should / could / might

다음 말을 영어로 만들어 볼까요?

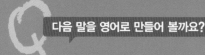

지금쯤이면 그들이 여기 도착해야 하는데.

They ________ here by now.

너 잠 좀 자는 게 좋을지도 모르겠어.

________ get some sleep.

너 지금 자고 있어야 하는 거 아니야?

________ sleeping now?

엄마 말씀을 들을걸.

________ listened to Mom.

넌 더 주의했어야 했어.

________ been more careful.

적어도 나한테 전화 정도는 해 줄 수 있었잖아.

________ at least called me.

나 집에 깜빡 두고 온 걸지도 몰라.

I ________ forgotten it at home.

should be

Maybe you should

Shouldn't you be

I should've

You should've

You could've

might've

pattern 155

주어+should be...

~할 거야 / ~일 거야 / ~해야 하는데 

should는 흔히 '~해야 한다'라는 뜻으로 알려져 있죠? 하지만 네이티브들은 '~일 거야'라고 추측할 때, 또는 '걔 지금쯤이면 도착해야 하는데 (왜 안 오는 거지?)'처럼 예상하거나 예정된 일이 일어나지 않았을 때 정말 많이 씁니다.

유사패턴 주어+be동사+probably... ‖ 주어+be동사+supposed to be...

Step 1 패턴 집중 훈련

그거면 충분할 거야. **That should be enough.**

그가 거기서 우리를 기다리고 있을 거야. **He should be waiting for us there.**

지금쯤이면 그들이 여기 도착해야 하는데. **They should be here by now.**

일기예보에 의하면 지금 눈이 와야 하는데. **It should be snowing now according to the weather forecast.**

Step 2 리얼 회화연습

교도소의 에어컨을 작동하지 않게 만들어서 수감자들의 난동을 유도한 Michael. 그 틈을 이용해 탈출 작업에 착수하던 중, 난동이 예상보다 심각해져 Sara가 위험에 처합니다. Sara가 난폭해진 수감자들에게 당하기 일보 직전, Michael이 의무실 천장에서 등장해 Sara에게 구조의 손길을 내미네요. <Prison Break S1-7>

Sara **What's happening in A-Wing?**

Michael ***All hell is breaking loose.**

But I think if we stay up here,

우린 괜찮을 거예요.

Sara **I can't believe this is happening.**

요건덤

* (All) hell breaks loose는 '큰 혼란이 일어나다', '폭동이 일어나다'라는 뜻입니다.

새라 A동에서 무슨 일이 일어나고 있는 거예요?

마이클 난장판이 되고 있어요. 근데 내 생각에 이 위에 있으면 we should be ok.

새라 이런 일이 일어난다는 게 믿어지지 않아요.

*wing (건물 본관 한쪽으로 돌출되게 지은) 동, 부속 건물

Step 3 도전! 실전 회화

Susie는 이제 숙제 끝마쳤을 거야. ____________ (be done with)

pattern 156

Maybe you should...

~하는 게 좋을지도 모르겠어 / ~하는 게 좋을 것 같아

상대방에게 충고할 때 쓰면 좋은 패턴입니다. 그냥 You should...라고 하면 강하게 제안하는 의미가 되지만, Maybe you should...라고 하면 이보다는 좀 더 약한 의미로 '그렇게 하는 게 좋을 것 같아'라는 뜻이 됩니다.

유사패턴 Perhaps you should... ‖ You should probably... ‖ I think you should...

Step 1 패턴 집중 훈련

그녀를 좀 살살 대하는 게 좋을지도 모르겠어. **Maybe you should** go easy on her.

너 잠 좀 자는 게 좋을지도 모르겠어. **Maybe you should** get some sleep.

걔 말을 그냥 믿는 게 좋을 것 같아. **Maybe you should** just take his word for it.

너 정신과 의사를 찾아가는 게 좋겠어. **Maybe you should** go see a shrink.

*go easy on... ~을 살살 다루다 take one's word for it ~의 말을 믿다 shrink 정신과 의사

Step 2 리얼 회화연습

흑인 남자 Chivon과 사귀게 된 Samantha는 Chivon의 누나에게 자신의 남동생에게서 손 떼라는 소리를 듣게 됩니다. 그것도 Samantha가 백인이라는 이유로 말이죠. <Sex and the City S3-5>

Samantha She can't *diss me because I'm white!

Carrie Please tell me you didn't say diss.

Charlotte 어쩌면 그 남자랑 헤어지는 게 좋을지도 모르겠어, 서맨사. Race is a very big issue.

* diss는 disrespect를 줄인 슬랭으로 '욕하다', '경멸하다', '무시하다'라는 뜻이에요. 특히 흑인들이 많이 쓰기 때문에, 현재 흑인 남자와 사귀는 Samantha가 이 단어를 쓴 것이 재미있는 것이죠.

서맨사 내가 백인이라고 그녀가 나를 그렇게 막 대하면 안 되지!

캐리 지금 diss란 단어 쓴 게 아니라고 말해 줘. (무슨 그런 단어를 쓰고 그래?)

샬럿 **Maybe you should stop seeing him, Samantha.** 인종 문제는 아주 큰 이슈라고.

Step 3 도전! 실전 회화

너 지금 가는 게 좋을 것 같아. ______________________ (get going)

pattern 157

Shouldn't you be...?

너 ~해야 되는 거 아니야? 

상대방이 있어야 할 장소에 없거나, 한창 하고 있어야 할 일을 안 하고 있을 때, 또는 상대방이 어떤 상태일 줄 알았는데 보니까 아닐 때 쓰면 딱 좋은 패턴이 Shouldn't you be...?입니다.

유사패턴 Aren't you supposed to be...?

Step 1 패턴 집중 훈련

너 이 시간에는 수업에 있어야 하는 거 아니야? **Shouldn't you be in class at this hour?**

너 지금 자고 있어야 하는 거 아니야? **Shouldn't you be sleeping now?**

너 제이크와 같이 있어야 하는 거 아니야? **Shouldn't you be with Jake?**

너 아파서 집에 있는 거 아니었어? **Shouldn't you be sick at home?**
(아프다고 결근[결석]했으면서 왜 집에 없는 거야?)

Step 2 리얼 회화연습

잘나가는 베스트셀러 추리소설 작가 Castle은 자신의 소설을 모방한 살인 사건을 계기로 Beckett 형사의 수사에 참여하게 됩니다. 소문난 바람둥이인 Castle이 일요일 아침부터 일하러 나온 모습을 보고 Beckett 형사가 여기서 뭐 하고 있냐며 비꼬네요. <Castle S1-9>

Beckett 스캔들을 일으킬 만한 정사를 마치고 슬그머니 집에 가는 중이어야 하는 거 아니에요?

Castle **Wouldn't you be jealous if I were?**

Beckett **In your dreams.**

Castle **Actually, in my dreams, you're never jealous.
In my dreams, you just join...**

베킷 **Shouldn't you be slinking home from a scandalous liaison?**

캐슬 내가 만약 그런다면 당신(형사님)이 질투하지 않겠어요?

베킷 꿈에서나 그렇겠죠. (꿈 깨요)

캐슬 사실 내 꿈에서 당신(형사님)은 절대로 질투 안 해요. 내 꿈에서는 형사님도 함께…….
(자신의 꿈에서는 베킷 형사도 함께 threesome을 즐긴다는 말을 하려는데 베킷 형사가 빵으로 입을 막음)

Step 3 도전! 실전 회화

*slink 살금살금 움직이다, 가다 liaison 정사, 간통

너 지금 집에 있어야 하는 거 아니야? ______________________________

pattern 158

I should've p.p.

~해야 했는데 / ~할걸 

뭔가를 안 해서 후회가 될 때 '아~ 그렇게 할걸'이라고 말하게 되죠? 바로 이때 쓰는 패턴이 I should have p.p.입니다. 반대로 해서는 안 되는 일을 하고 후회할 때는 I shouldn't have p.p.라고 하죠.

유사패턴 I regret not -ing ‖ I ought to have p.p.

Step 1 패턴 집중 훈련

더 깊이 생각해 봐야 하는 거였는데.	**I should've given** it more thought.
어젯밤에 핸드폰 충전시킬걸.	**I should've charged** my cell phone last night.
내 감정에 충실했어야 했는데.	**I should've followed** my heart.
저녁 식사 때 과식하지 말걸.	**I shouldn't have eaten** so much at dinner.

*follow one's heart 마음이 가는 대로 하다, 감정에 충실하다

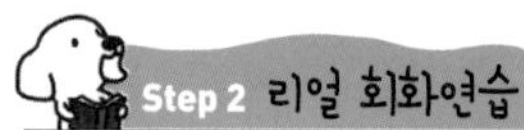

Step 2 리얼 회화연습

Lisbon 반장 대신 Bosco라는 요원이 Red John 사건을 맡게 됩니다. Jane은 Bosco가 자신에게 수사 상황을 알려주지 않자 Bosco의 사무실에 몰래 도청기를 설치했다가 들켜 감옥에 가게 됩니다. Lisbon은 자신의 선배인 Bosco에게 협박 섞인 부탁을 해서 Jane을 감옥에서 빼내 줍니다. 이에 대한 Jane의 반응은? <The Mentalist S2-6>

Lisbon I would hope in the future you would be a little more mature and responsible in your behavior.

Jane I'm grateful *and all, but let's not go crazy here.

Lisbon 널 그냥 감옥에서 썩게 했어야 하는 건데.

리즈번 앞으로는 좀 더 성숙하고 책임감 있게 행동하길 바라.

제인 내가 너한테 고맙고 뭐 그렇긴 한데, 그렇다고 우리 오버하진 말자.
(감옥에서 빼 준 건 고맙지만 그렇다고 갑자기 고분고분해질 걸 기대하진 말라는 의미)

리즈번 **I should have let you rot in jail.**

요건덤

* and all은 별 의미없이 I'm grateful을 강조하는 의미로 쓰인 표현이에요.

*go crazy 미치다, 지나친 행동을 하다, 난리치다 rot 썩다, 부패하다

Step 3 도전! 실전 회화

더 일찍 올 걸 그랬어. ______________________

pattern 159

You should've p.p.

넌 ~해야 했어 

상대방이 하지 않은 일에 대해 '했어야지, 왜 안 했어?'라고 말할 때 You should've p.p. 패턴을 씁니다. 반대로 하지 말아야 할 일을 했을 때는 You shouldn't have p.p.를 쓰면 되겠죠.

유사패턴 You ought to have p.p.

Step 1 패턴 집중 훈련

넌 더 주의했어야 했어. **You should've been** more careful.

너 그녀에게 한 말 취소해야 하는 거였어. **You should've taken** back what you said to her.

네가 애초에 그 얘길 꺼내지 말았어야지. **You shouldn't have brought** it up in the first place.

넌 그것보다 더 잘 알아야 했어. **You should've known** better than that.
(나이를 그만큼 먹었으면 그 정도는 알았어야지.)

*take back 했던 말을 취소하다 bring ~ up (화제를) 꺼내다

Step 2 리얼 회화연습

화학 교사인 Walter는 폐암 말기 선고를 받고 마약 중독자인 Jesse와 동업해서 마약을 제조해 팔게 됩니다. 하지만 Walter는 Jesse에게 자신이 암에 걸렸다는 말은 하지 않았는데요, 항암 치료를 받은 흔적을 보고는 Jesse가 눈치를 채는군요. <Breaking Bad S1-6>

Jesse When were you going to tell me?

Walter Tell you what?

Jesse Cancer. You got it, right? ... I'm your partner, man. 저한테 말씀해 주셨어야죠. *That's not cool, okay?

제시 언제 저한테 말씀하실 생각이었어요?

월터 뭘 말인가?

제시 암이요. 암 걸리신 거 맞죠? …… 전 선생님의 동업자잖아요. **You should have told me.** 그건 좀 아니라고요, 네?

요건덤
* That's not cool은 '그거 별로야' 말고도 '그건 좀 아니잖아'라는 뜻으로도 쓰입니다. 여기서는 암에 걸렸다는 걸 동업자에게 비밀로 한건 도의적으로 옳지 않다는 말을 하기 위해 쓴 것이죠.

Step 3 도전! 실전 회화

너 그것에 대해 나한테 말해야 했어. ____________________

pattern 160

You could've p.p.

네가 ~할 수도 있었잖아 

상대방에게 '그 정도는 할 수 있었잖아' 하면서 서운함을 나타내거나 따질 때 쓰면 좋은 패턴입니다.

Step 1 패턴 집중 훈련

적어도 나한테 전화 정도는 해 줄 수 있었잖아.	**You could've** at least **called** me.
그냥 나한테 진실을 말할 수도 있었잖아.	**You could've told** me the truth.
미리 나한테 경고해 줄 수도 있었잖아.	**You could've warned** me in advance.
네가 알아서 이 일 처리할 수 있었잖아.	**You could've handled** this matter yourself.

Step 2 리얼 회화연습

Dwight는 공석이 된 매니저 자리에 지원하기 위해 Florida에 있는 Sabre 본사에 찾아갑니다. Florida에 있는 본사와 Scanton에 있는 지사에서 동시에 근무하고 있는 Gabe는 자신이 Florida 본사에서 맡은 역할을 이렇게 묘사하네요. <*The Office* S8-11>

Gabe **I am the toilet of this office.**
I flush away annoying problems so others can keep their hands clean. And, just like a toilet, I am essential.

Dwight **You know, Gabe?**
자넨 음식물 찌꺼기 처리기, 소각로, 아니면 지우개를 택할 수도 있었을텐데,
and instead you chose toilet.

게이브 전 이 사무실의 변기입니다.
다른 사람들이 손을 더럽히지 않아도 되도록
귀찮은 문제들을 다 물로 다 내려보내 주죠.
그러니까, 변기와 마찬가지로 전 필수적인 존재입니다.

드와이트 그거 알아, 게이브?
You could have *gone with garbage disposal, incinerator, or eraser,
대신 자네는 변기를 골랐어.

요건덤
* go with는 '택하다', '고르다'라는 뜻입니다. I'll go with this one.은 "이걸로 할게요."라는 뜻으로, 가게나 식당에서 유용하게 쓸 수 있습니다.

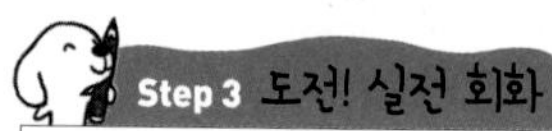

Step 3 도전! 실전 회화

거절할 수도 있었잖아. ______________________ (say no)

pattern 161

주어+might've p.p.

~했을지도 몰라 / ~했었나 봐 

과거에 있었던 일에 대해 '그랬을지도 몰라', '아마 그랬나 봐'라는 뜻으로 추측할 때 쓰는 패턴입니다.

유사패턴 주어+may have p.p.

Step 1 패턴 집중 훈련

나 집에 깜빡 두고 온 걸지도 몰라. **I might've forgotten it at home.**

내가 그를 과소평가했었나 봐. **I might've underestimated him.**

네가 전화를 잘못 걸었을지도 몰라. **You might've misdialed.**

내 남자 친구가 내가 다른 남자랑 같이 있는 걸 봤을지도 몰라. **My boyfriend might've seen me with another guy.**

Step 2 리얼 회화연습

Boise에 있는 고등학교 참사 10주년에 생존자들이 하나씩 피살되기 시작했습니다. 이를 수사하던 FBI의 BAU 팀원 Reid와 JJ는 자신들의 고등학교 시절에 대한 대화를 나눕니다. <Criminal Minds S7-4>

Reid **Were you one of the *mean girls?**

JJ **What? No.**

Reid **Valedictorian, soccer scholarship, *cornfed but still a *size zero.**

다른 애들 못살게 구는 여학생이었을 것 같은데.

리드 넌 (학창 시절 때) 다른 여자애들 괴롭히는 여자들 중 하나였어?

JJ 뭐? 아니.

리드 졸업생 대표에다가, 축구 장학생인 데다, 시골 출신인데도 엄청 날씬하고. I think that you might have been a mean girl.

요건덤

* mean girl은 학교 내에서 인기도 많고 잘나가면서 자신보다 인기 없는 학생들을 무시하거나 괴롭히는 여학생을 가리킵니다.

* cornfed는 '시골 출신인'이라는 뜻으로, 여성에게 뚱뚱하거나 촌스럽다고 말할 때 쓰는 단어입니다.

* size zero는 옷 사이즈 중 가장 작은 사이즈로, 매우 마른 몸매의 여성을 묘사할 때 쓰는 표현이기도 하죠.

*valedictorian 졸업생을 대표해서 고별사를 하는 학생

Step 3 도전! 실전 회화

내가 그걸 버렸을지도 모르겠어. ______________________ (throw out)

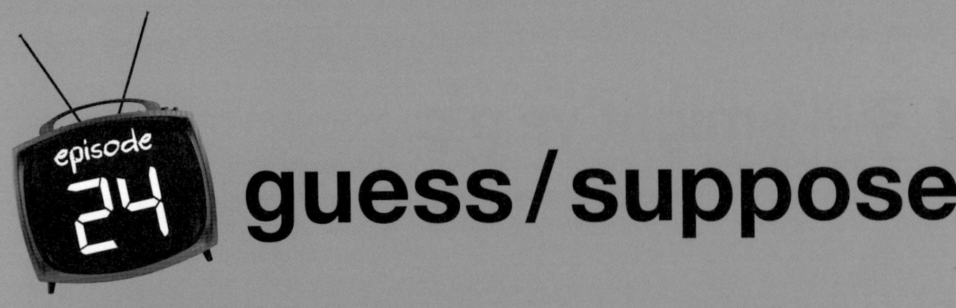

guess / suppose

Q 다음 말을 영어로 만들어 볼까요?

나 혼자서 할 수 있겠지, 뭐.

________ I can do it by myself.

내가 지금 방금 누구 봤는지 맞춰 봐.

________ I saw just now.

너 그거 오늘 끝내야 하는 거잖아.

________ finish it today.

네가 그거 갖고 온다고 그랬잖아.

________ bring it.

내가 뭘 해야 하는 거야?

________ do?

나더러 어떻게 널 신뢰하라는 거야?

________ trust you?

네 말이 맞다고 치자.

________ you're right.

I guess

Guess who

You're supposed to

You were supposed to

What am I supposed to

How am I supposed to

Suppose

pattern 162

I guess...

~인 것 같아 / ~이겠지, 뭐 

I guess...는 I think...보다는 조금 약한 의미입니다. 내 추측에 그런 것 같다고 얘기할 때 쓰는 것이죠. 또는 하기 싫은 일을 해야 할 때 '그 정도는 해 볼 수 있겠지, 뭐'라는 뉘앙스로도 쓰입니다. I guess I can try.(하긴 싫지만 한번 해 볼 수는 있겠지.) 이렇게요.

유사패턴 I suppose...

Step 1 패턴 집중 훈련

네 말이 맞는 것 같아.	**I guess** you're right.
우리한텐 선택의 여지가 없는 것 같아.	**I guess** we don't have a choice.
시도해 볼 수는 있겠지, 뭐.	**I guess** I can try.
나 혼자서 할 수 있겠지, 뭐.	**I guess** I can do it by myself.

Step 2 리얼 회화연습

크리스마스를 앞두고 집안 소파가 담뱃불에 탄 자국을 발견한 Phil과 Claire. Phil은 호흡기 문제 때문에 담배를 안 피우니 당연히 아이들 중 한 명이 저지른 일이라는 뜻인데, 모두들 자기가 아니라고 하네요. 그러자 Phil은 '그럼 소파가 담배 피우다가 자기 몸을 태운 거니?'라고 말하며 아이들을 혼냅니다. <Modern Family S1-10>

Claire **I want to know who did this. Hmm?**

Phil **Nobody, huh?** 그럼 소파가 자기 스스로한테 그랬나 보군.
**I guess it came home after a tough day, lit up a cigarette, and then it burned itself.
Is that what happened? Because that makes no sense.**

클레어 엄마는 이걸 누가 그랬는지 알고 싶어. 응?

필 아무도 없어, 응? **I guess the couch did it to itself.**
소파가 힘든 하루를 보내고 집에 와서, 담배에 불을 붙인 다음, 자기가 스스로를 태웠나 보네.
그렇게 된 거야? 왜냐하면 그건 말이 안 되거든.

Step 3 도전! 실전 회화

내가 Frank한테 사과하지, 뭐. ______________________ (apologize)

pattern 163

Guess + 의문사...

~인지 알아? / ~인지 맞춰 봐 

친구들에게 깜짝 놀랄 만한 소식을 알려 주려고 할 때 '내가 지금 무슨 말 하려는 거게? (맞춰 봐.)'라는 뜻으로 쓰입니다. guess 뒤에는 의문사 중에서도 what과 who가 많이 쓰이죠.

유사패턴 You'll never guess + 의문사...

Step 1 패턴 집중 훈련

내가 방금 무슨 얘기를 들었는지 알아?	**Guess what** I just heard.
내가 여기 오는 길에 누구 봤는지 맞춰 봐.	**Guess who** I saw on my way here.
네가 없는 사이에 무슨 일이 있었게?	**Guess what** happened while you were gone.
내가 너 생일 선물로 뭘 샀게?	**Guess what** I got for your birthday.

Step 2 리얼 회화연습

Dexter의 동생 Debra가 피해자들을 산 채로 피부를 벗겨서 살해하는 연쇄 살인범(일명 the Skinner)에 대한 단서를 찾았습니다. 바로 피해자들의 집의 나무가 모두 손질되어 있다는 사실. 결국은 이 단서 덕분에 the Skinner 검거에 성공하고 Debra는 형사(detective)로 진급하게 되죠. <Dexter S3-7>

Debra So I *go through every fucking photo of every fucking crime scene, and 뭘 찾았는지 맞춰 봐.

Quinn Trimmed trees?

Debra No, I didn't find *shit. But when I looked at the homes of the victims, motherfucking trimmed trees!

요건덤

* go through는 '겪다', '경험하다'라는 뜻 외에 '살펴보다', '훑어보다'라는 뜻으로도 쓰입니다.
* 여기서 shit은 anything 대신 쓰인 욕입니다.

데브라 그래서 말이야, 내가 모든 빌어먹을 범죄 현장의 빌어먹을 사진들을 죄다 훑다가 **guess what I found.**

퀸 손질된 나무들?

데브라 아니, 개뿔도 못 찾았어. 그런데 내가 피해자들 집을 보니까, 염병할 손질된 나무들이 있더라고!

*trim (끝부분을 잘라내거나 하여) 다듬다, 손질하다

Step 3 도전! 실전 회화

내가 지금 방금 뭐 했게? ________________

pattern 164

You're supposed to...

~해야 하는 거잖아 / ~하기로 되어 있잖아 

You're supposed to...는 회화에서 매우 많이 쓰는 패턴입니다. 당연하게 여겨지는 일, 또는 약속되거나 예정된 일에 대해서 '그렇게 하기로 되어 있잖아', '당연히 그렇게 해야 하는 거잖아'라는 뜻으로 쓰이죠. 반대로 하면 안 되는 일에 대해 얘기할 때는 You're not supposed to...라고 하면 됩니다.

유사패턴 You should... ‖ You have to...

Step 1 패턴 집중 훈련

너 그거 오늘 끝내야 하는 거잖아.	**You're supposed to finish it today.**
너 지금쯤이면 여기 있어야 하는 거잖아.	**You're supposed to be here by now.**
너 그거 소리 내서 말하면 안 되는 거잖아.	**You're not supposed to say it out loud.**
월요일까지는 안 돌아오는 걸로 되어 있잖아.	**You're not supposed to be back till Monday.**

*out loud (입으로) 소리 내어

Step 2 리얼 회화연습

말없이 떠났던 Serena가 돌아온 이후 여러 가지 오해와 서로의 실수 때문에 Blair와 Serena의 사이는 틀어집니다. 하지만 Blair가 써 놓고 보내지 못했던 편지를 Serena에게 읽어 주면서 둘 사이의 우정이 되살아납니다.
<*Gossip Girl* S1-3>

Blair **Dear Serena.**
My world is *falling apart and you're the only one who would understand. ... Where are you? Why don't you call? Why did you leave without saying good-bye?
넌 내 베스트 프렌드여야 하는 거잖아. **I miss you so much.**
Love, Blair.

블레어 세리나에게.
내 삶은 엉망진창인데, 날 이해해 줄 수 있는 건 너뿐이야. ……
넌 어디 있는 거야? 왜 나에게 전화도 안 해? 왜 인사도 없이 떠나 버린 거야?
You're supposed to be my best friend. 너무 보고 싶어. 사랑을 담아, 블레어.

*fall apart 무너지다, 엉망진창이 되다

Step 3 도전! 실전 회화

너희는 서로 도와야 하는 거잖아. ______________________________

pattern 165

You were supposed to...

네가 ~하기로 되어 있었잖아 / 네가 ~한다고 그랬잖아

상대방이 하기로 되어 있던 일을 안 했을 때 쓰기 좋은 패턴입니다. '네가 한다면서?', '네가 하기로 했잖아'라는 의미로 따지거나 핀잔을 줄 때 쓸 수 있겠죠. 반대로 not을 써서 You weren't supposed to...라고 하면 '~하면 안 되는 거였어'라는 뜻이 됩니다.

유사패턴 You should've p.p. 네가 ~했어야 하잖아

Step 1 패턴 집중 훈련

네가 그거 갖고 온다고 그랬잖아. **You were supposed to** bring it.

네가 어젯밤에 나한테 전화한다고 그랬잖아. **You were supposed to** call me last night.

네가 설거지하기로 되어 있었잖아. **You were supposed to** do the dishes.

넌 그 말 들어서는 안 되는 거였어. **You weren't supposed to** hear that.

Step 2 리얼 회화연습

Dr. House와 Dr. Wilson의 옆집에 새로운 이웃 Nora가 이사 옵니다. House와 Wilson은 둘 다 Nora에게 반하지만, 이를 어쩌나! Nora는 House와 Wilson을 게이로 오해합니다. Wilson은 어떻게든 오해를 풀어 보려 하지만 Nora는 부끄러워하는 것으로 오해하기만 하고, House는 오히려 그 오해를 부채질하는데……. <House S6-11>

Dr. Wilson I ran into Nora this morning. She told me about your *Evita* listening party.

Dr. House The London and New York recordings are so different.

Dr. Wilson 선생님이 그녀에게 우리가 (동성애자가 아니라) 이성애자라고 말하기로 하지 않았습니까.

윌슨 오늘 아침에 노라를 만났습니다. 선생님이 '에비타' 뮤지컬 음반 듣는 파티에 대해 얘기했다던데요.

하우스 런던하고 뉴욕 음반이 참 다르더군.

윌슨 **You were supposed to tell her that we're straight.**

요건덤

* Evita는 런던과 뉴욕에서 공연한 뮤지컬입니다. 흔히 게이들은 뮤지컬을 좋아한다는 고정 관념이 있기 때문에, 이미 게이로 오해받고 있는 House가 뮤지컬 음반 듣는 시간을 가졌다고 하면 오해를 풀기는커녕 오히려 더 심해지는 것이죠. 그런데 House는 Wilson이 왜 화를 내는지 알면서도 능청스럽게 런던 버전과 뉴욕 버전이 참 다르다면서 딴얘기를 하는 것입니다.

*run into 우연히 만나다

Step 3 도전! 실전 회화

너 7시에 나 데리러 오기로 했었잖아. ______________________ (pick ~ up)

pattern 166

What am I supposed to...?

내가 뭘 ~해야 하는 거야? 

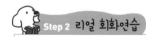

뭘 해야 할지 막막할 때나 '나 뭐라고 말하지?' 같은 말을 할 때, 아니면 '이제 와서 그러면 나더러 뭘 어쩌라고?'처럼 답답함을 표현할 때 쓰기 좋은 패턴입니다.

유사패턴 What should I...? ‖ What am I going to...?

Step 1 패턴 집중 훈련

걔한테 뭐라고 말해야 하지?	**What am I supposed to** say to him?
나더러 이제 뭘 하라는 거야?	**What am I supposed to** do now?
그런 경우엔 내가 뭘 해야 하는 거야?	In that case, **what am I supposed to** do?
난 내 삶으로 뭘 해야 하는 거야? (난 어떻게 살아가야 하는 걸까?/살아가지?)	**What am I supposed to** do with my life?

Step 2 리얼 회화연습

평화 협정 서명을 앞두고 있는 미국, 러시아, 카미스탄. 그런데 카미스탄 대통령이 피살되고, 이 일에 러시아 측이 연관된 사실이 밝혀집니다. 미국 대통령은 이 사실을 알고도 평화 협정을 위해 덮어 버리려고 하죠. 이를 보다 못한 Jack은 전 대통령 Logan을 협박해서 러시아 대통령을 암살하려고 하는데……. <24 S8-23>

Jack Call President Suvarov and tell him you want to meet him where you are immediately after the press conference.

Logan 그러고 나서 나더러 그에게 뭐라고 말하란 건가?

Jack Try the truth *for once. Tell him that you have credible intelligence about a threat to his life.

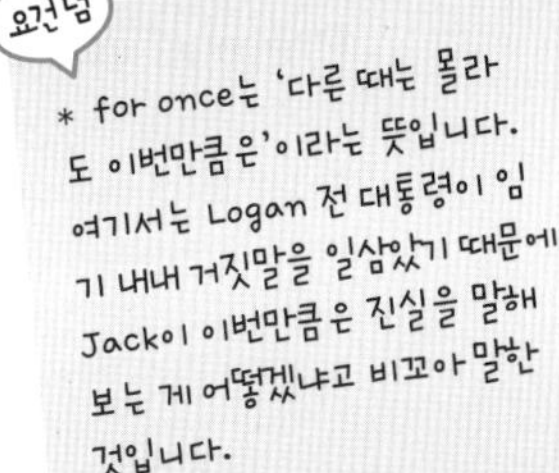

요건덤
* for once는 '다른 때는 몰라도 이번만큼은'이라는 뜻입니다. 여기서는 Logan 전 대통령이 임기 내내 거짓말을 일삼았기 때문에 Jack이 이번만큼은 진실을 말해 보는 게 어떻겠냐고 비꼬아 말한 것입니다.

잭 수바로브(러시아) 대통령에게 전화해서, 기자회견 직후에 대통령께서 지금 계신 곳에서 만나고 싶다고 말씀하십시오.

로건 **And what am I supposed to tell him?**

잭 이번만은 진실을 말씀해 보시죠. 그의 생명이 위협받고 있다는 믿을 만한 정보가 있다고 말씀하십시오.

Step 3 도전! 실전 회화

내가 뭘 사야 하는 거지? ______________________

pattern 167

How am I supposed to...?

내가 어떻게 ~해? / 나더러 어떻게 ~하라는 거야? 

How am I supposed to...? 패턴은 어려운 처지에서 '그럼 나 어쩌지?' 같은 말을 할 때, 또는 짜증 내면서 '나보고 어떻게 하라는 거야?' 같은 말을 할 때 씁니다.

유사패턴 How do I...? ‖ How should I...?

내가 어떻게 알아?	**How am I supposed to know?**
나더러 어떻게 널 신뢰하라는 거야?	**How am I supposed to trust you?**
나더러 어떻게 진정하라는 거야?	**How am I supposed to calm down?**
내가 어떻게 너 없이 살라는 거야?	**How am I supposed to live without you?**

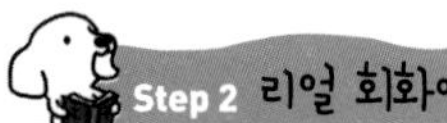

절친한 이웃 Mary Alice가 왜 자살했는지 진실을 알아내야겠다고 생각한 Susan은 딸에게 도움을 요청합니다. Mary Alice의 아들인 Zach이 지내고 있는 정신 병원에 몰래 잠입해서 Zach과 대화를 시도해 보라는 것. 딸인 Julie에게 환자인 척하라고 하면서 말이죠. <Desperate Housewives S1-6>

Julie 나더러 어떻게 정신적으로 문제 있는 십대 애들하고 잘 어울리라는 거예요?

Susan **I don't know, Julie. Pretend you're *bulimic, gag a little.**

줄리 **How am I supposed to blend in with a bunch of *messed up teenagers?**

수잔 엄마도 몰라, 줄리야. 폭식증에 걸린 척하고 토하는 시늉을 해 봐.

요건덤

* bulimia(폭식 후의 구토 증세)와 anorexia(거식증)는 대표적인 식이 장애(eating disorder)입니다.

* messed up은 형용사로서 '정신적으로 문제있는', '이상한'이라는 뜻으로 많이 쓰여요. troubled라고도 할 수 있죠.

***blend in with** ~와 조화를 이루다, 잘 어울리다 **gag** 토하다

Step 3 도전! 실전 회화

나더러 어떻게 컴퓨터를 고치라는 거야? ______________________ (fix)

Suppose (that)...

~이라고 가정해 보자 

Suppose 뒤에 '주어+동사'를 쓰면 '~라고 가정해 보자', '~라고 치자'라는 뜻이 됩니다.

유사패턴 Let's suppose (that)... ‖ Let's say (that)... ‖ Say (that)... ‖ Let's assume (that)...

Step 1 패턴 집중 훈련

네 말이 맞다고 치자.	**Suppose** you're right.
네가 과속하다가 걸린다고 가정해 보자.	**Suppose** you get caught speeding.
걔가 이미 떠났다고 가정해 보자. 어쩔 거야?	**Suppose** he left already. What're you gonna do?
그녀가 널 좋아하지 않는다고 치자.	**Suppose** she has no feelings for you.

Step 2 리얼 회화연습

임신을 하면서 갑자기 고기가 너무 먹고 싶어진 채식주의자 Phoebe는 스테이크를 먹고 자신이 고기를 먹을 때마다 죽을 소들을 생각하며 우울해 합니다. 그러자 고기를 좋아하는 Joey가 제안을 하나 하네요. <Friends S4-16>

Joey 아기가 태어날 때까지 내가 고기를 안 먹는다고 가정해 봐.
No extra animals would die, you'd just be eating my animals.

Phoebe Joey, I can't believe you would do that for me.

Joey Absolutely! I could be a vegetarian.
There's no meat in beer, right?

조이 **Suppose until the baby's born I laid off it.**
동물들이 더 죽지도 않을 거고, 넌 내 동물들을 먹는 것뿐이잖아.
(조이가 고기를 안 먹으면 피비는 조이가 먹을 고기를 대신 먹는 것이니, 전보다 소가 더 죽는 게 아니라는 의미)

피비 조이야, 네가 나를 위해서 그렇게까지 해 준다니 믿어지지가 않아.

조이 물론이지! 나도 채식주의자가 될 수 있다고. 맥주에는 고기 없는 거 맞지?

*lay off... ~를 그만 먹다[쓰다/하다]

Step 3 도전! 실전 회화

네가 그녀한테 데이트 신청을 한다고 치자. ____________________ (ask ~ out)

thing

Q 다음 말을 영어로 만들어 볼까요?

문제는 내가 그걸 살 돈이 안 된다는 거야.

________ **I can't afford it.**

난 멀티태스킹 잘 못해.

Multi-tasking ________ **.**

난 정말로 걔 같은 친구 필요 없어.

________ **a friend like him.**

우산 가져오길 잘했다.

________ **I brought an umbrella.**

우선 첫째로, 난 할 일이 많아.

________ **I have a lot of work to do.**

A 정답

The thing is

is not my thing

The last thing I need is

Good thing (that)

For one thing,

pattern 169

The thing is...

문제는 ~ / 실은 ~ / 저기 ~ 

네이티브들은 thing이라는 단어를 시도 때도 없이 씁니다. The thing is...는 문제가 뭔지 말할 때, 자신의 의견이나 요점을 이야기할 때, 또는 이유를 설명하거나 해명할 때 씁니다.

유사패턴 The problem is... ‖ The point is... ‖ The issue is...

Step 1 패턴 집중 훈련

문제는 내가 그걸 살 돈이 없다는 거야. **The thing is I can't afford it.**

문제는 우린 공통점이 하나도 없다는 거야. **The thing is we have nothing in common.**

저기…… 항상 미안하다는 말만 계속할 수는 없는 거잖아. **The thing is you can't keep saying sorry all the time.**

문제는 이건 내 책임(내가 할 일)이 아니라는 거지. **The thing is this is not my responsibility.**

Step 2 리얼 회화연습

남자들이 아름다운 모델들과 사귀는 것에 대해 칼럼을 쓰던 Carrie는 Big의 의견을 물어봅니다. 이때 Big이 Carrie가 듣고 싶어 하던 훈훈한 답변을 해 주는군요. <Sex and the City S1-2>

Big **First of all, well, there are so many goddamn gorgeous women out there in this city.**

Carrie **What an amazing observation.**

Big **하지만 중요한 건 이겁니다.**
After a while, you just wanna be with the one that makes you laugh.

빅 우선, 뭐, 이 도시엔 끝내주게 멋진 여성들이 많지 않습니까?

캐리 (비꼬며) 참 날카로운 관찰력이시군요.

빅 **But the thing is this.**
좀 지나고 나면 결국엔 날 웃게 만드는 여자와 함께 있고 싶어진다는 거죠.

*first of all 우선, 첫째로 goddamn 엄청나게, 대단히 gorgeous 아주 멋진 observation 관찰

Step 3 도전! 실전 회화

저기…… 내가 지금 당장은 좀 바쁘거든. ______________________

pattern 170

...is/are not my thing

~은 내 취향이 아니야 / ~은 나하고 안 맞아 / 난 ~은 잘 못해 

어떤 것이 not my thing이라고 얘기하면 그게 나와 잘 안 맞는다는 뜻이에요. 그러니까 별로 안 좋아한다는 의미로도 쓰이고, 잘 못한다는 의미로도 쓰이는 것이죠.

유사패턴 **...is/are not my cup of tea ‖ ...do(es)n't float my boat**

Step 1 패턴 집중 훈련

꽃미남은 내 취향이 아니야. — **Pretty boys are not my thing.**

내숭 떠는 건 나하고 안 맞아. — **Acting coy is not my thing.**

아첨하는 것은 나하고 안 맞아. — **Sucking up is not my thing.**

난 멀티태스킹 잘 못해. — **Multi-tasking is not my thing.**

*coy 남의 관심을 끌기 위해 수줍은 체하는 suck up 아첨하다, 비비다

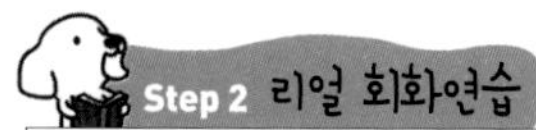

Step 2 리얼 회화연습

고등학교에 가서 학생들에게 강연을 하게 된 Ziva 요원은 긴장이 되어 안절부절못합니다. 이를 본 Tony가 무슨 일 있냐고 물어보네요. <NCIS S9-17>

Tony **Why are you so *uptight, Ziva?**

Ziva 난 대중 연설은 잘 못하거든.
It makes me nervous.

Tony **Nervous? What are you talking about? I've seen you take down armed terrorists without breaking a sweat.**

Ziva **I'm trained for that.**

* uptight는 긴장하거나 걱정거리가 있어서 주변 사람들에게 신경질 부리는 모습을 나타내는 단어입니다.

토니 너 왜 그렇게 긴장하는 거야, 지바?
지바 **Public speaking is not my thing.** 긴장하게 돼.
토니 긴장된다고? 무슨 말이야? 난 네가 무장한 테러리스트들을 아주 손쉽게 해치우는 걸 보아 왔거든.
지바 그건 그렇게 하도록 훈련받은 거고.

*take down 때려눕히다, 콧대를 납작하게 해 주다 armed 무장한 break a sweat 열심히 노력하다, 땀을 흘리다

Step 3 도전! 실전 회화

난 도박 별로야. ______________________

pattern 171

The last thing I want/need is...

내가 가장 원하지/필요하지 않는 건 ~이야 / 난 정말로 ~하고 싶지 않아

뭔가를 정말 하고 싶지 않거나 필요하지 않다는 말을 하고 싶을 때 영어로는 '내가 가장 마지막으로 원하는/필요로 하는 것이다'라고 말할 수 있습니다. is 뒤에는 (대)명사가 오기도 하고, 동사를 쓸 때는 동사원형, 'to+동사원형', '동사원형+ing' 모두 올 수 있습니다.

유사패턴 What I want/need (the) least is... ‖ What I really don't want/need is...

Step 1 패턴 집중 훈련

난 정말로 술 마시고 싶지 않아.	**The last thing I want** to do **is** drink.
난 정말로 네게 상처 주고 싶지 않아.	**The last thing I want** to do **is** to hurt you.
난 정말로 너 필요 없어.	**The last thing I need is** you.
난 정말로 걔 같은 친구 필요 없어.	**The last thing I need is** a friend like him.

Step 2 리얼 회화연습

학생들이 음주로 인해 문제를 너무 많이 일으킨다고 생각한 McKinley 고교의 교장 선생님은 glee 클럽 학생들에게 알코올의 위험성에 대한 공연을 하게 만듭니다. 이 말을 들은 glee 클럽 멤버들은 오히려 자기들끼리 술 파티를 벌이는데, 다음 날 숙취가 만만치 않군요. <*Glee* S2-14>

Artie **I brought some Bloody Marys, y'all.**

Mercedes **Are you kidding?** 내가 (지금) 가장 하기 싫은 게 술 마시는 거야.

Artie **It will help with your hangover. That's what Bloody Marys are for. *Hair of the dog that done bit your ass.**

아티 내가 블러디 메리(칵테일) 좀 가져왔어, 얘들아.

머세이디스 너 미쳤냐? **The last thing I want to do is drink.**

아티 이게 숙취에 도움이 될 거야. 블러디 메리가 그러라고 있는 거 아니겠어? 엉덩이를 문 개의 털 말이야. (해장술 말이야.)

요건덤
* Hair of the dog는 '해장술'이라는 뜻이에요. 광견병에 걸린 개에게 물렸을 때 그 개의 털(hair)을 상처에 얹어 두면 낫는다는 미신에서 나온 표현입니다.

*hangover 숙취

내가 가장 원하지 않는 건 그를 화나게 하는 거야. ______________________ (upset)

pattern 172 Good thing (that)...

~이라서 다행이야 / ~하길 잘했다 

Good thing (that)... 패턴은 It's a good thing (that)에서 문두의 It's a를 생략한 형태입니다. 이 뒤에는 '주어+동사'를 쓰면 됩니다.

Step 1 패턴 집중 훈련

우산 가져오길 잘했다.	**Good thing** I brought an umbrella.
내가 연줄이 있으니 다행이지.	**Good thing** I'm connected.
그거 안 사길 잘했다. 그게 짝퉁일 줄 누가 알았겠어?	**Good thing** I didn't buy it. Who would've thought it's a fake?
그녀한테 임자가 없어서 다행이야.	**Good thing** she isn't spoken for.

*connected 연줄이 있는 **be spoken for** 임자가 있다, 기혼이다

Step 2 리얼 회화연습

Gibbs 팀장의 전 상사였던 Ryan 대령이 FBI의 지명수배 대상 1순위가 되었습니다. Ryan 대령이 무죄라고 믿는 Gibbs는 FBI 요원 Fornell 몰래 Ryan 대령과 만나는데, Fornell 요원은 NCIS 본부에 찾아와 Gibbs를 체포하겠다고 합니다. Gibbs의 부하 요원인 Tony가 Gibbs에게 몰래 전화를 걸어 큰일 났다고 말하는데, Gibbs의 반응은? <NCIS S1-15>

Tony **Where the hell are you?**
Fornell's here with a warrant for your arrest.

Gibbs **Well,** 그럼 내가 거기 없는 게 다행이군.

토니 도대체 어디 계신 거예요?
포넬이 팀장님에 대한 구속 영장 가지고 여기에 와 있단 말이에요.

깁스 뭐, **good thing I'm not there then.**

*warrant 영장 **arrest** 체포(하다), 구속(하다)

Step 3 도전! 실전 회화

너 같은 친구가 있어서 다행이야. ______________________________

pattern 173

For one thing,...

우선 첫째로, ~ 

'우선 첫째로, ~' 하면서 이유나 불평거리를 나열할 때 For one thing,... 패턴을 쓰면 좋습니다. 그냥 For one thing,... 하고 말을 시작하면 되죠. 그 다음 것을 나열할 때는 For another,... 이라고 하면 됩니다.

유사패턴 First,... ‖ One reason is... ‖ First of all,... ‖ First off,...

Step 1 패턴 집중 훈련

우선 첫째로, 난 할 일이 많아. **For one thing,** I have a lot of work to do.

우선 첫째로, 그건 완전 불공평해. **For one thing,** it's absolutely unfair.

우선 첫째로, 난 그럴 기분이 아니야. **For one thing,** I'm not in the mood.

우선 첫째로, 걘 과시하기 좋아하는 애거든. **For one thing,** he's such a show-off.

*show-off 과시하기 좋아하는 사람

Step 2 리얼 회화연습

Penny는 자신이 남자 친구 Leonard처럼 머리가 좋지 않다는 사실에 콤플렉스를 느낍니다. 그래서 Sheldon에게 혹시 Leonard가 자신처럼 학력이 낮은 여자와 사귄 적이 있는지 물어보는데……. <The Big Bang Theory S2-1>

Penny Has he ever dated someone who wasn't a brainiac?

Sheldon Oh, well there was *this one girl who had a Ph.D. in French literature.

Penny How is that not a brainiac?

Sheldon Well, 우선 첫째로, 걔는 프랑스인이었거든. For another, it was literature.

요건덤

* this는 회화에서 '이(것)'이란 뜻이 아니라 아무 뜻 없이 쓰이기도 해요. 어떤 일에 대해 얘기할 때, 누군가나 어떤 것을 처음 언급할 때 흔히 쓰이죠.

페니 걔(레너드) 머리가 안 좋은 여자랑 사귀어 본 적 있어?

셸든 아, 음, 불문학 박사였던 여자애가 있었어.

페니 그게 어떻게 머리가 안 좋은 거야?

셸든 음, **for one thing, she was French.** 그리고 또 하나 이유는 문학 전공이었으니까.
(Sheldon은 자신 외의 모든 이의 지적 능력을 무시하며, 특히 과학이 아닌 분야는 더욱 무시함)

*brainiac 머리가 좋은 (사람)

Step 3 도전! 실전 회화

우선 첫째로, 난 네 말을 못 믿겠어. ____________________

sure

Q 다음 말을 영어로 만들어 볼까요?

걔 아마 금방 올 거야.

__________ **he'll be here soon.**

너 걔가 이길 거라는 거 확실해?

__________ **you can beat him?**

걔 승진한 것에 대해 참 기뻐 보이더라고.

__________ **happy about the promotion.**

그가 나한테 뭘 하라는 건지 잘 모르겠어.

__________ **what he wants me to do.**

당연히 내가 그거 할 수 있지.

__________ **I can do it.**

나 오늘 잠자긴 틀렸어, 그건 확실해.

I'm not getting any sleep tonight, __________ **.**

I'm pretty sure (that)
You're sure (that)
He sure looked
I'm not sure
Sure 또는 Of course
that's for sure

pattern 174

I'm pretty sure (that)/about...

아마 ~일 거야 / 분명 ~일텐데 

I'm pretty sure...는 일반적으로 100% 확신은 못하지만 꽤 확신할 때 씁니다. 틀릴 것에 대비해서 pretty를 넣어 주는 것이죠. 드물게 pretty를 써서 오히려 확신한다는 것을 더 강조할 수도 있습니다.

유사패턴 I'm quite sure (that)/about...

Step 1 패턴 집중 훈련

그들 아마 바람피우고 있는 걸 거야. **I'm pretty sure** they're having an affair.

걔 아마 금방 올 거야. 걱정 마. **I'm pretty sure** he'll be here soon. Don't worry.

걔 아마 그거 극복할 거야./잊을 거야. **I'm pretty sure** he'll get over it.

난 그것에 대해 거의 확신해. **I'm pretty sure about** that.

*have an affair 바람피우다(cheat은 기혼 · 미혼 구분 없이 씀. affair는 적어도 한쪽이 기혼일 때 씀) get over 극복하다

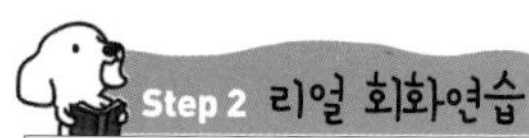

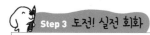

Step 2 리얼 회화연습

갖가지 공포증과 강박 장애를 갖고 있는 샌프란시스코 경찰청의 컨설턴트 Monk. 그에게 큰일이 생겼습니다. 바로 독감에 걸린 것이죠. 그는 자신의 조수인 Natalie에게 전화를 걸어 자신이 에볼라 바이러스에 걸린 것 같다며, 있지도 않은 증상을 추가하면서 잔뜩 오버를 합니다. <Monk S4-3>

Natalie **Mr. Monk, you do not have the Ebola virus.**

Monk 분명 감염된 게 맞는 것 같아. **I have all the symptoms. I have the headache, the fever, the massive internal bleeding.**

Natalie **You have massive internal bleeding?**

Monk **Yes, I believe I do, that is my opinion.**

내털리 몽크 씨, 당신은 에볼라 바이러스에 감염된 게 아니에요.

몽크 **I'm pretty sure I do.** 난 모든 감염 증상이 있다고. 두통도 있고, 열도 있고, 엄청난 내출혈이 있어.

내털리 엄청난 내출혈이 있다고요?

몽크 응, 있다고 믿어. 그게 내 의견이야.

Step 3 도전! 실전 회화

Betty가 아마 그거 감당할 수 있을 거야. ________________ (handle)

pattern 175

You're sure (that)...?

~이라는 거 확실해? 

미드를 보면 네이티브들이 Are you sure...?를 You're sure...?라고 바꿔 말하는 것을 자주 보게 됩니다. '너 확실해?'라고 확인할 때, You're sure? 또는 더 줄여서 You sure?라고도 합니다.

유사패턴 Are you certain (that)...? ‖ Are you positive (that)...?

Step 1 패턴 집중 훈련

우리가 이거 해결할 수 있다는 거 확실해? **You're sure** we can work this out?

너 이번엔 시간 지킬 거라는 거 확실해? **You're sure** you'll be on time this time?

너 패스워드 제대로 친 거 확실해? **You're sure** you typed in the right password?

네가 걔를 이길 거라는 거 확실해? **You're sure** you can beat him?

*work ~ out ~를 해결하다

Step 2 리얼 회화연습

Jack은 테러리스트들의 핵폭탄을 찾아내지만 해체가 불가능한 폭탄이라는 것을 알게 됩니다. 여기서 최선책은 핵폭탄을 항공기에 실어 사막으로 가서 항공기와 함께 폭파시키는 것. Jack은 국가를 위해 자원해서 그 비행기를 조종합니다. 하지만 항공기에 몰래 타고 있던 Mason 전 CTU(Counter Terrorist Unit, 대 테러방지단) 국장이 바이러스에 감염된 자신은 곧 죽을 목숨이니 자신이 조종하겠다고 하며, Jack을 낙하산에 태워 보냅니다. <24 S2-15>

Jack You really think you can do this?

Mason Yes.

Jack 이것을 해낼 수 있다고 완전히 확신합니까?

Mason Jack, I'm supposed to do this.

잭 정말로 이것을 해낼 수 있습니까?

메이슨 물론이지.

잭 **You are absolutely sure you can do this?**

메이슨 잭, 이건 내가 해야 할 일이라네.

Step 3 도전! 실전 회화

네가 그거 하지 않은 거 확실해? ______________________________

pattern 176 주어+sure+동사

참 ~하구나 

어떤 것에 대해 자신의 생각이나 느낌을 말할 때, 주어와 동사 사이에 sure를 넣어 주면 그 의미가 강조됩니다. You look good 하면 '좋아 보이네'라는 뜻이지만, You sure look good 하면 '너 참 좋아 보이는구나'라는 의미가 되는 것이죠.

유사패턴 주어+certainly+동사

Step 1 패턴 집중 훈련

너 참 좋아/멋져 보이는구나. **You sure look good.**

걔 승진한 것에 대해 참 기뻐 보이더라고. **He sure looked happy about the promotion.**

너 참 부끄러운 줄 모르는구나(뻔뻔하구나). **You sure are shameless.**

네 말이 맞아. 확실히 그래 보이긴 하네. **You're right. It sure looks that way.**

Step 2 리얼 회화연습

FBI의 BAU 팀은 응급실 의사 Dr. Barton이 살인범의 표적이 된 것을 알게 됩니다. 용의자를 찾으려면 Dr. Barton의 환자 중 누가 그에게 원한을 품고 있는지를 알아내야 합니다. 천재적 해킹 실력을 갖춘 팀원 Garcia가 실력 발휘를 할 때가 되었군요. <Criminal Minds S5-1>

Garcia **Okay, do you want biographical information or full medical charts?**

Reid **Can you get the full medical charts?**

Garcia **You know, for a smart boy,** 너 참 바보 같은 질문을 많이 하더라.

가르시아 그래, (Dr. Barton 환자들의) 신상 정보를 원해 아니면 의료 차트들을 다 구해 줄까?

리드(요원) 모든 의료 차트들 구할 수 있겠어요?

가르시아 있지, 똑똑한 애치고는 **you sure ask a lot of dumb questions.**

(당연히 구할 수 있는 걸 왜 물어보느냐는 의미. Reid는 IQ 187로 12세에 고교를 졸업하고 3개의 박사 학위를 소지한 천재임.)

Step 3 도전! 실전 회화

너 참 쇼핑하는 거 좋아하는구나. ______________________

pattern 177 I'm not sure...

~인지 잘 모르겠어 

'걔가 무슨 말 하는 건지 잘 모르겠어'처럼 확신이 없을 때 쓰는 패턴입니다. I'm not sure 뒤에는 what, how, when 같은 의문사나 if/whether가 이끄는 명사절이 많이 옵니다.

유사패턴 I'm not certain... ‖ I don't know...

Step 1 패턴 집중 훈련

네가 이걸 충분히 생각해 봤는지 잘 모르겠어. **I'm not sure if** you've thought this through.

걔가 그것에 대해 어떻게 생각할지 잘 모르겠어. **I'm not sure how** he'll feel about it.

그가 나한테 뭘 하라는 건지 잘 모르겠어. **I'm not sure what** he wants me to do.

그게 좋은 건지 나쁜 건지 잘 모르겠어. **I'm not sure if** it's a good thing or a bad thing.

*think ~ through ~를 충분히 생각하다

Step 2 리얼 회화연습

자신이 근무하는 회사의 CEO인 Wesley Kent가 불법을 저지르려는 것에 동참하지 않는다는 이유로 살해당한 Hayes. 이를 수사하던 Neal과 FBI 요원 Peter는 Hayes가 사내 연애를 하고 있었다는 것을 알게 됩니다. 이들은 Hayes의 연인이었던 Jessica를 미끼로 삼아 범인을 잡으려고 하는데……. <White Collar S2-8>

Peter Think *she's up to it?

Neal Well, she's certainly driven.

Peter Yeah, that's what worries me. 그녀가 (죽은 연인에 대한) 복수를 원하는 건지 정의를 원하는 건지 모르겠거든.

Neal I can't blame her either way.

요건덤
* be up to...가 의문문이나 부정문에서 쓰이면 '~를 할 만큼 충분히 똑똑하거나 능력이 있다'라는 뜻이 됩니다. I don't think he's up to the job.(그는 그 일을 할 만한 능력이 안 돼.)처럼요.

피터 네가 보기에 그녀(제시카)가 감당할 수 있을 것 같아?

닐 뭐, 확실히 의지는 강해 보여요.

피터 그래, 그게 걱정되는 거야. **I'm not sure if she wants revenge or justice.**

닐 어느 쪽이든 그녀를 탓할 수는 없을 것 같아요. (그녀의 심정이 이해가 돼요.)

*driven 투지[의욕]이 넘치는

Step 3 도전! 실전 회화

내가 옳은 결정을 한 건지 잘 모르겠어. ______________________

pattern 178

Sure/Of course+주어+동사

당연히 ~이지 

상대방에게 '무슨 그런 당연한 말을 하고 그래'라면서 '~는 당연하다'라고 할 때 쓰는 패턴입니다. 또는 상대방이 사실을 인정하지 않으려고 할 때나 '그러시겠지' 하며 상대방을 비꼴 때도 쓸 수 있죠.

Step 1 패턴 집중 훈련

당연히 내가 자기 사랑하지.	**Sure I love you, honey.**
했으면서 뭘 그래. 네가 그녀한테 키스하는 거 내가 직접 봤어!	**Sure you did. I saw you kiss her myself!**
당연히 내가 그거 할 수 있지. 식은 죽 먹기야!	**Of course I can do it. It's a piece of cake!**
당연히 그러시겠지. 네가 모르는 게 뭐 있어?	**Of course you do. What don't you know?**

Step 2 리얼 회화연습

살인 사건 현장에 늦게 도착한 것으로도 모자라 주차 금지 구역에 주차를 하고 온 Jane. 경찰관 한 명이 거기에 주차하면 안 된다고 하지만, 능청스러운 말장난으로 여유 있게 넘기고는 아무 일도 없었다는 듯이 Lisbon 반장이 있는 곳으로 갑니다. <The Mentalist S3-1>

Police officer **You can't park there!**

Jane 물론 할 수 있죠. (못 하긴요) **Look!**

Lisbon **There you are!**

Jane **Here I am! Good morning.**
Why so glum?

경찰관 거기에 주차하시면 안 됩니다!

제인 **Sure I can.** 보세요! (주차했잖아요.)

리즈번 이제 왔구나!

제인 이제 왔어! 좋은 아침.
왜 그렇게 우울해?

*glum 침울한, 시무룩한

Step 3 도전! 실전 회화

당연히 너 그거 할 수 있지. ______________________

pattern 179

..., that's for sure

~, 그건 확실해 

어떤 말을 하고 끝에 that's for sure를 붙이면 '다른 건 몰라도 이건 확실해'라는 확신을 나타내는 표현이 됩니다.

유사패턴 주어+sure(ly)+동사 ‖ Surely,... ‖ ..., for sure

Step 1 패턴 집중 훈련

그 사람 그렇게 기분이 좋아 보이진 않더라고, 그건 확실해. **He didn't look too happy, that's for sure.**

걔는 예민해(걔한텐 무슨 말을 못 해), 그건 확실해. **He's touchy, that's for sure.**

나 같으면 내 직감을 따르겠어, 그건 확실해. **I'd go with my gut, that's for sure.**

나 오늘 밤 잠자긴 틀렸어, 그건 확실해. **I'm not getting any sleep tonight, that's for sure.**

*touchy 쉽게 삐치거나 짜증 부리는 gut (이성이 아닌) 직감

Step 2 리얼 회화연습

<Friends>에 나오는 친구들이 모두 '만약에 이랬다면…….' 하고 자신의 삶이 어떻게 됐을까 여러 가지 상상을 해 봅니다. 학창 시절 엄청 뚱뚱했던 Monica는 자신이 지금도 뚱뚱하다면 Chandler가 자신에게 관심도 갖지 않았을 것이라고 하죠. 이에 대한 Chandler의 반응은? <Friends S6-15>

Monica **What if I was still fat? Well, you wouldn't be dating me**, 그건 확실해.

Chandler **Sure I would!**

All **Oh yeah! Come on! *Yeah right!**

Chandler **What, you guys really think that I'm that shallow?**

요건덤
* Yeah right!는 '네 말이 맞아!'라고 맞장구치는 것이 아니라, '웃기시네!'라고 비꼬는 것입니다.

모니카 만약 내가 아직도 뚱뚱했다면 어땠을까? (챈들러에게) 뭐, 넌 나랑 사귀지 않겠지, **that's for sure.**

챈들러 당연히 사귀지!

모두 퍽도 그러시겠다! 야! 웃기지 마!

챈들러 뭐, 너희들은 정말 내가 그렇게 깊이가 없다고 생각하는 거야?

Step 3 도전! 실전 회화

네가 실수한 거야, 그건 확실해. ______________________________

if

Q 다음 말을 영어로 만들어 볼까요?

만약 그게 내 잘못이었다면 어쩌지?

__________ **it was my fault?**

내가 너라면 그냥 그의 말을 들을 거야.

__________ **listen to him** __________ .

필요하다면 내 차라도 팔 거야.

__________ **sell my car** __________ .

내가 보기엔 말이야, 걔 완전 루저야.

He's a total loser, __________ .

A 정답

What if

I would / if I were you

I'll / if I have to

if you ask me

pattern 180

What if...?

만약 ~하면 어쩌지?/어쩔 건데? 

불안감을 나타낼 때 쓰는 표현입니다. '만약 잘 안 되면 어쩌지?'처럼요. 또는 어떤 상황에 대해 가정할 때도 쓰입니다. '만약 내가 거절하면 어떻게 할 건데?'처럼요. What if 뒤에는 '주어+동사'를 쓰면 됩니다.

유사패턴 What happens if...?

Step 1 패턴 집중 훈련

만약 그게 내 잘못이었다면 어쩌지?	**What if** it was my fault?
만약 내가 거절하면 어쩔 건데?	**What if** I say no?
너 음주운전으로 걸리면 어쩌려고 그래?	**What if** you get caught for drunk driving?
만약 우리 사이가 잘 안 되면 어쩌지?	**What if** things between us don't work out?

Step 2 리얼 회화연습

우리 세계와 동일하지만 시공간이 다른 우주의 세계가 존재하고, 이쪽 세계의 인물들이 모두 다른 세계에도 존재합니다. 전혀 다른 인격으로요. 문제는 그쪽 세계의 Walter 박사는 이쪽 세계를 파괴하려는 기계를 작동시켰다는 것. 세계 종말을 앞두고 있는 현재, 유일하게 그 기계 작동을 멈출 수 있는 것은 Olivia뿐입니다. <Fringe S3-21>

Olivia **Walter,** 제가 못 해내면 어쩌죠?
What if I can't turn it off?

Dr. Bishop **I have known you for a long time, Olivia,**
and I believe that the drawing was no accident.
Whoever did it knew the same as I do: that you don't fail.

올리비아 월터 (박사님), **what if I can't do it?**
제가 그것을 끄지 못하면 어쩌죠?

비숍 박사 난 너를 오랫동안 알아 왔어, 올리비아.
그리고 난 그 그림(기계를 끄는 방법이 설명되어 있는 그림. 이 그림에 올리비아의 얼굴이 그려져 있음.)이 우연이 아니라고 믿어.
누가 그 그림을 그렸든 나와 같은 생각을 했던 거야. 너는 실패하지 않는다고 말이지.

Step 3 도전! 실전 회화

만약 내가 틀렸던 거라면 어쩌지? ______________________

pattern 181

I'd... if I were you

내가 너라면 ~할걸 

'내가 너라면 그런 거 안 하겠다.'와 같이 상대방에게 충고하거나 제안할 때 쓰면 좋은 패턴입니다. if I were you를 앞으로 옮겨서 If I were you, I'd...라고 해도 됩니다. 어떤 것을 하지 않을 거라고 할 때는 I'd 대신 I wouldn't를 쓰면 되고요.

Step 1 패턴 집중 훈련

내가 너라면 물러서겠어.	**I'd back down if I were you.**
내가 너라면 그거 안 할 텐데.	**I wouldn't do that if I were you.**
내가 너라면 그것에 대해 뻐기진 않을걸.	**I wouldn't brag about it if I were you.**
내가 너라면 그거 다시 생각해 볼걸.	**If I were you, I'd rethink that.**

*back down (주장 등을) 굽히다, 포기하다 brag 자랑하다, 뻐기다, 뽐내다

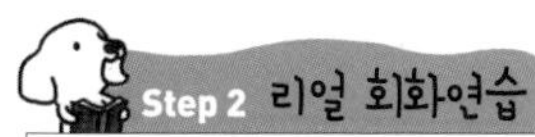

Step 2 리얼 회화연습

중국 첩보 요원들에게 납치된 지 20개월 만에 테러범의 손에 넘겨진 Jack. 탈출에 성공한 Jack은 자신의 아버지가 테러리스트들과 연관이 있다는 사실을 알고는 아버지를 찾아 나섭니다. Jack의 동생 Graem의 경호팀장인 Liddy는 이 사실을 알아내고 Graem에게 즉각 보고합니다. <24 S6-5>

Graem *What's he want?
Liddy He's looking for the old man.
Graem Yeah? Why?
Liddy He didn't say.
But 만약 저라면 잭한테 전화가 올 걸 기다리겠습니다. (분명히 잭한테 전화가 올 것입니다.)
Your name came up.

요건덤
* 여기서 What's는 What does를 줄인 형태입니다.

그랭 그가(형인 잭이) 뭘 원한대?
리디 아버님을 찾고 있습니다.
그랭 그래? 왜?
리디 말을 안 하더군요. 그런데 **if I were you, I'd expect a call from Jack.**
당신 얘기를 꺼내더군요.

Step 3 도전! 실전 회화

내가 너라면 걱정 안 할 거야. ______________________

pattern 182

I'll... if I have to

필요하다면 ~할 거야/~이라도 할 거야 

필요하다면 어떤 것을 할 각오가 되어 있다는 의미로 쓰이는 패턴입니다. 특히 다급한 상황에서 결의를 보여줄 때 쓰면 좋겠죠.

유사패턴 I'm gonna... if I have to

Step 1 패턴 집중 훈련

필요하다면 밤새워서라도 끝마칠 거야.	**I'll** stay up all night to finish **if I have to.**
필요하다면 내 차라도 팔 거야.	**I'll** sell my car **if I have to.**
필요하다면 그와 이혼이라도 할 거야.	**I'll** divorce him **if I have to.**
필요하다면 너에게 대가를 치르게 할 거야.	**I'll** make you pay **if I have to.**

*make ~ pay ~에게 댓가를 치르게 하다

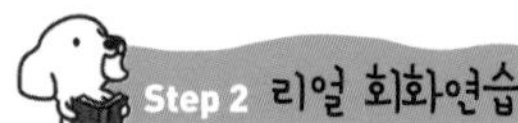

Step 2 리얼 회화연습

사랑하는 여자를 사촌에게 빼앗길 위기에 처한 Sucre는 하루 빨리 감옥을 나가고 싶어 Michael의 탈옥 계획에 동참하기로 합니다. 그런데 문제는 Michael의 현재 감방 메이트가 Haywire라는 것. 게다가 Haywire가 자꾸 Michael의 문신에 관심을 보이면서 문신의 의미를 알아내려 한다는 것입니다. <Prison Break S1-4>

Sucre 필요하다면 미친 쥐처럼 파댈게, 신참. I gotta be back in.

Michael As of right now, there is no in.
Van Gogh over there is my new cellmate.

Sucre But you're going to do something about it, right?
You're going to get rid of him.

수크레 **I'll dig like a psychotic rodent if I have to, fish.** 나 다시 내 감방에 들어가야 돼.

마이클 지금으로선 들어올 길이 없어.
저기 있는 반 고흐(Haywire가 마이클의 문신을 보고 외워서 그대로 그린 것에 빗대어 지은 별명)가 새로운 내 감방 메이트거든.

수크레 하지만 네가 분명히 어떻게든 처리할 거지, 그렇지? 걔를 쫓아낼 거잖아.

*psychotic 미친, 사이코 같은 rodent 쥐 · 토끼처럼 앞니가 날카로운 동물 fish 신참(= new arrival, first-timer)

Step 3 도전! 실전 회화

필요하다면 걔 팰 거야. ______________________________ (beat ~ up)

pattern 183

... if you ask me

내 생각으론 말이야, ~ / 내가 보기엔 말이지, ~ 

if you ask me는 직역하면 '만약 내게 물어본다면'이라는 뜻입니다. 그래서 '내 의견을 물어본다면 난 이렇게 말하겠다'처럼 자신의 의견이나 생각을 말할 때 쓰는 패턴이 된 것이죠.

유사패턴 ... in my opinion

Step 1 패턴 집중 훈련

내가 보기엔 말이야, 그건 명백한 거짓말이었어.	It was an outright lie **if you ask me.**
내가 보기엔 말이야, 걔 너무 가식적이야.	He's way too pretentious **if you ask me.**
내가 보기엔 말이야, 이거 완전히 망쳤어.	This is a complete disaster **if you ask me.**
내가 보기엔 말이야, 걔 완전 루저야.	**If you ask me,** he's a total loser.

*outright 명백한, 노골적인 way 너무 pretentious 가식적인

Step 2 리얼 회화연습

겨우 만난 친아버지에게 사기를 당해 신장을 빼앗긴 Locke은 anger management(분노 통제)를 위한 그룹 미팅에 참여하게 됩니다. 여기서 그는 Francine이라는 여자가 자신의 엄마가 30달러를 훔쳐 갔다며 화를 내는 모습을 보고 그까짓게 대수냐며 화를 내기 시작합니다. <Lost S2-3>

Locke **I just don't think 30 dollars are worth getting angry about.**

Moderator **Well, Francine feels like 30 dollars....**

Locke 내가 보기엔 말이죠, 프랜신 씨는 좀 감정 과잉인 것 같군요.
You all do. I mean, *seriously!
"So-and-so never called me back",
"my mother stole 30 dollars from me".

* Seriously!는 다른 사람이 한 말에 대해 '도대체가 말이야!' 하면서 불쾌하다는 반응을 보일 때 많이 쓰여요. 비슷하게 Honestly!도 많이 쓰이죠.

록 내 생각엔 30달러 정도는 화낼 가치가 없는 것 같군요.

진행자 저기, 프랜신 씨는 자신이 30달러 취급 받은 기분이 든다는 얘기예요…….

록 **Francine feels a little too much if you ask me.** (별거 아닌 것 같고 징징댄다는 의미로 한 말)
당신들 모두 말이요. 도대체가 말이야! "어쩌고저쩌고 한 사람이 나한테 전화를 안 해 줘요", "엄마가 나한테서 30달러를 훔쳐갔어요." (다른 사람들이 한 말을 흉내 내면서 비꼬는 것임.)

*feel too much 감정 과잉이다, 별거 아닌 것 가지고 오버하다

Step 3 도전! 실전 회화

내가 보기엔 그건 Jimmy의 잘못인 것 같아. ____________________

sorry / thank

걔 여자 친구가 안됐어.

__________ his girlfriend.

실례지만 혹시 전에 어디서 뵌 적 있나요?

__________ have we met before?

내가 안 좋은 타이밍에 온 거라면 미안해.

__________ came at a bad time.

날 도와줘서 고맙다는 말을 하고 싶었어.

__________ helping me.

I feel sorry for

I'm sorry, but

Sorry if I

I just wanted to thank you for

pattern 184

I feel sorry for...

~가 안됐어/불쌍해

I feel sorry for 뒤에 사람을 쓰면 '누군가가 안됐다', '누군가가 불쌍하다'라는 의미가 됩니다. 많이 쓰는 패턴이니 꼭 알아두세요.

유사패턴 I pity... ‖ I feel pity for...

Step 1 패턴 집중 훈련

젠이 불쌍해. 걔네 엄마가 돌아가셨대.	**I feel sorry for** Jen. Her mom passed away.
벤이 네 새 상사라면서. 안됐다.	I heard Ben is your new boss. **I feel sorry for** you.
난 요즘 내 스스로가 안됐다는 생각이 들어.	**I feel sorry for** myself these days.
밥의 여자 친구가 안됐어. 그녀를 당연하게 여기잖아. (그녀가 잘해 주는 걸 당연하게 여기잖아.)	**I feel sorry for** Bob's girlfriend. He takes her for granted.

*take ~ for granted ~를 당연시 여기다, ~가 고마운 줄 모르다

Step 2 리얼 회화연습

Dr. Chase는 병원에 환자로 들어온 잔인한 독재자를 죽게 만듭니다. Dr. Chase는 그 일에 대해 책임을 지고 부인인 Dr. Cameron과 병원을 떠나기로 하는데요, Dr. Chase는 병원에 남아 Dr. House 밑에서 함께 일하기로 마음을 바꿉니다. 결국 이 둘의 결혼은 파경을 맞는데요, Dr. Cameron은 병원을 떠나기 전에 Dr. House를 찾아가 한마디합니다. <House S6-8>

Dr. Cameron You ruined him. So he can't even *see right from wrong. Can't even see the sanctity of a human life anymore. I loved you. And I loved Chase. 이젠 당신들이 바뀐 모습을 보면 둘 다 불쌍하게 느껴져요. Because there's no way back for either of you.

요건덤
* see right from wrong은 '옳고 그른 것을 구분하다'라는 뜻이에요. see 대신 tell을 쓰기도 합니다.

캐머런 (하우스에게) 선생님이 그(체이스)를 망치셨어요. 그래서 그는 이제 옳고 그른 것도 구분을 못 하게 됐어요. 생명의 존엄성도 이제 모른다고요. 전 선생님을 사랑했어요. 그리고 체이스를 사랑했어요. **I feel sorry for you both, for what you've become.** 왜냐하면 이젠 당신 둘 다 예전으로 돌아갈 길이 없으니까요.

*sanctity 존엄성, 신성함, 성스러움

Step 3 도전! 실전 회화

네 형이 안됐다. ____________________

pattern 185

I'm sorry, but...

미안하지만 ~ / 실례지만 ~

상대방의 말에 반대하거나 제안을 거절할 때, 상대방에게 실례가 될지도 모르는 말을 해야 할 때, 앞에 I'm sorry, but... 하면서 말을 시작하면 좋습니다.

유사패턴 Excuse me, but...

Step 1 패턴 집중 훈련

미안하지만 내가 일이 밀려 있어서 말이야. **I'm sorry, but I'm behind in my work.**

실례지만 혹시 전에 어디서 뵌 적 있나요? **I'm sorry, but have we met before?**

죄송하지만 세부 사항은 말씀드릴 수 없습니다. **I'm sorry, but I can't comment on the details.**

미안하지만 그건 그다지 좋은 생각이 아닌 것 같은데. **I'm sorry, but I don't think that's such a good idea.**

Step 2 리얼 회화연습

Elena는 사랑하는 Stefan을 찾아 늑대 인간들이 모여 있는 산악 지대로 가게 됩니다. Elena의 역사 교사이자 계부인 Alaric는 그녀가 걱정되어 함께 갑니다. Stefan을 찾아 나선 둘은 대화를 나누게 되는데, Elena가 외롭고 자조적인 Alaric를 위로하는군요. <The Vampire Diaries S3-2>

Elena **You're not a lost cause, Ric(Alarc의 애칭). You're just...lost. But so is Jeremy. And so am I. Our family is gone. We don't have anybody.**
미안하지만 선생님한테도 아무도 없잖아요.
So...*we're kind of it for each other.

요건덤
* be it for each other는 '서로밖에 없다'라는 뜻이에요. 여기에서처럼 가족애를 의미할 수도 있고, 연인 간에 '서로 운명의 상대이다'라는 뜻으로도 쓸 수 있죠.

엘리나 선생님은 가망 없는 사람이 아니에요.
선생님은 단지…… 방황하는 것뿐이에요.
제러미(엘리나의 남동생)도 마찬가지고요. 그리고 나도 그렇고요.
우리 가족은 사라졌잖아요. 우리한텐 아무도 없다고요.
I'm sorry, but you don't have anybody either.
그러니까…… 우리한테는 서로밖에 없는 셈이라고요.

*lost cause 가망없는 일/사람

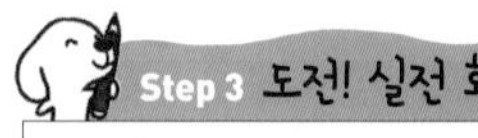

Step 3 도전! 실전 회화

미안하지만 너한테 말해 줄 수 없어. ______________________________

pattern 186

(I'm) Sorry if I...

내가 ~했다면 미안해 

'만약 내가 널 불쾌하게 했다면 미안해' 같은 말을 할 때 쓰는 패턴입니다. 원래는 I'm sorry if I...인데요, 맨 앞의 I'm은 생략해도 됩니다.

유사패턴 I apologize if I...

Step 1 패턴 집중 훈련

내가 기분 나쁘게 했다면 미안해. **Sorry if I** offended you.

너한테 그런 인상을 줬다면 미안해. **Sorry if I** gave you that impression.

내가 안 좋은 타이밍에 온 거라면 미안해. **Sorry if I** came at a bad time.

내가 너무 오래 머물렀다면 미안해. **I'm sorry if I** overstayed my welcome.

*overstay one's welcome 너무 오래 머물러서 폐를 끼치다

Step 2 리얼 회화연습

아버지가 딸뻘인 여자 Gloria와 재혼을 하자, Claire는 Gloria와 그녀의 아들인 Manny를 탐탁지 않게 여깁니다. Gloria도 물론 이를 눈치채고 Claire에게 한마디하는데……. <Modern Family S1-5>

Gloria I feel like Manny and I are not welcome in this family.

Claire That is so crazy!

Gloria No, it's not so crazy. It's how I feel.

Claire 그렇게 느낀다면 미안해요. I really am. Because from the moment I met you, I have tried to make you feel comfortable with us.

Gloria You think *it's all in my head?

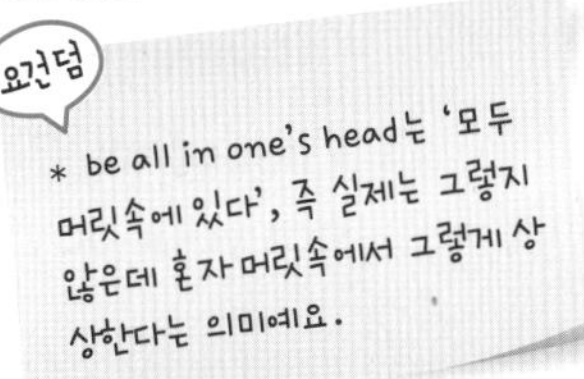

요건덤
* be all in one's head는 '모두 머릿속에 있다', 즉 실제는 그렇지 않은데 혼자 머릿속에서 그렇게 상상한다는 의미예요.

글로리아 난 매니와 내가 이 가족에서 환영받지 못한다는 기분이 들어요.

클레어 그건 말도 안 돼요!

글로리아 아니요, 그렇지 않아요. 내가 그렇게 느낀다고요.

클레어 I am sorry if you feel that way. 정말요.
왜냐하면 난 글로리아를 처음 봤을 때부터 우리와 함께 있는 걸 편하게 해 주려고 노력했거든요.

글로리아 그럼 나 혼자만 그렇게 생각한다는 건가요?

Step 3 도전! 실전 회화

내가 도가 지나쳤다면 미안해. ______________________________ (go too far)

pattern 187

I just wanted to thank you for...

~에 대해 고맙다는 말을 하고 싶었어

상대방이 해 준 일에 대해 고마움을 표현할 때 쓰면 좋은 패턴입니다. 그냥 가볍게 Thanks나 Thank you 하고 넘어가는 것보다는 좀 더 진지하게 고마움을 표현하고 싶을 때 쓰면 좋겠죠?

유사패턴 I just wanted to say thank you for...

Step 1 패턴 집중 훈련

저한테 잘 대해 주셔서 감사드리고 싶었어요.	**I just wanted to thank you for** being nice to me.
날 도와줘서 고맙다는 말을 하고 싶었어.	**I just wanted to thank you for** helping me.
차 태워 줘서 고맙다는 말을 하고 싶었어.	**I just wanted to thank you for** the ride.
네가 날 위해 해 준 모든 일에 대해 고맙다는 말을 하고 싶었어.	**I just wanted to thank you for** everything you did for me.

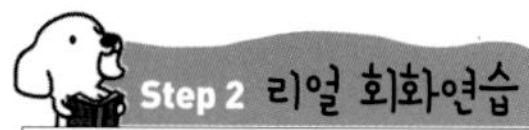

Step 2 리얼 회화연습

Sterling Cooper 광고사의 creative director인 Don Draper의 비서로 일하게 된 Peggy. 첫 출근 날부터 Pete Campbell이라는 부하 직원이 Peggy에게 집적대던 것을 Don이 막아 주자, Peggy는 퇴근하며 감사의 표현을 하러 갑니다. 그런데 Peggy가 감사의 표현을 너무 친근하게(?) 하자 Don이 딱 자르는군요. <Mad Men S1-1>

Peggy 출근 첫날을 즐겁게 보내게 해 주셔서 감사하다는 말씀을 드리고 싶었어요.
And for, you know,
*standing up for me with Mr. Campbell.

Don First of all, Peggy, I'm your boss, not your boyfriend.

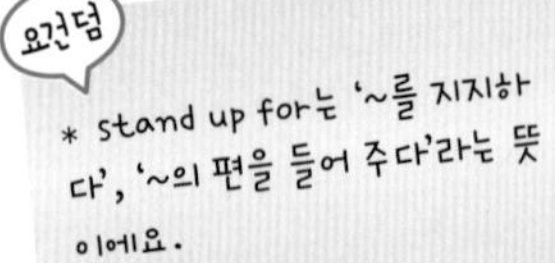

요건덤
* stand up for는 '~를 지지하다', '~의 편을 들어 주다'라는 뜻이에요.

페기 I just wanted to thank you for a great first day.
그리고 또, 있잖아요, 캠벨 씨와의 일에서 제 편 들어 주셔서요. (페기가 말하며 돈의 손을 만짐)

돈 첫째로, 페기 양, 난 당신의 상사야, 남자 친구가 아니라.

Step 3 도전! 실전 회화

절 초대해 주셔서 감사드리고 싶었어요. ______________________

놓치기 쉬운 필수패턴 1

우리 꼭 여기 또 오자.

______ come here again.

뭐 그런 질문이 다 있어?

______ question is that?

나랑 저녁 식사 할래요?

______ have dinner with me?

걔 분명히 하나도 기억 안 날 거야.

______ he doesn't remember a thing.

보니까 너에 대해 오해했던 것 같아.

______ I was wrong about you.

알고 보니 걔가 사실은 괜찮은 애더라고.

______ he's actually a nice guy.

A 정답

We should

What kind of

Care to

I bet

Looks like

Turns out (that)

pattern 188

We should...

우리 꼭 ~해야겠다 / 우리 ~하자 

should 하면 가장 먼저 떠오르는 게 '~해야 한다'는 의무의 의미이죠. 하지만 회화에서는 꼭 하고 싶어 하는 일에 대해 얘기할 때도 많이 쓰입니다. 예를 들어 '우리 오늘 밤에 나가서 놀자.'라는 말을 We should go out tonight.이라고 할 수 있는 거죠.

유사패턴 Let's...

Step 1 패턴 집중 훈련

우리 꼭 여기 또 오자.	**We should** come here again.
우리 언제 데이트 한번 해야겠는걸요.	**We should** go out sometime.
이번 주말에 꼭 만나서 놀자.	**We should** totally hang out this weekend.
이거 다음에 또 하죠.	**We should** do this again.

*hang out 함께 놀다, 함께 시간을 보내다

Step 2 리얼 회화연습

데이트를 마치고 돌아온 Phoebe. Ross가 데이트가 어땠는지 물어보자, Phoebe는 '다음에 또 데이트하죠.'라는 말을 들었다며 별로 좋지 않았다고 하네요. 알고 보니 Phoebe가 들은 이 말은 상투적인 거절 멘트! <Friends S1-3>

Ross **Hey. Oh, oh, *how'd it go?**

Phoebe **Um, not so good.**
He walked me to the subway and said,
"다음에 또 데이트하죠!"

로스 헤이! 오, 오, (데이트) 어떻게 됐어?

피비 음, 별로 안 좋았어.
그가 지하철까지 바래다주면서
*"We should do this again!"이라고 하더라고.

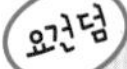

요건덤

* How'd it go?는 How did it go?를 줄인 형태로, '어땠어?', '어떻게 됐어?'라고 물어볼 때 많이 쓰는 표현입니다.
* We should do this again은 '다음에 또 만나죠'라는 뜻이지만, 데이트 시 대놓고 거절하는 대신 좋게 돌려 얘기할 때 많이 쓰는 말입니다.

Step 3 도전! 실전 회화

우리 언제 한번 저녁 식사 하자. ______________________ (have dinner)

pattern 189 What kind of...?

도대체 ~이 뭐 이래? / 어떤 ~이 …해? 

What kind of...? 패턴은 화가 났거나 황당했을 때 '뭐 이런 사람이 다 있어?', '뭐 이런 게 다 있어?'라는 뉘앙스로 말하는 패턴입니다.

유사패턴 What sort of...?

Step 1 패턴 집중 훈련

뭐 그런 질문이 다 있어?	**What kind of** question is that?
어떤 사람이 이런 짓을 하냐?	**What kind of** person does this?
서비스가 뭐 이래? 매니저 어디 있어요?	**What kind of** service is this? Where's the manager?
어떤 여자가 걔 같은 얼간이랑 결혼을 해?	**What kind of** woman marries a jackass like him?

*jackass 얼간이, 멍청이

Step 2 리얼 회화연습

한 여성이 살해되고 그녀의 친구 Nicole이 실종되자, 마을 남자들이 Nicole 수색에 나섭니다. 직감적으로 이 수색대에 범인이 있다고 확신하는 Jane은 보안관에게 뜬금없는 질문을 합니다. 갑작스러운 질문으로 상대방을 당황시켜 단서를 잡는 것은 Jane이 자주 쓰는 수법이죠. <The Mentalist S1-5>

Jane *Tell me, of the men on this search party, which one would you guess is a violent sexual predator?

Sheriff 무슨 그런 질문이 다 있습……?

Jane Whose name just *popped into your head? Someone's did. There's always someone.

요건덤
* Tell me,는 '저기 말이죠'라는 뜻으로 말을 시작하는 의미로 써요.
* pop into one's head는 아이디어나 이미지, 이름 같은 게 '머리에 불쑥 떠오르다'라는 뜻이에요.

제인 저기 말입니다. 수색대에 있는 남자들 중에, 어떤 남자가 당신이 보기에 난폭한 성 범죄자라는 생각이 드십니까?

보안관 **What kind of question is [that]?**
(실제 대사에서는 that을 말하기 전에 말이 끊김)

제인 (말을 끊으며) 지금 누구의 이름이 보안관님 머리에 떠올랐습니까? 누군가의 이름이 떠올랐잖아요. 항상 누군가 한 명은 있게 마련이죠.

*sexual predator 성 범죄자

Step 3 도전! 실전 회화

무슨 아빠가 그래? ______________________

pattern 190

Care to...?

~하고 싶어? / ~할래? / ~할 생각 있어? 

상대방에게 뭔가를 하고 싶거나 할 생각이 있는지 물어볼 때 쓰는 패턴입니다. 원래는 Do you care to...?나 Would you care to...?인데 앞부분을 생략하고 그냥 Care to...?라고만 해도 됩니다. 뒤에는 동사 원형을 써요.

유사패턴 Would you like to...? ‖ Wanna...?

Step 1 패턴 집중 훈련

우리하고 같이 갈래?	**Care to join us?**
이것에 대해 한 말씀 하시겠습니까?	**Care to comment on this?**
이거 한번 시도해 볼래(먹어 볼래/입어 볼래)?	**Care to try this?**
나랑 저녁 식사 할래요?	**Care to have dinner with me?**

Step 2 리얼 회화연습

피살된 남자의 바지 안쪽 허벅지에서 링귀니(파스타의 일종)가 발견됩니다. 이 링귀니에 있는 지문과 머리카락이 모두 각각 다른 사람의 것이라는 결과가 나오자, CSI 팀의 기술 요원 Adam은 피해자가 스플로싱 파티라는 것을 하고 있었을 거라는 추측을 합니다. <CSI NY S6-6>

Adam **This guy was kinky with his food.**

Stella 더 자세히 말해 보겠어?

Adam **I think he was sploshing.**
A sploshing party is an event where a group of people get together and they experience food in a, uh, sensual way.

애덤 그 남자는 음식에 있어서 성적으로 특이했군요.

스텔라(형사) **Care to elaborate on that?**

애덤 스플로싱을 하고 있었던 것 같아요.
스플로싱 파티가 뭐냐 하면 사람들이 모여서 음식을…… 음…… 관능적으로 느끼는 이벤트예요.

*kinky 성적으로 특이한, 변태적인 elaborate 자세히 설명하다

Step 3 도전! 실전 회화

앉을래? ______________________________

pattern 191

I bet (that)...

분명히 ~이야 

bet는 '내기하다'라는 뜻으로, I bet...이라고 하면 '내기를 걸 정도로 확실하다'라고 말하는 것이 됩니다.

유사패턴 I'm sure (that)... ‖ I'm certain (that)... ‖ I'm positive (that)...

Step 1 패턴 집중 훈련

분명히 부모님이 널 자랑스러워 하실 거야.	**I bet** your parents will be proud of you.
그녀는 분명히 완전 질겁할 거야.	**I bet** she's totally gonna freak out.
걔 분명히 하나도 기억 안 날 거야.	**I bet** he doesn't remember a thing.
분명히 여자들이 널 보면 군침을 흘릴 거야. (넌 분명히 여자들한테 인기 많을 거야.)	**I bet** all the girls drool over you.

*freak out 질겁하다, 깜짝 놀라다 drool (군)침 흘리다

Step 2 리얼 회화연습

바람둥이 Barney는 친구인 Ted가 Robin 때문에 우울해 하자 Ted를 데리고 필라델피아로 여행을 갑니다. 그곳에서 그들은 Liberty Bell의 경비원을 만나게 되는데, Barney는 여기서 특이한 발상을 하는군요.

<How I Met Your Mother S1-3>

Barney **Have you ever licked it?**

Security guard **Nope...I have never licked it.**

Barney **분명히 역사상 자유의 종을 핥아 본 사람은 없을 거예요.**
If someone were to pull that off,
I daresay it would be—what's the word?
***LEGEN—wait for it—DARY.**

요건덤

* legendary는 Barney가 자주 사용하는 캐치프레이즈예요. '전설적인'이라는 뜻이죠. Barney는 항상 이 단어를 말할 때 legen에서 끊고 뜸을 들이느라 wait for it 하고서는 dary를 마저 말합니다.

* Liberty Bell은 1776년 미국 독립 선언 시에 울린 종입니다.

바니 그걸(자유의 종) 핥아 본 적 있나요?

경비원 아니요……. 한 번도 핥아 본 적 없습니다.

바니 **I bet nobody in history has ever licked the *Liberty Bell.**
누군가가 그걸 성공적으로 해낸다면, 그건 감히 말하건대, 뭐라고? 전설, 기다려 봐, 적일 거야.

*pull ~ off ~를 성공적으로 해내다 I daresay... 감히 말하건대 ~

Step 3 도전! 실전 회화

이거 분명히 너한테 잘 어울릴 거야. ______________________________ (look great on)

pattern 192

Looks like...

~같아 보이네 / 보니까 ~인 것 같아 

Looks like...는 원래 It looks like...인데 회화에서는 흔히 앞의 it을 생략합니다. 이 뒤에는 '주어+동사'를 쓰면 됩니다.

유사패턴 Seems like...

Step 1 패턴 집중 훈련

보니까 올해도 스키니 진이 유행인 것 같아.	**Looks like skinny jeans are in again this year.**
우리 밤새 사무실에 갇혀 있을 것 같아. (밤새 야근해야 할 것 같아.)	**Looks like we'll be stuck in the office all night.**
보니까 너에 대해 오해했던 것 같아.	**Looks like I was wrong about you.**
보니까 그녀는 얼굴에 성형한 것 같아.	**Looks like she had work done on her face.**

*be in 유행하다 have work done on the[one's] face 얼굴에 성형하다

Step 2 리얼 회화연습

한밤중에 한 여자가 잠옷 차림으로 다리를 건너다 살해당했습니다. 여자가 정신없이 뛰어가다가 차에 치었는데, 그 차의 운전자인 Leroy Kent가 911에 전화하는 동안 누군가에 의해 질식사를 당한 것이죠. 형사 Nick과 그의 파트너 Hank는 이 살인 사건을 조사합니다. <Grimm S1-4>

Nick **[Did you] Get an I.D. on the vic?**

Hank **No wallet, no purse.** 침대에서 막 일어난 것 같아 보여.

Nick **Well, [did] Mr. Kent have anything to drink?**

Hank **He's had a couple, but he's under the limit.**

닉 피해자 신원은?

행크 지갑도 없고 핸드백도 없어. **Looks like she just got out of bed.**

닉 음, 켄트 씨는 술 마셨었나?

행크 두어 잔, 근데 기준치 이하야.

Step 3 도전! 실전 회화

너 사랑에 빠진 것 같아 보이네. ______________________

pattern 193

Turns out (that)...

알고 보니 ~이더라고 

알고 보니 별일 아니었을 때나 우연히 알게 된 사실에 대해 얘기할 때, 또는 결국엔 어떻게 되었다고 얘기할 때 쓰는 패턴입니다.

Step 1 패턴 집중 훈련

알고 보니 걔가 사실은 괜찮은 애더라고. **Turns out he's actually a nice guy.**

알고 보니 그건 그냥 엄청난 오해였더라고. **Turns out it was all just a big misunderstanding.**

알고 보니 걘 그냥 운으로 맞춘 거더라고. **Turns out he just made a lucky guess.**

알고 보니 우린 같은 초등학교를 다녔더라고. **Turns out we went to the same elementary school.**

Step 2 리얼 회화연습

Blair가 Marcus라는 영국의 귀족과 사귀게 되자, 질투심에 불탄 Chuck은 성격 까다로운 Marcus의 엄마와 Blair를 대면하게 해서 둘 사이를 갈라놓으려고 합니다. 하지만 Marcus의 엄마는 Blair에게 약점을 잡혀 버립니다. 유부녀인 그녀가 아들뻘인 Nate와 바람피우는 현장을 Blair에게 들킨 것이죠. <*Gossip Girl* S2-2>

Blair **Your plan to ruin me totally backfired.**
알고 보니 마커스의 엄마는 너보다도 훨씬 더 정신적으로 이상하더라고.

Chuck **You got along great?**

Blair **I think she recognized a part of herself in me. Or rather, I recognized someone in her.**

블레어 날 파멸시키려던 네 계획이 완전 역효과 났는걸.
Turns out Marcus' mommy is even *sicker than you are.

척 그분하고 친해졌단 얘기야?

블레어 내 생각엔 그분이 내 안에서 자신의 일부를 본 것 같아. (공통점이 있다는 의미)
아니 더 정확하게 말하자면 그녀 안에 있는 누군가를 내가 알아본 거지.
(블레어가 마커스의 엄마와 네이트 간의 정사 현장을 발견한 것을 적나라하게 표현한 것)

요건덤
* sick은 '아픈'이라는 뜻 외에도, 여기서처럼 '정신적으로 이상한', '사이코 같은'이라는 뜻으로도 많이 쓰입니다.

***backfire** 역효과를 낳다 **get along** 친해지다, 서로 잘 지내다

Step 3 도전! 실전 회화

알고 보니 Arnold 말이 맞더라고. ____________________

놓치기 쉬운 필수패턴 2

Q 다음 말을 영어로 만들어 볼까요?

소문에 의하면 걔네들이 결혼한대.

_______________ **they're getting married.**

다른 사람도 아니고 너라면 알아야지.

_______________ **should know.**

걔가 퍽도 네 말 들어 주겠다.

_______________ **he'll listen to you.**

이제 네가 왔으니까 시작하자.

_______________ **you're here, let's get started.**

이런 말 하기 뭐하지만, 너 음치구나.

_______________ **you're tone deaf.**

너희 둘 서로 아는가 보네.

_______________ **you two know each other.**

혼자 있다고 해서 외로운 건 아니야.

_______________ **I'm alone**
_______________ **I'm lonely.**

A 정답

Rumor has it (that)
You of all people
Like
Now that
No offense, but
I take it (that)
Just because / doesn't mean

pattern 194

Rumor has it (that)...

소문에 의하면 ~이래 / ~이라는 소문이 있던데 

소문에 대해 얘기할 때가 많죠? 영어로는 Rumor has it 뒤에 '주어+동사'를 써서 표현합니다.

유사패턴 There's a rumor (that)... ‖ (The) Word is (that)... ‖ It's no secret (that)... ‖ I heard through the grapevines (that)... ‖ (The) Word on the street is (that)...

Step 1 패턴 집중 훈련

소문에 의하면 걔네들이 결혼한대.	**Rumor has it** they're getting married.
소문에 의하면 그가 돈세탁으로 구속됐대.	**Rumor has it** he was arrested for money laundering.
소문에 의하면 부사장님이 물러날 거래.	**Rumor has it** the vice president is stepping down.
소문에 의하면 헤일리가 다른 부서로 이동할 거래.	**Rumor has it** Hailey's being transferred to another department.

*money laundering 돈세탁 step down 물러나다, 사임하다

Step 2 리얼 회화연습

Serena와 Blair는 베스트 프렌드 사이이고, Blair와 Nate는 어린 시절부터 집안에서도 인정한 연인 사이로 약혼할 예정입니다. Serena는 과거에 Nate를 좋아했었는데, Gossip Girl에 의하면 Nate는 아직도 Serena를 몰래 좋아하고 있다는군요. <*Gossip Girl* S1-2>

Gossip Girl **Everyone knows Serena... and everyone is talking. And B.'s boyfriend Nate...**
소문에 의하면 걘 예전부터 세리나에게 끌리고 있었대.

가십걸(내레이터) 누구든 세리나를 알지……, 모두들 세리나에 대해 이야기하고 있고. 그리고 B(Blair)의 남자 친구 네이트는 말이지……,
Rumor has it he's always *had a thing for Serena.

요건덤
* have a thing for…는 누군가 나 뭔가를 좋아한다는 뜻이에요.

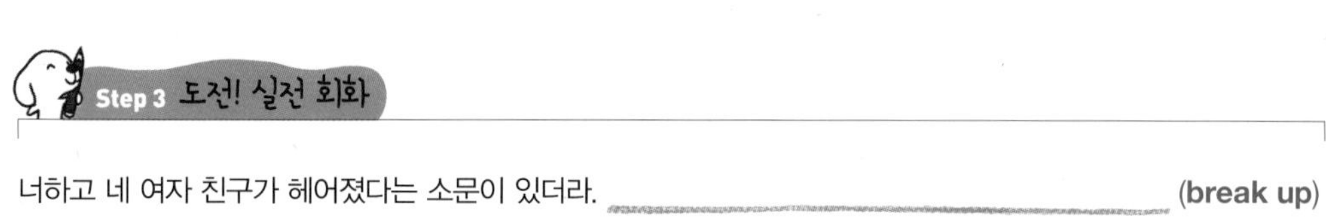

Step 3 도전! 실전 회화

너하고 네 여자 친구가 헤어졌다는 소문이 있더라. ______________________ (break up)

pattern 195

You of all people...

다른 사람도 아니고 네가 ~ / 다른 사람이면 몰라도 너는 ~

you 뒤에 of all people을 붙이면 '다른 사람도 아니고 네가', '다른 사람이면 몰라도 너는' 이렇게 you를 강조하는 표현이 됩니다.

Step 1 패턴 집중 훈련

다른 사람도 아니고 너라면 알아야지. **You of all people** should know.

다른 사람도 아니고 너라면 이해할 거라 생각했어. I thought **you of all people** would understand.

다른 사람도 아니고 네가 날 배신하다니 믿을 수가 없어. I can't believe **you of all people** betrayed me.

다른 사람도 아니고 네가 내가 너한테 거짓말할 거라고 생각한단 말이야? **You of all people** think I'd lie to you?

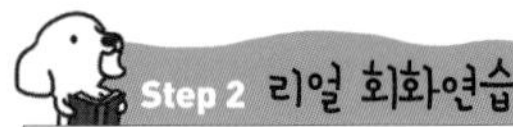

Step 2 리얼 회화연습

Izzie, Cristina와 Meredith는 모두 인턴. 그런데 Meredith는 현재 그들의 상사인 Dr. Shepherd와 사귀는 사이입니다. Cristina만 알고 있던 이 사실을 Meredith의 룸메이트인 Izzie가 알게 됩니다. 상사와 사귀고 있는 Meredith가 직장에서 유리해질 거라고 생각한 Izzie는 Cristina에게 가서 이 얘기를 하며 화를 냅니다.
<*Grey's Anatomy* S1-7>

Izzie **I can't believe *you're not pissed off about this,**
다른 사람도 아니고 네가 말이야.

Cristina **Well, she works hard all day.**
She's good at her job,
why should you care how she unwinds?

요건덤
* be pissed off는 '열 받다'라는 뜻입니다. 이보다 순화된 표현으로는 be ticked off가 있습니다.

이지 네가 이 일에 대해 열 받지 않는다니 믿어지지가 않아, **you of all people.**
크리스티나 뭐, 걘(메러디스) 하루 종일 열심히 일하잖아.
자기 일 잘하는데, 걔가 어떻게 긴장을 푸는지 네가 왜 상관해?

*unwind 긴장을 풀다

Step 3 도전! 실전 회화

다른 사람도 아니고 너라면 날 도와줄 줄 알았어. ______________________

pattern 196

Like...

~일 리가 없지 / 퍽도 ~ 하겠다 / ~하는 것도 아니면서 무슨

상대방이 터무니없는 말을 할 때 '웃기시네', '그걸 말이라고 해?' 같이 비꼬는 뉘앙스로 반응하는 표현입니다. Like he's gonna tell me.라고 하면 '걔가 말해 줄 리가 없잖아', 그러니까 '걔가 퍽도 말해 주겠다'라는 뜻이 되는 것이죠. Like 뒤에는 '주어+동사'를 쓰면 됩니다.

유사패턴 As if... ‖ There's no way... ‖ 주어+is/are never going to+동사...

Step 1 패턴 집중 훈련

내가 널 믿을 리가 없지.	**Like I'm gonna believe you.**
걔가 퍽도 네 말을 듣겠다.	**Like he'll listen to you.**
네가 신경 쓰는 것도 아니면서 무슨.	**Like you even care.**
그런 일이 일어날 리가 없지!	**Like that's gonna happen!**

Step 2 리얼 회화연습

Lisbon 반장이 살인 혐의를 받고 있는 위급한 상황. 하필이면 이때 살인이 일어난 밤의 기억이 전혀 안 납니다. 그러자 Jane은 최면술을 써서 기억을 되돌려 주겠다고 하는데, 과연 Lisbon의 반응은? <The Mentalist S2-3>

Jane **The memory's there, we can get it back. If I *put you in a light trance....**

Lisbon 그런 일이 일어날 리가 없지! **Stop trying to hypnotize me.**

제인 기억은 아직 남아 있으니까, 그걸 되돌릴 수 있어. 내가 너한테 살짝 최면을 걸면…….

리즈번 **Like that's going to happen!** 나에게 최면 걸려고 하지 마.

요건덤
* put ~ in은 '~을 어떤 상태에 처하게 만들다', '~을 어떤 기분이 들게 하다'라는 뜻입니다. 예를 들어 He put me in a bad mood. 라고 하면 '걔가 나 기분 나쁘게 만들었어.'라는 뜻이죠.

*trance 최면 상태 hypnotize 최면을 걸다

Step 3 도전! 실전 회화

Serena가 yes라고 할 리가 없지. ______________________ (say yes)

pattern 197

Now that...

이제 ~하니까 

Now that은 뒤에 '주어+동사'를 붙여 '네가 왔으니까 말이야', '생각해 보니까' 같은 말을 할 때 씁니다.

유사패턴 Since... now

Step 1 패턴 집중 훈련

네가 내 곁에 있으니까 기분이 한결 나아.	**Now that** you're with me, I feel much better.
이제 네가 왔으니까 시작하자.	**Now that** you're here, let's get started.
생각해 보니까 말이 아주 잘 되네.	**Now that** I think about it, it makes perfect sense.
말 나왔으니까 말인데 그거 괜찮은 생각이야.	**Now that** you mention it, it's a great idea.

Step 2 리얼 회화연습

Robin의 말을 듣고 Ted는 예전에 사귀던 여자인 Victoria를 찾아갑니다. 그러나 Victoria는 이미 다른 남자와의 결혼을 앞두고 있네요. Victoria는 웨딩드레스 차림으로 Ted와 사랑의 도피를 감행하지만, 그들은 이래서는 안 된다는 것을 깨닫죠. Ted는 Victoria를 보내 주기로 합니다. <How I Met Your Mother S7-24>

Ted **You're someone's fiancee, and I have to respect that. ... It's the right thing to do.**

Victoria **Some part of me needed to hear you say that running away together *wasn't an option.** 이제 그걸 알고 나니까, **it's like I'm sobering up.**

테드 넌 누군가의 약혼자이고 난 그걸 존중해 줘야 돼. ······ 그게 옳은 일이야.

빅토리아 내 마음 한쪽이 너와 같이 도망가는 건 안 된다고 말하는 걸 들을 필요가 있었어.
(같이 도망가고 싶었지만 무의식중에는 따라가면 안 된다는 걸 알았고, 테드도 그렇게 말해 주길 원했다는 의미.)
Now that I know that, 내가 제정신이 드는 것 같아.

요건덤
* be not an option은 '선택 사항이 아니다'라는 뜻 외에 '애초에 해서는 안 되는 일이다'라는 뜻으로도 쓰여요.

*sober up 술이 깨다, 제정신이 들다

Step 3 도전! 실전 회화

그가 이제 싱글이니까, 데이트 신청 할 수 있겠다. ______________________ (ask ~ out)

pattern 198

No offense, but...

불쾌하게 하려는 건 아니지만 ~ / 이런 말 하기 뭐하지만 ~

상대방에게 하기 미안한 말을 할 때 미리 양해를 구하는 패턴입니다. '이런 말 하기 좀 뭐하지만……' 하면서 조금이라도 상대방 기분이 덜 상하게 해 보려는 것이죠.

유사패턴 I don't mean to offend you, but... ‖ I don't mean to be offensive, but... ‖ I hope you take no offense, but...

Step 1 패턴 집중 훈련

불쾌하게 하려는 건 아니지만, 넌 날 잘 모르잖아.	**No offense, but** you barely know me.
불쾌하게 하려는 건 아니지만, 넌 갈색은 영 아니다. (정말 안 어울려.)	**No offense, but** brown is definitely not your color.
이런 말 하기 뭐하지만, 너 음치구나.	**No offense, but** you're tone deaf.
이런 말 하기 뭐하지만, 그녀는 너와 격이 달라.	**No offense, but** she's out of your league.

*be out of one's league (이성 상대에 대해) 꿈도 꿀 수 없을 정도로 격이 다르다, 수준이 높다

Step 2 리얼 회화연습

Rory가 Jess를 좋아한다는 사실을 알게 된 Dean은 Rory와 헤어집니다. 그리고 Rory는 Jess와 사귀게 되는데, 이 둘이 키스하는 모습을 본 Rory의 엄마 Lorelai가 이를 갖고 놀리네요. <Gilmore Girls S3-9>

Lorelai **So,** 불쾌하게 하려는 건 아닌데, **what's with that *lame-o kiss?**

Rory **What?**

Lorelai **You and Jess, you look like a couple of chickens pecking each other.**

요건덤

* lame-o는 일반적으로 명사로서 '바보 같은 사람', '시시한 사람'이라는 뜻으로 쓰여요. 하지만 여기서는 lame처럼 형용사로 '시시한', '별 볼일 없는'이란 뜻으로 쓰였습니다.

로렐라이 그래서 말이야, **no offense, but** 그 시시한 키스는 뭐야?

로리 뭐라고요?

로렐라이 너하고 제스 말이야. 너희 둘 키스하는 거 보면 닭 두 마리가 서로 입에 대고 뽀뽀하는 거 같아 보여.

*peck 쪼(아먹)다, 입 맞추다

Step 3 도전! 실전 회화

불쾌하게 하려는 건 아닌데, 너 겁쟁이구나. ________________ (coward)

pattern 199

I take it (that)...

~인가 보네 / ~인 것 같네 

'너도 그 얘기 들었나 보구나' 같은 말을 할 때 쓰기 좋은 패턴입니다. 상대방의 표정이나 분위기를 보고 눈치를 챘을 때, 정황상 그런 것 같을 때 특히 많이 쓰죠.

유사패턴 I understand (that)... ‖ I assume (that)... ‖ I guess (that)...

Step 1 패턴 집중 훈련

잠을 잘 못 잤나 보네.	**I take it** you didn't sleep well.
너도 그 소문을 들었나 보구나.	**I take it** you heard the rumor, too.
너희 둘 서로 아는가 보네.	**I take it** you two know each other.
너희들 사이가 그다지 좋지는 않은가 봐.	**I take it** you guys don't get along so well.

Step 2 리얼 회화연습

게이인 것을 당당하게 밝힌 Kurt는 학교에서 괴롭힘을 당하게 되고, 그로 인해 학교생활을 힘들어합니다. 그런 Kurt는 자신과는 달리 학교에서 게이임을 밝히고도 모두와 원만한 관계를 갖고 있는 타 학교 학생 Blaine에게 고민 상담을 하는군요. <*Glee* S2-6>

Blaine *Would you guys excuse us? ...
학교에서 문제가 있나 보구나.

Kurt I'm the only person out of the closet at my school.
And I tried to stay strong about it.

블레인 우리 둘이만 얘기할 수 있게 자리 좀 비켜 줄래? ……
I take it you're having trouble at school.

커트 우리 학교에서 공개적으로 게이인 건 나밖에 없어.
그리고 난 그것에 대해서 강해지려고 노력했고.

요건덤

* Could/Would you excuse us?는 개인적인 얘기 등을 할 때 다른 사람들에게 '자리 좀 비켜 줄래?' 하고 양해를 구하는 표현입니다. 자신이 자리를 비울 때는 Could/Would you excuse me?라고 합니다.

*come out (of the closet) 자신이 게이임을 밝히다, 커밍아웃을 하다

Step 3 도전! 실전 회화

너 여기 자주 오나 보네. ______________________________

Just because ~ doesn't mean...

~이라고 해서 …인 건 아니잖아 

Just because와 doesn't mean 뒤에 각각 '주어+동사'를 쓰면 됩니다.

Step 1 패턴 집중 훈련

혼자 있다고 해서 외로운 건 아니야.	**Just because** I'm alone **doesn't mean** I'm lonely.
내가 할 수 있다고 해서 하겠다는 건 아니야.	**Just because** I can **doesn't mean** I will.
우리가 헤어졌다고 해서 친구가 될 수 없는 건 아니야.	**Just because** we broke up **doesn't mean** we can't be friends.
네 말이 맞다고 해서 내가 틀린 건 아니잖아.	**Just because** you're right **doesn't mean** I'm wrong.

Step 2 리얼 회화연습

모두들 라스베이거스에서 영화 촬영 중인 Joey를 보러 가기로 하는데, Rachel은 일이 있어 하루 늦게 출발하게 됩니다. 하룻밤을 아파트에서 혼자 보내게 된 Rachel에게 Phoebe가 생뚱맞은 말을 하네요. <Friends S5-23>

Rachel **That would be nice actually, to have the apartment to myself for a night.**

Phoebe **Oh yeah, so you can walk around naked.**

Rachel **No! So I can be by myself. Y'know? Have a little *alone time.**

Phoebe **Naked alone time.**

Rachel **No! Phoebe,**
내가 혼자 있다고 해서 발가벗고 걸어 다니고 싶은 건 아니야.

> 요건덤
> * alone time은 '혼자만의 시간', '혼자 있는 시간'을 뜻해요.

레이첼 그거 괜찮겠다, 내가 하룻밤 정도 아파트를 독차지하는 거 말이야.
피비 그러게 말이야, 혼자 발가벗고 걸어 다닐 수 있으니까.
레이첼 아니야! 혼자 있을 수 있으니까 그런 거야. 알잖아. 혼자만의 시간을 갖는다 이거지.
피비 발가벗고서 보내는 혼자만의 시간이지.
레이첼 아니! 피비, **just because I'm alone doesn't mean I wanna walk around naked.**

Step 3 도전! 실전 회화

내가 그걸 할 수 있다고 해서 내가 해야 하는 건 아니잖아. ______________________

복습문제편

패턴훈련편에서 공부한 내용을 제대로 이해하였는지 실력을 확인해 보는 코너이다. 30개 episode에 대한 연습문제를 수록하였다. 〈보기〉를 참고로 하여 문제를 풀어보자.

빈칸에 들어갈 말을 〈보기〉 중에서 골라 넣으세요.

보기

I wanna... ~하고 싶어 | **I don't wanna...** ~하고 싶지 않아 / ~하는 건 싫어 | **I just wanted to...** 난 그냥 ~하고 싶었어 | **I never wanted to...** 난 ~하고 싶은 게 아니었어 | **You wanna...?** 너 ~하고 싶어? / ~할래? | **You wanted me to...** 네가 나더러 ~하랬잖아 / 저한테 ~하라고 하셨는데요 | **You might wanna...** ~하는 게 좋을 것 같은데 | **All I want is...** 내가 원하는 건 ~뿐이야 / 난 ~를 원할 뿐이야

01 나하고 같이 갈래?

⇨ ______________________ come with me?

02 그냥 널 사랑한다는 말을 하고 싶었어.

⇨ ______________________ tell you I love you.

03 난 그걸 비밀로 하고 싶은 게 아니었어.

⇨ ______________________ keep it a secret.

04 난 〈프리즌 브레이크〉 보고 싶어.

⇨ ______________________ watch *Prison Break*.

05 나 너하고 말다툼하기 싫어.

⇨ ______________________ argue with you.

06 소피아하고는 거리를 두는 게 좋을 것 같은데.

⇨ ______________________ stay away with Sophia.

07 너 그거 혼자 하고 싶어?

⇨ ______________________ do it alone?

08 난 브렌다 다시는 보기 싫어.

⇨ ______________________ see Brenda again.

09 나더러 널 위해 그거 하라고 했잖아.

⇨ ______________________ do that for you.

10 내가 원하는 건 평화로움과 조용함뿐이야.

⇨ ______________________ some peace and quiet.

빈칸에 들어갈 말을 〈보기〉 중에서 골라 넣으세요.

보기

I got... 나한테 ~이 있어 | **I gotta...** 나 ~해야 돼 / 나 ~해야겠다 | **You gotta...** 너 ~해야 돼 | **You're getting...** 너 (점점) ~해지고 있어 | **I'll go get...** 내가 ~ 가지고 올게 / 나 ~하러 갈게 | **I don't get...** ~이 이해 안 돼 | **I got you...** 너 주려고 ~ 샀어 | **Do you ever get the feeling (that)...?** ~이라는 느낌이 든 적 있어?

01 가 봐야 겠어.

⇨ ________________ get going.

02 넌 나한테 솔직해야 돼.

⇨ ________________ be honest with me.

03 나 이 부분이 이해가 안 돼. 다시 설명해 줘.

⇨ ________________ this part. Please explain it one more time.

04 너도 점점 나이 들어가는구나.

⇨ ________________ old.

05 나한테 좋은 소식하고 나쁜 소식이 있어.

⇨ ________________ good news and bad news.

06 감시당하고 있다는 느낌 든 적 있어?

⇨ ________________ you're being watched?

07 내가 가서 차 가지고 올게.

⇨ ________________ my car.

08 마음 편하게 가져. 넌 그것에 대해 너무 초조해하고 있어.

⇨ Relax. ________________ too uptight about it.

09 가서 오줌 누어야겠어.

⇨ ________________ go pee.

10 너 주려고 작은 선물 하나 샀어.

⇨ ________________ a small gift.

빈칸에 들어갈 말을 〈보기〉 중에서 골라 넣으세요.

보기

I'm gonna... 난 ~할 거야 | **I'm never gonna...** 나 절대 ~ 안 할 거야/못할 거야 | **I think I'm gonna...** 나 ~할 것 같아 / 나 ~할까 해 | **You're not gonna...** 넌 ~하지 않을 거야 / 네가 ~할 리가 없어 | **You really gonna...?** 너 정말 ~할 거야? | **You're gonna wanna...** 넌 ~하고 싶어질걸 / ~하는 게 좋을걸 | **There's gonna be...** ~이 있게 될 거야 | **What am I gonna...?** 나 뭘 ~하지?

01 난 절대 그녀를 보내지 않을 거야.

⇨ ______________________ let her go.

02 넌 선택의 여지가 별로 없을 거야.

⇨ ______________________ have much choice.

03 이건 직접 보는 게 좋을 거야.

⇨ ______________________ see this for yourself.

04 나 한두 과목은 수강 취소를 해야 할 것 같아.

⇨ ______________________ have to drop a class or two.

05 나 뭐 먹지?

⇨ ______________________ eat?

06 나 낮잠 잘 거야.

⇨ ______________________ take a nap.

07 너 정말 필립하고 같이 일할 거야?

⇨ ______________________ work with Phillip?

08 너 걔가 하려는 말 들어 보는게 좋을 거야.

⇨ ______________________ hear what he has to say.

09 여기에 변화가 좀 있을 거야.

⇨ ______________________ some changes around here.

10 난 절대 그거 다시 하지 않을 거야.

⇨ ______________________ do it again.

빈칸에 들어갈 말을 〈보기〉 중에서 골라 넣으세요.

보기

I have some... 나한테 ~이 약간 있어 | **I have nothing to...** 난 ~할 게 아무것도 없어 | **I have nothing to do with...** 난 ~과 아무 관련 없어 | **I didn't have...** 나에겐 ~이 없었어 | **You have no idea...** 넌 ~을 전혀 몰라 | **Do you have any idea...?** 너 ~ 알아?

01 내 차에 문제가 좀 있어.

⇒ ________________ problems with my car.

02 넌 네가 무슨 말을 하고 있는지도 모르는구나.

⇒ ________________ what you're saying.

03 너 걔가 무슨 생각하고 있는지 알아?

⇒ ________________ what he's thinking?

04 난 불평할 게 아무것도 없어.

⇒ ________________ complain about.

05 나에겐 충분한 돈이 없었어(돈이 부족했어).

⇒ ________________ enough money.

06 난 그 문제하고 아무 관련 없어.

⇒ ________________ that matter.

07 넌 네가 누구를 상대하는지 전혀 모르고 있어(누구 앞에서 함부로 입을 놀려).

⇒ ________________ who you're talking to.

08 나한테 그것에 대한 정보가 좀 있어.

⇒ ________________ information about it.

09 너 이게 얼마인지 알아?

⇒ ________________ this costs?

10 난 부끄러울 게 아무것도 없어.

⇒ ________________ be ashamed of.

빈칸에 들어갈 말을 <보기> 중에서 골라 넣으세요.

보기

I have to... 난 ~해야 돼 | **I don't have to...** 난 ~할 필요 없어 / ~할 생각 없어 | **I'm gonna have to...** 난 ~해야 할 거야 / 나 ~해야겠어 | **You're gonna have to...** 너 ~해야 할 거야 /너 ~해야겠어 | **Do I really have to...?** 나 꼭 ~해야 돼? | **Do you have to...?** 너 ~해야 돼? / 꼭 ~해야겠냐? | **All you have to do is...** 네가 해야 하는 건 ~뿐이야 / 넌 ~만 하면 돼

01 너 그렇게 잔인하게 굴어야겠어?

⇒ ______________________ be so cruel?

02 난 오늘 빨래해야 돼.

⇒ ______________________ do the laundry today.

03 넌 아무 말도 안 하기만 하면 돼.

⇒ ______________________ say nothing.

04 나 오늘 오후 일할 필요 없어.

⇒ ______________________ work this afternoon.

05 그한테 더 이상 엘라를 만나지 말라고 말해야겠어.

⇒ ______________________ ask him not to see Ella anymore.

06 넌 차에서 기다려야 할 거야.

⇒ ______________________ wait in the car.

07 내가 그걸 다 다시 해야 된단 말이야?

⇒ ______________________ do it all over again?

08 너 매사에 그렇게 냉소적이어야겠어?

⇒ ______________________ be so cynical about everything?

09 여기에 사인만 하시면 됩니다.

⇒ ______________________ sign right here.

10 넌 크리스토퍼 말에 동의해야 할 거야.

⇒ ______________________ agree with Christopher.

빈칸에 들어갈 말을 〈보기〉 중에서 골라 넣으세요.

보기

I think (that)... ~할/인 것 같아 | **I've been thinking about...** 난 ~에 대해 계속 생각하고 있었어/생각해 보는 중이야 | **I don't think (that)...** 난 ~ 못할 것 같아 / ~인 것 같지 않아 | **I don't think (that) I can...** 나 ~ 못할 것 같아 | **What do you think (that)...?** 넌 ~이 뭐라고 생각해? | **You think (that)...?** 넌 ~인 것 같아? / 넌 ~이라고 생각한단 말이야?

01 난 그 동아리에 가입하는 것에 대해 생각해 보는 중이야.

⇨ ______________________ joining the club.

02 난 그거 하나도 웃기지 않아.

⇨ ______________________ it's funny at all.

03 넌 구제불능의 낭만주의자인 것 같아.

⇨ ______________________ you're a hopeless romantic.

04 이것에 대해 많이 생각해 봤는데 아직도 모르겠어.

⇨ ______________________ this a lot, and I still don't get it.

05 네 생각에 이거 나한테 (사이즈가) 맞을 것 같아?

⇨ ______________________ it'll fit me?

06 나 이거 내일까지 못 끝낼 것 같아.

⇨ ______________________ finish this by tomorrow.

07 내가 보기엔 너 그냥 샘나서 그러는 것 같아.

⇨ ______________________ you're just jealous.

08 내 생각에 너 잘한 것 같지 않아.

⇨ ______________________ you did a good job.

09 미래에 뭐 하고 싶다고 생각해?

⇨ ______________________ you want to do with your future?

10 네 생각에 그녀가 귀여운 것 같아?

⇨ ______________________ she's cute?

빈칸에 들어갈 말을 〈보기〉 중에서 골라 넣으세요.

보기

I know you... 난 네가 ~이라는 걸 알고 있어 / 난 ~을 다 알아 | **I don't know if...** ~인지 모르겠어 | **I don't know+ 의문사** 무엇을/언제/어떻게/어디에서/왜 ~을 모르겠어 | **I know ~, but...** ~이라는 거 알지만/아는데…… | **All I know is...** 내가 아는 건 ~뿐이야 | **You know what...?** ~이 뭔지 알아? | **You don't even know...** 넌 ~도 모르잖아 | **You never know when...** 언제 ~일지는 모르는 거잖아

01 네 문제가 뭔지 알아?

⇒ ______________________ your problem is?

02 네가 리사에 대해 걱정한다는 것 알아.

⇒ ______________________ are worried about Lisa.

03 내가 아는 건 줄리안은 쉽게 포기한다는 것뿐이야.

⇒ ______________________ Julian gives up easily.

04 제시카가 그 아이디어를 좋아할지 모르겠어.

⇒ ______________________ Jessica will like the idea.

05 애슐리가 빨리 배운다는 건 알지만, 그렇게 빠르진 않아.

⇒ ____________ Ashley's a quick learner, __________ she isn't that quick.

06 네가 네 봉급이 맘에 안 든다는 것 알아.

⇒ ______________________ are unhappy about your pay.

07 언제 무슨 일이 일어날지 아무도 모르잖아.

⇒ ____________________________ something's going to happen.

08 일요일 날씨가 어떨지 알아?

⇒ ______________________ the weather forecast is like for Sunday?

09 그걸 언제 전부 끝낼지 모르겠어.

⇒ ____________________________ I'm gonna finish all of it.

10 넌 네가 무슨 말을 하고 있는지도 모르는구나.

⇒ ____________________________ what you're saying.

빈칸에 들어갈 말을 〈보기〉 중에서 골라 넣으세요.

보기

I have to say,... 정말이지, ~ | **I say...** 내가 한마디하건대 ~ / 내 생각에는 ~ | **They say...** ~이라고들 하지 / 원래 ~한 거잖아 | **Let's say...** ~이라고 치자 / ~이라고 가정해 보자 | **Let's just say...** ~이라고만 말해 두지 | **It's/That's like saying...** 그건 ~이라고 말하는 거나 마찬가지야 | **주어+was/were like, "..."** ~이라고 말했지/생각했지

01 정말이지, 나 너한테 실망했어.

⇨ ______________________ you disappointed me.

02 제이콥은 믿을 만한 애가 아니라고만 말해 둘게.

⇨ ______________________ Jacob is not trustworthy.

03 그건 넌 똑똑하고 난 아니라고 말하는 거나 마찬가지잖아.

⇨ ______________________ you're smart and I'm not.

04 내가 한마디하건대 이건 불공평해.

⇨ ______________________ it's not fair.

05 실수하는 건 사람이고 용서하는 건 신이라고들 하지.

⇨ ______________________ to err is human; to forgive, divine.

06 우리가 친구가 아니라고 쳐 보자.

⇨ ______________________ we're not friends.

07 그 문제는 그냥 두는 게 낫다라고만 말해 둘게.

⇨ ______________________ it's better to leave the matter alone.

08 그건 톨스토이가 형편없는 소설가라고 말하는 거나 같잖아.

⇨ ______________________ Tolstoy is a terrible novelist.

09 걔가 막 "이거 뭐야?(뭐 이런 게 다 있어?)"라고 하더라고.

⇨ ______________________ "What the hell?"

10 아주 비싸다고들 하던데요.

⇨ ______________________ it's very expensive.

빈칸에 들어갈 말을 〈보기〉 중에서 골라 넣으세요.

보기

I told you to... 내가 너한테 ~하라고 했잖아 | **I told you not to...** 너한테 ~하지 말라고 했잖아 | **Please tell me...** ~이라고 말해 줘 | **You're telling me (that)...?** 너 지금 ~이라는 거야? | **I can tell...** 난 ~을 알 수 있어 | **주어+talk about how...** ~이라고 하더라

01 아주 그만두겠다고 말하는거야?

⇨ ______________________ you wanna quit for good?

02 내가 혼자만 알고 있으라고 했잖아!

⇨ ______________________ keep it to yourself!

03 넌 툭하면 술 끊겠다고 말하잖아.

⇨ You always ______________________ you're gonna quit drinking.

04 네 동생 괴롭히지 말라고 그랬잖아!

⇨ ______________________ pick on your little brother!

05 난 네가 진실을 말하는 게 아니라는 걸 알 수 있어.

⇨ ______________________ you're not telling the truth.

06 제발 날 떠나지 않을 거라고 말해 줘.

⇨ ______________________ you're not gonna leave me.

07 그게 불법이 아니라고 말하는 거야?

⇨ ______________________ it's not illegal?

08 내가 그거 그만하라고 했잖아.

⇨ ______________________ stop doing that.

09 네가 할 말이 있다는 걸 알 수 있어(할 말이 있구나).

⇨ ______________________ you've got something to say.

10 내 물건에 손대지 말라고 그랬잖아.

⇨ ______________________ touch my stuff.

빈칸에 들어갈 말을 〈보기〉 중에서 골라 넣으세요.

보기

I (just) need to... 난 (단지) ~해야 돼 / ~(만) 하면 돼 | **We'll need to...** 우리 ~해야 할 거야 | **I don't need to...** 난 ~하지 않아도 돼 / 내가 ~할 필요[이유]는 없어 | **You don't need to...** 넌 ~하지 않아도 돼 | **I need you to...** ~ 좀 해 줘 | **All I need is...** 내가 필요한 건 ~이야 / 난 ~만 있으면 돼

01 내가 필요한 건 잠 좀 자는 거야.

⇒ ______________________ some sleep.

02 난 네 질문에 답변할 필요 없어.

⇒ ______________________ answer your question.

03 두어 가지 너에게 말할 것이 있어.

⇒ ______________________ talk to you about a couple of things.

04 숫자 몇 가지만 확인하면 돼.

⇒ ______________________ check some of the figures.

05 우리 내일 아침 8시 30분에 공항으로 출발해야겠다.

⇒ ______________________ leave for the airport at 8:30 tomorrow morning.

06 난 그것에 대해 모든 걸 알 필요 없어.

⇒ ______________________ know everything about it.

07 에이든에 대해 걱정하지 않아도 돼. 걔 괜찮아.

⇒ ______________________ worry about Aiden. He's okay.

08 내 숙제 좀 도와줘.

⇒ ______________________ help me with my homework.

09 떠나기 전에 화장 좀 고치기만 하면 돼.

⇒ ______________________ touch up my makeup before I leave.

10 "yes"라고 말할(동의해 줄) 사람이 한 명만 있으면 돼.

⇒ ______________________ one "yes".

11 네가 미안해 할 필요 없어.

⇒ ______________________ feel sorry.

빈칸에 들어갈 말을 〈보기〉 중에서 골라 넣으세요.

보기

I feel like+명사/동명사 ~하고 싶어 / ~할 기분이 나 | **I feel like+주어+동사** ~하다는 생각이 들어 / ~ 같은 기분이야 | **I feel bad about/(that)** ~ 때문에 속상해 / ~ 때문에 기분이 안 좋아 | **Feel free to...** 얼마든지 ~해 / 언제든지 ~하세요 | **I don't see any...** 아무 ~도 안 보이는데 | **I see+의문사** ~인지 알겠어 | **Sounds like...** 들어 보니 ~인 것 같네

01 이해가 안 되신다면 얼마든지 질문하세요.

⇒ ________________ ask questions if you don't understand.

02 토할 것 같아.

⇒ ________________ throwing up.

03 아무런 차이도 안 보이는데.

⇒ ________________ difference.

04 이제야 철든 소리를 하는 것 같네.

⇒ ________________ you've grown up.

05 이사벨라에 대해 비판적이었던 것에 미안함을 느껴.

⇒ ________________ I was judgmental about Isabella.

06 얼마든지 코멘트나 제안을 해 주세요.

⇒ ________________ make any comments or suggestions.

07 사람들이 왜 그렇게 애바를 좋아하는 건지 알겠어.

⇒ ________________ people like Ava so much.

08 완전 새로 태어난 것 같은 기분이야.

⇒ ________________ a whole new person.

09 뭔가가 걸리는 게(널 괴롭게 하는 게) 있는 것 같네.

⇒ ________________ something's bothering you.

10 내가 정상에 있는 듯한 기분이야(기분이 너무 좋아).

⇒ ________________ I'm on top of the world.

빈칸에 들어갈 말을 〈보기〉 중에서 골라 넣으세요.

보기

I'm into... 나 ~ 좋아해 / 나 ~에 관심 있어 | **I'm good with...** 난 ~ 잘 다뤄 | **I'm totally...** 나 완전 ~해/이야 | **I'm not big on...** 난 ~ 별로야 | **I'm in the middle of...** 난 한창 ~ 중이야 | **I'm not in the mood for/to...** 난 ~할 기분이 아니야 / ~이 안 내켜 | **I'm (just) asking you to...** 난 (단지) ~해 달라고 하는 거야

01 나 완전 무일푼이야.

⇒ ______________________ broke.

02 난 중매결혼에는 관심 없어.

⇒ ______________________ arranged marriages.

03 나 한창 〈위기의 주부들〉 보는 중이야.

⇒ ______________________ watching *Desperate Housewives*.

04 난 나한테 한 번 더 기회를 달라고 말하는 거야.

⇒ ______________________ give me a second chance.

05 난 로맨틱 코미디는 별로야.

⇒ ______________________ romantic comedies.

06 나 컴퓨터 잘 다뤄.

⇒ ______________________ computers.

07 나 한창 논문 쓰려고 리서치하는 중이야.

⇒ ______________________ doing research for my paper.

08 난 랩 음악이 좋아.

⇒ ______________________ rap music.

09 나 농담할 기분이 아니야.

⇒ ______________________ jokes.

10 난 그냥 그것에 대해서 그만 말하라고 말하는 거야.

⇒ ______________________ let it go.

빈칸에 들어갈 말을 〈보기〉 중에서 골라 넣으세요.

보기

You're so... 너 정말 ~하다 | **You're not that...** 너 그렇게 ~하지 않아/~하지 않거든 | **You're better off...** 넌 ~하는 게 나아 / ~하는 편이 나아 | **Are you saying (that)...?** 너 지금 ~이라고 말하는 거야? | **You're (not) -ing** ~해 / (~하지 마) | **You're the one who...** ~한 건 너잖아 | **What the hell are you...?** 너 도대체 뭐 ~하는 거야?

※07의 두 번째 빈칸에는 주어진 동사의 형태를 바꿔 넣으세요.

01 너 정말 한심하구나.

⇒ ______________ pathetic.

02 넌 해리하고 더 이상 안 만나는 게 나아.

⇒ ______________ not seeing Harry anymore.

03 그것을 제안한 건 너잖아.

⇒ ______________ proposed it.

04 너 도대체 여기서 뭐 하는 거야?

⇒ ______________ doing here?

05 너 그렇게 똑똑한 거 아니거든.

⇒ ______________ smart.

06 내가 가망이 없다고 말하는 거야?

⇒ ______________ I'm hopeless?

07 네가 한 짓을 자백할 때까지 넌 아무 데도 못 가.

⇒ ______________ (go) ______________ anywhere till you confess what you did.

08 이 난장판은 네 책임이잖아.

⇒ ______________ is responsible for this mess.

09 너 도대체 왜 나한테 물어보는 거야?

⇒ ______________ asking me for?

10 내가 말해 줄 수는 있지만 네가 직접 보는 게 나아.

⇒ I can tell you, but ______________ seeing it for yourself.

빈칸에 들어갈 말을 〈보기〉 중에서 골라 넣으세요.

보기

That's exactly what... 그게 바로 ~이야 / ~이 바로 그거야 | **That's what I like/love about...** 그래서 내가 ~을 좋아하는/사랑하는 거야 | **Is that what...?** 그게 ~인 거야? | **That's all I...** 내가 ~하는 건 그게 다야 / 난 그것만 ~해 | **That's not why...** 그래서 ~한 게 아니야 | **It's like...** (마치) ~인 것 같아 / ~ 같은 거네 | **It's not like...** ~인 것도 아니잖아 / ~인 건 아니야 | **It's just (that)...** 그게 말이야, ~ | **Maybe it was...** ~ 때문이었는지도 몰라/모르지

01 그래서 내가 에이미를 좋아하는 거야.

⇨ ____________________ Amy.

02 내가 노력하지 않은 건 아니잖아.

⇨ ____________________ I haven't been trying.

03 그게 네가 걱정하던 거야?

⇨ ____________________ you were worried about?

04 내 의지 부족 때문이었는지도 몰라.

⇨ ____________________ my lack of will.

05 지금 내가 말할 수 있는 건 그게 다야.

⇨ ____________________ can say right now.

06 그래서 내가 여기에 온 게 아니야.

⇨ ____________________ I'm here.

07 세상에 여자가 그 여자 하나뿐이 아니잖아.

⇨ ____________________ she's the only woman in the world.

08 그게 말이죠, 제가 사귀는 사람이 있거든요.

⇨ ____________________ I am seeing someone.

09 그게 바로 내가 네가 말하길 바라던 거였어(바로 그 말을 듣고 싶었어).

⇨ ____________________ I was hoping you'd say.

10 마치 일석이조인 것 같은걸.

⇨ ____________________ killing two birds with one stone.

빈칸에 들어갈 말을 〈보기〉 중에서 골라 넣으세요.

보기

There's something... ~한/할 게 있어 | **There's nothing like...** ~ 만한 건 없어 / ~이 최고야 | **There's a chance (that)...** ~할 가능성이 있어 / ~할 수도 있어 | **There's no way (that)...** ~일 리가 없어 | **There's a reason...** ~하는 데에는 이유가 있어 / 괜히 ~이 아니야 | **There's nothing I can...** 내가 ~할 수 있는 건 없어 | **There's no such thing as...** ~ 같은 건 없어 / ~이라는 건 없어

01 이번에는 우리가 이길 가능성이 있어.

⇨ ______________________ we might win this time.

02 괜히 그녀가 너를 안 좋아하는 게 아니야.

⇨ ______________________ she doesn't like you.

03 제일 먼저 해 줬으면 하는 일이 있어.

⇨ ______________________ I want you to do first.

04 미드 보는 것만한 게 없어.

⇨ ______________________ watching American TV series.

05 내년에는 내가 여기에 없을 수도 있어.

⇨ ______________________ I won't be here next year.

06 나 혼자 그 일을 다 할 수 있을 리가 없어.

⇨ ______________________ I can do all that work by myself.

07 내 컴퓨터에 뭔가 잘못된 게(문제가) 있어.

⇨ ______________________ wrong with my computer.

08 괜히 〈프렌즈〉가 대박 난 게 아니야.

⇨ ______________________ *Friends* was such a huge success.

09 그것을 멈추기 위해 내가 할 수 있는 건 없어(내가 그것을 멈출 방법이 없어).

⇨ ______________________ do to stop it.

10 완벽한 직업 같은 건 없어.

⇨ ______________________ a perfect job.

빈칸에 들어갈 말을 〈보기〉 중에서 골라 넣으세요.

보기

You don't wanna... ~하지 않는 게 좋을 거야 | **Don't even...** ~하지도 마 / ~할 꿈도 꾸지 마 | **Don't bother...** ~할 거 없어 / ~에 신경 쓰지 마 | **Don't you dare...!** 감히 ~하기만 해 봐라! / 감히 ~하지 마! | **Didn't+주어+동사?** ~하지 않았어? / ~하지 않았던가? | **Didn't think (that)...** ~할/일 거라고는 생각 못했어

01 걔 근처에 갈 생각도 하지 마.

⇨ ______________________ go near him.

02 그녀한테 말하기만 해 봐라!

⇨ ______________________ tell her!

03 지금 걔하고는 얘기 안 하는 게 좋을 거야.

⇨ ______________________ talk to him right now.

04 핑곗거리 생각해 낼 거 없어.

⇨ ______________________ thinking up an excuse.

05 나한테 사과하려고 할 생각도 하지 마.

⇨ ______________________ try to tell me you're sorry.

06 걔가 그렇게 폭발할 거라고는 생각 못했어.

⇨ ______________________ he'd blow up like that.

07 그런 애랑은 친구 되지 않는 게 좋을 거야.

⇨ ______________________ be friends with someone like that.

08 내가 조금 늦게 온다고 너한테 말 안 했던가?

⇨ ______________________ I tell you I was coming a little late?

09 걔 신경 쓸 거 없어.

⇨ ______________________ with him.

10 그녀가 나와 동의할 거라고는 생각 못했어.

⇨ ______________________ she would agree with me.

빈칸에 들어갈 말을 〈보기〉 중에서 골라 넣으세요.

보기

Can you get me...? ~ 좀 갖다/사다 줄 수 있겠어? | **Can you believe (that)...?** ~이 믿겨져? | **I can't believe (that)...** ~이 안 믿어져 | **You can't just...** 그냥 ~하면 안 돼 / 그냥 ~하면 어떡해 | **Why can't you...?** 넌 왜 ~하면 안 돼? / 왜 ~을 못하겠다는 거야? | **Why can't we...?** 우리 왜 ~하면 안 되는 거야? | **The least you could do is...** 최소한 ~ 정도는 해 줄 수 있잖아

01 뭐 마실 것 좀 갖다 줄래?

⇨ ______________________ something to drink?

02 그렇게 네 상사한테 거짓말하면 안 되지.

⇨ ______________________ lie to your boss like that.

03 왜 네가 그를 도울 수 없다는 거야?

⇨ ______________________ help him?

04 데이지가 너한테 그런 말을 했다니 안 믿어져.

⇨ ______________________ Daisy said that to you.

05 우리 왜 걔가 한 말을 그냥 넘어갈 수 없는 거야?

⇨ ______________________ just ignore what he said?

06 항상 네 마음대로 하면 안 되지.

⇨ ______________________ have your way all the time.

07 그녀가 자기 남자 친구를 그렇게 찼다는 게 믿겨지니?

⇨ ______________________ she dumped her boyfriend like that?

08 너 왜 데이비드한테 더 잘해 줄 수 없는 거야?

⇨ ______________________ be nicer to David?

09 최소한 인사 정도는 할 수 있잖아.

⇨ ______________________________ say hello.

10 걔가 그런 짓을 했다니 안 믿어져.

⇨ ______________________ he did that.

빈칸에 들어갈 말을 〈보기〉 중에서 골라 넣으세요.

보기

I've never p.p. 난 ~해 본 적 없어 | **You've p.p.** 넌 ~해 봤잖아/왔잖아 | **I've been -ing** 난 ~해/하고 있어 | **Haven't you p.p.?** 너 ~해 본 적 없어? / ~ 안 했어? | **What have you p.p.?** 너 뭐 ~했어? | **It's been... (since ~)** (~한 지) …나 됐어 | **You've been -ing?** 너 계속 ~했단 말이야?

※03, 09의 두 번째 빈칸에는 주어진 동사의 형태를 바꿔 넣으세요.

01 난 너 같은 사람을 만나 본 적이 없어.

⇨ ______________________ someone like you.

02 너 레이디 가가 못 들어 봤어?

⇨ ______________________ of Lady Gaga?

03 너 내내 나한테 거짓말을 했단 말이야?

⇨ ________________ (lie) ____________ to me this whole time?

04 너희 형이 얼마나 스트레스 받고 있는지 봤잖아.

⇨ ______________________ how stressed out your brother is.

05 너 여기 와 본 적 있지 않아?

⇨ ______________________ here before?

06 너 요즘 뭐 읽었어?

⇨ ______________________ read recently?

07 나 여기 이사 온 지 2달 됐어.

⇨ ________________ 2 months ____________ I moved here.

08 너 엘런이 얼마나 못되게 굴 수 있는지 봤잖아.

⇨ ______________________ how mean Ellen can be.

09 너 여태까지 걔랑 몰래 사귀었단 말이야?

⇨ ________________ (see) ____________ him secretly all this time?

10 나 꽤 오랫동안 그것에 대해 생각하고 있어.

⇨ ______________________ about it for a while.

빈칸에 들어갈 말을 〈보기〉 중에서 골라 넣으세요.

보기

What's so...? 뭐가 그렇게 ~해? | **What's with...?** ~가 왜 그러지? / 웬 ~야? | **What's it like...?** ~는 어떤 기분이야? / ~하니까 어때? | **What makes you think (that)...?** 뭐 때문에 ~라고 생각하는 거야? | **What did you do with/to...?** ~ 갖고 뭘 한 거야? / ~한테 무슨 짓을 한 거야? | **What matters is...** 중요한 건 ~야 | **What do you mean...?** ~라니 그게 무슨 소리야? | **What kind of... are you?** 넌 무슨 ~가 그래?

01 그게 뭐가 그렇게 좋아?

⇨ ________________ great about it?

02 마음에 안 든다니 그게 무슨 말이야?

⇨ ________________ you don't like it?

03 모니터가 왜 저래?

⇨ ________________ the monitor?

04 너 내 핸드폰에다가 뭘 한 거야?

⇨ ________________ my cell phone?

05 다시 싱글이 된 기분이 어때?

⇨ ________________ to be single again?

06 왜 내가 그를 싫어한다고 생각하는 거야?

⇨ ________________ I don't like him?

07 중요한 건 그녀가 너를 사랑한다는 거야.

⇨ ________________ she loves you.

08 무슨 언니가 그래?

⇨ ________________ sister ________________ ?

09 상관없다니 그게 무슨 말이야?

⇨ ________________ it doesn't matter?

10 너 오른쪽 눈이 왜 그래?

⇨ ________________ your right eye?

빈칸에 들어갈 말을 〈보기〉 중에서 골라 넣으세요.

보기

How could...? 어떻게 ~할 수가 있어? | **How're you gonna...?** 너 어떻게 ~할 건데? | **How about+주어+동사?** ~하는 게 어때? / ~하면 어때? | **How did you...?** 너 어떻게 ~했어? | **How long have you p.p.?** ~한 지 얼마나 됐어? | **How many times do I have to...?** 내가 (도대체) 몇 번 ~해야 되겠어? | **How is it (that)...?** 어째서 ~라는 거야? | **How dare you...!** 네가 감히 어떻게 ~해! / 감히 ~하다니!

※02의 두 번째 빈칸에는 주어진 동사의 형태를 바꿔 넣으세요.

01 그를 어떻게 찾으려는 거야?

⇒ ______________________ find him?

02 이 동네에 사신 지 얼마나 되셨어요?

⇒ ______________________ (live) ______________ in this neighborhood?

03 걔가 뭔가 숨기고 있는 거 어떻게 알았어?

⇒ ______________________ know he was hiding something?

04 그걸 어떻게 2시간 안에 끝내려는 거야?

⇒ ______________________ finish that in 2 hours?

05 내가 거기에 몇 번이나 가야 되는 거야?

⇒ ______________________ go there?

06 한 시간 있다가 내가 너한테 전화하는 게 어때?

⇒ ______________________ I call you in an hour?

07 내가 여기 있는 거 어떻게 알았어?

⇒ ______________________ know I was here?

08 네가 감히 어떻게 나한테 그렇게 말대답을 하는 거야!

⇒ ______________________ talk back to me that way!

09 어떻게 그렇게 터무니없는 이야기를 믿을 수가 있어?

⇒ ______________________ you believe an outrageous story like that?

10 어째서 넌 네가 틀렸다는 걸 절대 인정하지 않는 거야?

⇒ ______________________ you never admit you're wrong?

빈칸에 들어갈 말을 〈보기〉 중에서 골라 넣으세요.

보기

Why did I...? 내가 왜 ~했지? | **Why do you wanna...?** 넌 왜 ~하고 싶은 거야? | **Why would+주어+동사?** 왜 ~하겠어? / 왜 ~하는 거야? | **Why do I have to...?** 내가 왜 ~해야 하는 거야? | **Who's gonna...?** 누가 ~할 거야? / 누가 ~하겠냐? | **Who said...?** 누가 ~래? | **Who do you think...?** 누가 ~라고 생각하니? / 누가 ~한 것 같아?

01 누가 내가 무책임하다고 했어?

⇨ ________________ I'm irresponsible?

02 내가 왜 그녀의 제안을 거절한 거지?

⇨ ________________ say no to her offer?

03 누가 이 일에 가장 어울린다고 생각해?

⇨ ________________ is most suitable for the job?

04 넌 왜 그렇게 샌드라를 도와주고 싶어하는 거야?

⇨ ________________ help Sandra so much?

05 그녀가 왜 그를 사귀겠어?

⇨ ________________ she date him?

06 내가 왜 하루 종일 집에 있어야 하는 거야?

⇨ ________________ stay home all day?

07 누가 나하고 같이 갈 거야?

⇨ ________________ come with me?

08 누가 날 보고 얼간이라고 했어?

⇨ ________________ I'm a dumbass?

09 누가 싸움을 걸었다고 생각해?

⇨ ________________ started the fight?

10 왜 내가 어디 사는지 알고 싶어하는 거죠?

⇨ ________________ know where I live?

빈칸에 들어갈 말을 〈보기〉 중에서 골라 넣으세요.

보기

When was the last time you…? 마지막으로 ~한 게 언제야? | **When are you gonna…?** 너 언제 ~할 거야? | **Since when do/did you…?** 네가 언제부터 ~했다고 그래? | **Where did you…?** 너 어디서 ~했어?

01 마지막으로 마이클하고 얘기한 게 언제야?

⇒ ________________ talked to Michael?

02 너 언제나 다른 사람들을 배려할 거야?

⇒ ________________ think about others?

03 너 뉴욕에 있을 때 어디에 머물렀어?

⇒ ________________ stay when you were in New York?

04 네가 언제부터 날 상관했다고 그래?

⇒ ________________ care about me?

05 너 언제 이 난장판을 치울 거야?

⇒ ________________ clean up the mess?

06 마지막으로 엔진오일을 간 게 언제야?

⇒ ________________ changed your oil?

07 너 언제 새 집으로 이사 들어갈 거야?

⇒ ________________ move into your new place?

08 네가 언제부터 내 의견을 존중해 줬다고 그래?

⇒ ________________ respect my opinion?

09 너 그 파일 어디에다 저장했어?

⇒ ________________ save the file?

10 마지막으로 영화 보러 간 게 언제야?

⇒ ________________ went to the movies?

빈칸에 들어갈 말을 〈보기〉 중에서 골라 넣으세요.

보기

주어+should be... ~할 거야 / ~일 거야 / ~해야 하는데 | **Maybe you should...** ~하는 게 좋을지도 모르겠어 / ~하는 게 좋을 것 같아 | **Shouldn't you be...?** 너 ~해야 되는 거 아니야? | **I should've p.p.** ~해야 했는데 / ~할걸 | **You should've p.p.** 넌 ~해야 했어 | **You could've p.p.** 네가 ~할 수도 있었잖아 | **주어+might've p.p.** ~했을지도 몰라 / ~했었나 봐

※04, 06, 07, 09, 10의 두 번째 빈칸에는 주어진 동사의 형태를 바꿔 넣으세요.

01 걔 금방 여기 올 거야.

⇨ He ______________ here soon.

02 너 안경 새로 맞추는 게 좋을 것 같아.

⇨ ______________ get yourself a new pair of glasses.

03 너 커피 좀 줄이는 게 좋을 것 같아.

⇨ ______________ cut down on the amount of coffee you drink.

04 적어도 나한테 경고는 해 줄 수 있었잖아.

⇨ ______________ (warn) ______________ me at least.

05 너 지금 공부하고 있어야 하는 거 아니야?

⇨ ______________ studying now?

06 어제 밤을 새서 공부했어야 하는 거였는데.

⇨ ______________ (stay) ______________ up all night studying.

07 넌 나한테 제일 먼저 얘기했어야 했어.

⇨ ______________ (speak) ______________ to me first.

08 열흘이면 이 프로젝트를 끝마칠 충분한 시간일 거야.

⇨ Ten days ______________ enough time to finish this project.

09 사정이 조금 달라졌을지도 몰라.

⇨ Things ______________ (be) ______________ a little different.

10 더 신중했어야 하는 거였는데.

⇨ ______________ (be) ______________ more cautious.

빈칸에 들어갈 말을 〈보기〉 중에서 골라 넣으세요.

보기

I guess... ~인 것 같아 / ~겠지, 뭐 | **Guess + 의문사...** ~인지 알아? / ~인지 맞춰 봐 | **You're supposed to...** ~해야 하는 거잖아 / ~하기로 되어 있잖아 | **You were supposed to...** 네가 ~하기로 되어 있었잖아 / 네가 ~한다고 그랬잖아 | **What am I supposed to...?** 내가 뭘 ~해야 하는 거야? | **How am I supposed to...?** 내가 어떻게 ~해? / 나더러 어떻게 ~하라는 거야? | **Suppose (that)...** ~라고 가정해 보자

01 내가 그걸 어떻게 해?

⇒ ______________________ do that?

02 넌 그런 거 알아야 되는 거잖아.

⇒ ______________________ know that stuff.

03 내가 운이 별로 없었던 것 같아.

⇒ ______________ I wasn't too lucky.

04 내가 지금 무슨 생각하는지 맞춰 봐.

⇒ ______________________ I'm thinking about.

05 그녀가 거절한다고 치자. 그러면 어쩔 거야?

⇒ ______________________ she says no. Then what?

06 정크푸드 먹으면 안 되는 거잖아.

⇒ ______________ not ______________ eat junk food.

07 난 사랑 앞에선 어쩔 수 없는 것 같아.

⇒ ______________ I'm helpless in the face of love.

08 너 여기에 30분 전에 왔어야 하는 거잖아.

⇒ ______________________ be here 30 minutes ago.

09 이제 와서 그렇게 말하면 뭘 해야 하는 거야(어떻게 하라는 거야)?

⇒ ______________________ do if you say that now?

10 내 주머니에 뭐가 들어 있는지 맞춰 봐.

⇒ ______________ I have in my pocket.

빈칸에 들어갈 말을 〈보기〉 중에서 골라 넣으세요.

보기

The thing is... 문제는 ~ / 실은 ~ / 저기 ~ | **...is/are not my thing** ~는 내 취향이 아니야 / ~는 나하고 안 맞아 / 난 ~는 잘 못해 | **The last thing I want is...** 내가 가장 원하지 않는 건 ~야 / 난 정말로 ~하고 싶지 않아 | **Good thing (that)...** ~라니 다행이야 / ~하길 잘했다 | **For one thing,...** 우선 첫째로, ~

01 난 흥정은 잘 못 해.

⇨ Haggling ______________________ .

02 저기……, 걔가 좀 이상하거든.

⇨ ______________________ he's a little strange.

03 우선 첫째로, 난 그를 잘 몰라.

⇨ ______________________ I don't know him that well.

04 준비된 상태로(준비해서) 오길 잘했다.

⇨ ______________________ I came prepared.

05 스릴러물은 내 취향이 아니야.

⇨ Thrillers ______________________ .

06 난 정말로 그하고 말하고 싶지 않아.

⇨ ______________________ (to) talk to him.

07 문제는 그게 너무 비싸다는 거야.

⇨ ______________________ it's way too expensive.

08 비가 안 와서 다행이었어.

⇨ ______________________ it didn't rain.

09 우선 첫째로, 그게 그렇게 쉽지는 않을 거야.

⇨ ______________________ it's not gonna be that easy.

10 난 정말로 널 화나게 하고 싶지 않아.

⇨ ______________________ (to) upset you.

빈칸에 들어갈 말을 〈보기〉 중에서 골라 넣으세요.

보기

I'm pretty sure (that)/about... 아마 ~일 거야 / 분명 ~일텐데 | **You're sure (that)...?** ~라는 거 확실해? | **주어+sure+동사** 참 ~하구나 | **I'm not sure...** ~인지 잘 모르겠어 | **Sure/Of course+주어+동사** 당연히 ~지 | **..., that's for sure** ~, 그건 확실해

01 물론 내가 그를 좋아하지.

⇒ ______________________ I like him.

02 너 참 여자들한테 어떻게 말해야 하는지 아는구나(말발이 좋구나).

⇒ You ______________________ know how to talk to the ladies.

03 아마 캐시가 곧 정신 차릴 거야.

⇒ ______________________ Kathy will come to her senses soon.

04 걔가 너 몰래 바람 안 피우는 거 확실해?

⇒ ______________________ he's not two-timing you?

05 멜라니는 참 자기가 엄청 잘난 줄 아네.

⇒ Melanie ______________________ is full of herself.

06 나 이걸 해야 할지 모르겠어.

⇒ ______________________ if I should do this.

07 분명 걔가 네 말은 들을 거야.

⇒ ______________________ he'll listen to you.

08 당연히 그가 좋은 사람이긴 해.

⇒ ______________________ he's a nice guy.

09 걔는 문제아야, 그건 확실해.

⇒ He's a messed-up kid, ______________________ .

10 너 도움 필요 없는 거 확실해?

⇒ ______________________ you don't need any help?

빈칸에 들어갈 말을 〈보기〉 중에서 골라 넣으세요.

보기

What if…? 만약 ~하면 어쩌지?/어쩔 건데? | **I'd… if I were you** 내가 너라면 ~할걸 | **I'll… if I have to** 필요하다면 ~할 거야/~라도 할 거야 | **…, if you ask me** 내 생각으론 말이야, ~ / 내가 보기엔 말이지, ~

01 내가 너라면 그만두고 새로운 직장을 알아볼 거야.

⇨ ______________________ quit and start looking for another job.

02 만약 스티븐이 우리를 고자질하면 어쩌지?

⇨ ______________ Stephen rats on us?

03 내가 보기엔 말이야, 네가 너무 공격적이었어.

⇨ You were too aggressive, ______________________ .

04 필요하다면 그녀의 용서를 구할 거야.

⇨ ________ ask for her forgiveness ______________ .

05 만약 일이 잘못되면 어쩌지?

⇨ ______________ things go wrong?

06 내가 보기엔 말이야, 너 그를 과소평가했어.

⇨ You underestimated him, ______________________ .

07 내가 너라면 검은색 양복으로 하겠어.

⇨ ________ go with the black suit ______________ .

08 필요하다면 시간 외 근무(야근)라도 할 거야.

⇨ ________ work overtime ______________ .

09 만약 남은 게 하나도 없으면 어쩌지?

⇨ ______________ they don't have any left?

10 내가 보기엔 말이야, 그는 승산이 없어.

⇨ The chances are against him, ______________________ .

빈칸에 들어갈 말을 〈보기〉 중에서 골라 넣으세요.

보기

I feel sorry for… ~가 안됐어/불쌍해 | **I'm sorry, but…** 미안하지만 ~ / 실례지만 ~ | **(I'm) Sorry if I…** 내가 ~했다면 미안해 | **I just wanted to thank you for…** ~에 대해 고맙다는 말을 하고 싶었어

01 내가 너를 오해했다면 미안해.

⇒ ______________________ misunderstood you.

02 죄송하지만 댁의 제안을 받아들일 수 없습니다.

⇒ ______________________ I can't accept your proposal.

03 내 곁에 있어 줘서 고맙다는 말을 하고 싶었어.

⇒ ______________________________ being there for me.

04 알렉스가 불쌍해. 그의 삶이 산산조각나고 있어.

⇒ ______________________ Alex. His whole world is falling apart.

05 미안하지만 이제 작별인사 해야겠다.

⇒ ______________________ I have to say good-bye now.

06 내가 뭔가 말을 잘못했다면 미안해.

⇒ ______________________ said something wrong.

07 내 남동생을 돌봐 줘서 고맙다는 말을 하고 싶었어.

⇒ ______________________________ taking care of my little brother.

08 미안하지만 오늘 밤엔 계획이 있어.

⇒ ______________________ I have plans for tonight.

09 내가 방해했다면 미안해.

⇒ ______________________ interrupted you.

10 왠지 그가 불쌍해.

⇒ ______________________ him for some reason.

빈칸에 들어갈 말을 〈보기〉 중에서 골라 넣으세요.

보기

We should... 우리 꼭 ~해야겠다 / 우리 ~하자 | **What kind of...?** 도대체 ~가 뭐 이래? / 어떤 ~가 …해? | **Care to...?** ~하고 싶어? / ~할래? / ~할 생각 있어? | **I bet (that)...** 분명히 ~야 | **Looks like...** ~같아 보이네 / 보니까 ~인 것 같아 | **Turns out (that)...** 알고 보니 ~더라고

01 우리 새로 나온 스페셜 메뉴 먹어 보자.

⇒ ________________ try the new special.

02 그녀는 분명히 너(네 데이트 신청)를 거절할 거야.

⇒ ________________ she'll turn you down.

03 이 케이크 드셔 보시겠습니까?

⇒ ________________ try this cake?

04 무슨 이런 피드백이 다 있습니까?

⇒ ________________ feedback is this?

05 알고 보니 걔가 바람둥이더라고요.

⇒ ________________ he's a player.

06 자세하게 설명해 주시겠습니까?

⇒ ________________ explain in detail?

07 그는 분명히 그것에 대해서도 거짓말했을 거야.

⇒ ________________ he lied about that, too.

08 보아하니 그가 문제를 더 일으킨 것 같군.

⇒ ________________ he's caused more trouble.

09 알고 보니 그녀가 그를 이용한 거더라고.

⇒ ________________ she was just using him.

10 우리 꼭 한번 영화 봐요.

⇒ ________________ catch a movie some time.

빈칸에 들어갈 말을 〈보기〉 중에서 골라 넣으세요.

보기

Rumor has it (that)... 소문에 의하면 ~래 / ~라는 소문이 있던데 | **You of all people...** 다른 사람도 아니고 네가 ~ / 다른 사람이면 몰라도 너는 ~ | **Like...** ~일 리가 없지 / 퍽도 ~하겠다 / ~하는 것도 아니면서 무슨 | **Now that...** 이제 ~하니까 | **No offense, but...** 불쾌하게 하려는 건 아니지만 ~ / 이런 말 하기 뭐하지만 ~ | **I take it (that)...** ~인가 보네 / ~인 것 같네 | **Just because ~ doesn't mean...** ~라고 해서 …인 건 아니잖아

01 그가 협조적으로 나오지 않나 보군.

⇨ ______________________ he's not being cooperative.

02 불쾌하게 하려는 건 아니지만, 넌 여자에 대해 아무것도 몰라.

⇨ ______________________ you don't know the first thing about women.

03 이제 일 다 끝났으니까 〈멘탈리스트〉 볼 수 있겠다.

⇨ ______________________ I'm done my work, I can watch *The Mentalist*.

04 그녀가 너와 데이트할 리가 없지.

⇨ ______________________ she's gonna go out with you.

05 소문에 의하면 그들이 사랑의 도피를 했대.

⇨ ______________________ they've eloped together.

06 다른 사람도 아니고 어떻게 네가 나한테 그런 말을 할 수 있어?

⇨ How can ______________________ say that to me?

07 불쾌하게 하려는 건 아니지만, 그게 다 진실인 건 아니야(다 맞는 건 아니야).

⇨ ______________________ that's not entirely true.

08 남자 문제가 있나 보네.

⇨ ______________________ you're having boy trouble.

09 내가 여자라고 해서 무거운 걸 못 드는 건 아니야.

⇨ ____________ I'm a girl ____________ I can't lift heavy things.

10 소문에 의하면 그녀가 그의 돈을 보고 결혼했대.

⇨ ______________________ she married him for his money.

Answer

SEASON 1

episode 01

001 I wanna go out tonight.

002 I don't wanna leave yet.

003 I just wanted to hear your voice.

004 I never wanted to lie to you.

005 You wanna have dinner with me?

006 You wanted me to do the dishes.

007 You might wanna buy this.

008 All I want is the truth.

episode 02

009 I got a surprise for you.

010 I gotta go shopping tomorrow.

011 You gotta be honest with me.

012 You're getting prettier.

013 I'll go get some soy sauce.

014 I don't get this part.

015 I got you a new laptop.

016 Do you ever get the feeling (that) you're left out?

episode 03

017 I'm gonna quit my job.

018 I'm never gonna forgive him.

019 I think I'm gonna be late for work.

020 You're not gonna forget this.

021 You really gonna call Julie?

022 You're gonna wanna try this.

023 There's gonna be a hurricane next week.

024 What am I gonna have for lunch?

episode 04

025 I have some paper.

026 I have nothing to hide.

027 I have nothing to do with his stolen car.

028 I didn't have any time.

029 You have no idea how stupid you sound.

030 Do you have any idea what she likes?

episode 05

031 I have to leave now.

032 I don't have to be home early tonight.

033 I'm gonna have to ask my mom.

034 You're gonna have to talk to Deborah later.

035 Do I really have to go with Alexandra?

036 Do you have to go now?

037 All you have to do is come with me.

episode 06

038 I think (that) I can do it.

039 I've been thinking about it for a while.

040 I don't think (that) that's true.

041 I don't think (that) I can make it on time.

042 What do you think (that) the problem is?

043 You think (that) he's telling the truth?

episode 07

044 I know you like me.

045 I don't know if I'll finish this today.

046 I don't know what I should say.

047 I know you're busy, but can you help me?

048 All I know is you need a rest.

049 You know what you're getting?

050 You don't even know anything about computers.

051 You never know when you'll need it.

episode 08

052 I have to say, I didn't expect this at all!

053 I say we (should) do something about this.

054 They say there's no such thing as a free lunch.

055 Let's say Brian is right.

056 Let's just say he wasn't very happy.

057 It's/That's like saying you're a genius.

058 And then she was like, "Get lost!"

episode 09

059 I told you to text me.

060 I told you not to say that.

061 Please tell me you're kidding.

062 You're telling me (that) he quit (his job)?

063 I can tell you don't like Hannah.

064 You always talk about how you're treated unfairly.

episode 10

065 I need to take a break.

066 We'll need to find another way.

067 I don't need to listen to your nagging.

068 You don't need to hurry.

069 I need you to sign right here.

070 All I need is 10 dollars.

episode 11

071 I feel like taking a shower.

072 I feel like someone's watching me.

073 I feel bad (that) I failed my driving test again.

074 Feel free to call my cell phone.

075 I don't see anything special about it.

076 I see why you're angry.

077 Sounds like you know everything.

SEASON 2

episode 12

078 I'm into Amanda.

079 I'm good with computers.

080 I'm totally broke.

081 I'm not big on watching TV.

082 I'm in the middle of work/working.

083 I'm not in the mood for chicken(또는 to eat/have chicken).

084 I'm asking you to listen to me.

episode 13

085 You're so annoying.

086 You're not that bad.

087 You're better off being single.

088 Are you saying (that) I cheated on the test?

089 You're not going out tonight.

090 You're the one who made the mistake.

091 What the hell are you trying to hide?

episode 14

092 That's exactly what Katie did.

093 That's what I love about Andrew.

094 Is that what you need?

095 That's all I need for now.

096 That's not why I'm crying.

097 It's like he set me up.

098 It's not like you know everything.

099 It's just (that) I don't love you anymore.

100 Maybe it was my fault.

episode 15

101 There's something wrong with my cell phone.

102 There's nothing like family.

103 There's a chance (that) we might lose.

104 There's no way she's only 30 (years old).

105 There's a reason I didn't call you.

106 There's nothing I can do for you now.

107 There's no such thing as a perfect job.

episode 16

108 You don't wanna do that.

109 Don't even call my name.

110 Don't bother denying it.

111 Don't you dare touch me!

112 Didn't he say anything?

113 Didn't think (that) you'd understand me.

episode 17

114 Can you get me a (bottle of) beer?

115 Can you believe (that) Wendy lied to me?

116 I can't believe (that) he emigrated to Canada.

117 You can't just leave like that!

118 Why can't you try harder?

119 Why can't we throw out the sofa?

120 The least you could do is text Adam.

episode 18

121 I've never met Jane before.

122 You've done this before.

123 I've been teaching English for 3 years.

124 Haven't you done your homework yet?

125 What have you read recently?

126 It's been 2 years since I started learning(또는 to learn) French.

127 You've been playing computer games all day?

SEASON 3

episode 19

128 What's so different about it?

129 What's with Jennifer today?

130 What's it like to be in love?

131 What makes you think (that) you're better than me?

132 What did you do to your jeans?

133 What matters is we are family.

134 What do you mean I lied?

135 What kind of teacher are you?

episode 20

136 How could you talk like that?

137 How're you gonna convince Robert?

138 How about we start with this?

139 How did you know (that) I'm here?

140 How long have you been married?

141 How many times do I have to go there?

142 How is it (that) you always say you're right?

143 How dare you say that to me!

episode 21

144 Why did I forgive her?

145 Why do you wanna give up now?

146 Why would you lie to him?

147 Why do I have to clean up the kitchen?

148 Who's gonna give me a ride?

149 Who said I don't like you?

150 Who do you think will(또는 is gonna) win?

episode 22

151 When was the last time you called Mike?

152 When are you gonna get married?

153 Since when do(또는 did) you listen to me?

154 Where did you park your car?

SEASON 4

episode 23

155 Susie should be done with her homework now.

156 Maybe you should get going now.

157 Shouldn't you be home now?

158 I should've come earlier(또는 sooner).

159 You should've told me about it.

160 You could've said no.

161 I might've thrown it out.

episode 24

162 I guess I'll apologize to Frank.

163 Guess what I just did.

164 You're supposed to help each other.

165 You were supposed to pick me up at 7.

166 What am I supposed to buy?

167 How am I supposed to fix the computer?

168 Suppose (that) you ask her out.

episode 25

169 The thing is I'm a little(또는 a bit) busy right now.

170 Gambling is not my thing.

171 The last thing I want is (to) upset him.

172 Good thing (that) I have a friend like you.

173 For one thing, I don't believe you.

episode 26

174 I'm pretty sure (that) Betty can handle it.

175 You're sure (that) you didn't do it?

176 You sure love shopping.

177 I'm not sure if I made the right decision.

178 Sure(또는 Of course) you can do it.

179 You made a mistake, that's for sure.

episode 27

180 What if I was wrong?

181 I wouldn't be worried if I were you.

182 I'll beat him up if I have to.

183 It's Jimmy's fault if you ask me.

episode 28

184 I feel sorry for your brother.

185 I'm sorry, but I can't tell you.

186 (I'm) Sorry if I went too far.

187 I just wanted to thank you for inviting me.

episode 29

188 We should have dinner sometime.

189 What kind of father is that(또는 is he)?

190 Care to sit down?

191 I bet (that) this will look great on you.

192 Looks like you're in love.

193 Turns out (that) Arnold was right.

episode 30

194 Rumor has it (that) you and your girlfriend broke up.

195 I thought you of all people would help me.

196 Like Serena will(또는 is going to) say yes.

197 Now that he's single, you can ask him out.

198 No offense, but you're a coward.

199 I take it (that) you come here often.

200 Just because I can do it doesn't mean I have to.

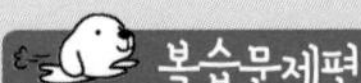

복습문제편

episode 01

01 You wanna

02 I just wanted to

03 I never wanted to

04 I wanna

05 I don't wanna

06 You might wanna

07 You wanna

08 I don't wanna

09 You wanted me to

10 All I want is

episode 02

01 I gotta

02 You gotta

03 I don't get

04 You're getting

05 I got

06 Do you ever get the feeling (that)

07 I'll go get

08 You're getting

09 I gotta

10 I got you

episode 03

01 I'm never gonna

02 You're not gonna

03 You're gonna wanna

04 I think I'm gonna

05 What am I gonna

06 I'm gonna

07 You really gonna

08 You're gonna wanna

09 There's gonna be

10 I'm never gonna

episode 04

01 I have some

02 You have no idea

03 Do you have any idea

04 I have nothing to

05 I didn't have

06 I have nothing to do with

07 You have no idea

08 I have some

09 Do you have any idea

10 I have nothing to

episode 05

01 Do you have to

02 I have to

03 All you have to do is

04 I don't have to

05 I'm gonna have to

06 You're gonna have to

07 Do I really have to

08 Do you have to

09 All you have to do is

10 You're gonna have to

episode 06

01 I've been thinking about

02 I don't think (that)

03 I think (that)

04 I've been thinking about

05 You think (that)

06 I don't think (that) I can

07 I think (that)

08 I don't think (that)

09 What do you think (that)

10 You think (that)

episode 07

01 You know what

02 I know you

03 All I know is

04 I don't know if

05 I know / but

06 I know you

07 You never know when

08 You know what

09 I don't know when

10 You don't even know

episode 08

01 I have to say,

02 Let's just say

03 That's like saying

04 I say

05 They say

06 Let's say

07 Let's just say

08 That's like saying

09 He was like,

10 They say

episode 09

01 You're telling me (that)

02 I told you to

03 You always talk about how

04 I told you not to

05 I can tell

06 Please tell me

07 You're telling me (that)

08 I told you to

09 I can tell

10 I told you not to

episode 10

01 All I need is

02 I don't need to

03 I need to

04 I just need to

05 We'll need to

06 I don't need to

07 You don't need to
08 I need you to
09 I just need to
10 All I need is
11 You don't need to

episode 11

01 Feel free to
02 I feel like
03 I don't see any
04 Sounds like
05 I feel bad (that)
06 Feel free to
07 I see why
08 I feel like
09 Sounds like
10 I feel like

episode 12

01 I'm totally
02 I'm not into
03 I'm in the middle of
04 I'm asking you to
05 I'm not big on
06 I'm good with
07 I'm in the middle of
08 I'm into
09 I'm not in the mood for
10 I'm just asking you to

episode 13

01 You're so
02 You're better off
03 You're the one who
04 What the hell are you
05 You're not that
06 Are you saying (that)
07 You're not / going
08 You're the one who
09 What the hell are you
10 you're better off

episode 14

01 That's what I like about
02 It's not like
03 Is that what
04 Maybe it was
05 That's all I
06 That's not why
07 It's not like
08 It's just (that)...
09 That's exactly what
10 It's like

episode 15

01 There's a chance (that)
02 There's a reason
03 There's something
04 There's nothing like
05 There's a chance (that)
06 There's no way (that)
07 There's something
08 There's a reason
09 There's nothing I can
10 There's no such thing as

episode 16

01 Don't even
02 Don't you dare
03 You don't wanna
04 Don't bother
05 Don't even
06 Didn't think (that)
07 You don't wanna
08 Didn't
09 Don't bother
10 Didn't think (that)

episode 17

01 Can you get me
02 You can't just
03 Why can't you
04 I can't believe (that)

05 Why can't we
06 You can't just
07 Can you believe (that)
08 Why can't you
09 The least you could do is
10 I can't believe (that)

episode 18

01 I've never met
02 Haven't you heard
03 You've been / lying
04 You've seen
05 Haven't you been
06 What have you
07 It's been / since
08 You've seen
09 You've been / seeing
10 I've been thinking

episode 19

01 What's so
02 What do you mean
03 What's with
04 What did you do to
05 What's it like
06 What makes you think (that)
07 What matters is
08 What kind of / are you
09 What do you mean
10 What's with

episode 20

01 How're you gonna
02 How long have you / lived
03 How did you
04 How're you gonna
05 How many times do I have to
06 How about
07 How did you
08 How dare you
09 How could
10 How is it (that)

episode 21

01 Who said
02 Why did I
03 Who do you think
04 Why do you wanna
05 Why would
06 Why do I have to
07 Who's gonna
08 Who said
09 Who do you think
10 Why do you wanna

episode 22

01 When was the last time you
02 When are you gonna
03 Where did you
04 Since when do(또는 did) you
05 When are you gonna
06 When was the last time you
07 When are you gonna
08 Since when do(또는 did) you
09 Where did you
10 When was the last time you

episode 23

01 should be
02 Maybe you should
03 Maybe you should
04 You could've / warned
05 Shouldn't you be
06 I should've / stayed
07 You should've / spoken
08 should be
09 might've / been
10 I should've / been

episode 24

01 How am I supposed to
02 You're supposed to

03 I guess
04 Guess what
05 Suppose (that)
06 You're / supposed to
07 I guess
08 You were supposed to
09 What am I supposed to
10 Guess what

episode 25

01 is not my thing
02 The thing is
03 For one thing,
04 Good thing (that)
05 are not my thing
06 The last thing I want is
07 The thing is
08 Good thing (that)
09 For one thing,
10 The last thing I want is

episode 26

01 Sure
02 sure
03 I'm pretty sure (that)
04 You're sure (that)
05 sure
06 I'm not sure
07 I'm pretty sure (that)
08 Sure
09 that's for sure
10 You're sure (that)

episode 27

01 If I were you, I'd
02 What if
03 if you ask me
04 I'll / if I have to
05 What if
06 if you ask me
07 I'd / If I were you
08 I'll / if I have to
09 What if
10 if you ask me

episode 28

01 (I'm) Sorry if I
02 I'm sorry, but
03 I just wanted to thank you for
04 I feel sorry for
05 I'm sorry, but
06 (I'm) Sorry if I
07 I just wanted to thank you for
08 I'm sorry, but
09 (I'm) Sorry if I
10 I feel sorry for

episode 29

01 We should
02 I bet (that)
03 Care to
04 What kind of
05 Turns out (that)
06 Care to
07 I bet (that)
08 Looks like
09 Turns out (that)
10 We should

episode 30

01 I take it (that)
02 No offense, but
03 Now that
04 Like
05 Rumor has it (that)
06 you of all people
07 No offense, but
08 I take it (that)
09 Just because / doesn't mean
10 Rumor has it (that)